MÜSLÜMANLARIN ALLAH'A KARŞI SORUMLULUKLARI

Ebu HANZALA

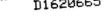

www.tevhiddersleri.com
www.tevhiddergisi.com
info@tevhiddergisi.com

Furkan Basım ve Yayınevi Müslümanların Allah'a
Karşı Sorumlulukları
Ebu HANZALA

Teknik Hazırlık Dizgi
H. İbrahim ABBAD
Düzeltmeler
İsmail MAHİROĞLU
Derleme
Kerem ÇAĞLAR

Baskı Basım Yeri
Step Matbaacılık
Göztepe Mh. Bosna Cd. No:11
Bağcılar/İSTANBUL
Sertifika No: 12266

İletişim E-posta
info@tevhiddergisi.com
Posta
P.K. 51 Güneşli Merkez PTT
Bağcılar/İSTANBUL

1. Baskı, 2014
ISBN: 978-605-85073-1-9

Genel Dağıtım
 İstanbul: Tevhid Kitabevi Merkez, 0 (545) 762 15 15
  Hürriyet Mh. Cumhuriyet Cd. No:3 Bağcılar/İstanbul (Bağcılar İSKİ Karşısı)
 Diyarbakır: Tevhid Kitabevi Şube, 0 (541) 857 34 20
  Kaynartepe Mh. Gürsel Cd. No:190/A Bağlar/Diyarbakır
 Bursa: İkra Kitapevi, 0 (532) 138 02 42
  İlahiyat Fak. Karşısı Fethiye Mh. Kırlangıç Sk. No:17 Nilüfer/Bursa

İÇİNDEKİLER

Müslümanların Allah'a Karşı Sorumlulukları 7
İhlas 17
İhlasın Alametleri 19
1. Riyakar dünyada umduğu şeyin zıddıyla cezalandırılacaktır 22
2. Ahirette yaptığı amel boşa gidecektir 23

Takva 27
Bir Hatırlatma 37
Ortamın Takva Üzerindeki Etkisi 39
Allah ile Beraberlik ve Takvanın Semereleri 48
Allah'ın Özel Beraberliği 52
Allah'ın Mümin Kulu Muhafazası 53
Kalplerin Yakınlaşması ve Ülfet 63
Günahların Kalbe Etkisi ve Zararları 68
Kalplerin Kararması 70

Sabır 87
Tanımı, Fazileti ve Türleri 87
Sabır ve İnsanın Aceleciliği 89
Sabrın Fazileti 90
Sabrın Kısımları 92
Sabrı Kazanmanın Yolu 94
1. Dua 94
2. Namaz 94
3. Sabırlı olmak için gayret etmek 95
4. Sabrı doğru kullanmak 96
5. Sabır ehliyle beraber olmak 97

İmana Paralel İmtihanda Tedricilik ve Sabırda Süreklilik Bela ve
Musibetlere Sabır 98
Sabredilmesi Gereken Kimseler ve Durumlar 111
1. Kafirler tarafından yapılan psikolojik harekâtlar 112
2. Müslümanların arasındaki moral bozucu, yolda bırakan ve zayıf yaratılışlı
kimselerin zararları 115
3. Her merhalede ortaya çıkması muhtemel zorluklara karşı sabır 124
4. Davette öncü neslin fazileti ve emire itaatte sabır 141
5. İlim ve cihad alanlarında bir arada bulunmanın doğuracağı
sıkıntılara karşı sabır 152

Güvenilir Olmak 165
   Müslümanın Güvenilir Olması ve Emanetin Ehil Olana Verilmesi 165
   Emanetleri Korumanın Önemi 168
   İslam Adına Sorumluluk Almak 'Emanettir' 177
   Taşın Altına Elini Sokanlar, Taşın Altında Kalma
   Tehlikesi ile Karşı Karşıyadır 185
      Emirlik Beklentisi İnsanı Helak Eder 188
      Emirlik Beklentisinin İnsanda Olmasının Alametleri 190

İhsan 197
   Kullukta İhsan Mertebesi ve İstikamet 197
   İhsan Sahibi Olmanın Yolları 198
      1. Dua 198
      2. Hadiste zikredilen manayı tefekkür 199
      3. Allah ve Rasûlü'nün sünnetini öğrenme 200
      4. Yapılacak işe dair bilgi edinme 201
      5. Amellerde ayrım yapmama 202
      6. Nasihate/yapıcı eleştiriye açık olma 205
      7. İhsanın faziletini ve kişiye manevi katkısını bilmek 208
   Kişinin Allah ile Münasebetlerinde Doğruluk 213
      Kulun Rabbine Karşı Sadık Olması 215
      Allah'a Verilen Sözlerde Sıdk 216
      İmtihanlarda Sıdk 219
      Günahtan Sonra Sıdk/Tevbede Sıdk 223
      Kişinin Kendisi ile Diğer İnsanlar Arasındaki Münasebetlerinde
      Doğruluk 228
      Şaka ve Yalan 242

Tevekkül 257
   Tevekkülün Tanımı 260
   Allah'ı Hakkıyla Tanıma İsim ve Sıfatlarıyla O'na Kulluk Etme 262
   Allah'a Karşı Hüsn-ü Zan Sahibi Olmak 265
   Meşru Sebeplere Yapışmak 268
   Tevhid 270
   Allah'a Dayanma ve İşleri O'na Tefvid Etme 271
   Allah'a İ'tisam 271
   Rıza 272

Dua 273
   Duanın Fazileti, Önemi, Kapsamı, Etkisi ve Değeri 273
   Duanın Adabı 278
      1. Duaya Allah'a hamd ve senâ, Rasûlullah'a salât ile başlamak ve bitirmek. 279
      2. Duada meşru tevessül 280
   Duanın Kabulüne Engel Olan Durumlar 300
      1. Allah'tan başkasına dua etmekten kaynaklanan şirk 300
      2. Tevbe edilmeden işlenen günahlarla beraber yapılan dua 301
      3. Duada şer'an yasaklanmış bir şeyin talep edilmesi 302

بسم الله الرحمن الرحيم

ÖNSÖZ

Hamd âlemlerin Rabbi olan Allah'a mahsustur. Salât ve selam O'nun Nebisine, pak âline, ashabına ve etbâının üzerine olsun.

Elinizdeki bu eser, Abdulkadir bin Abdulaziz'in 'El-Umde Fi İ'dadi'l Udde' isimli eserinden derlenen 'Ehli Sünnet'in Menheci ve Cihadın Esasları' kitabının bir bölümüne yapılan şerhtir.

Bu kitap ise, www.tevhiddersleri.com'da yayınlanan ve Ebu Hanzala Hoca tarafından yapılan şerhin yazı formatına dökülüp, derlenilmiş halidir.

Kitap Müslümanların asıl sorumluluğu olan Allah'a karşı sorumluluklarını hatırlatmakta, aynı zamanda ahlak ilmine de konu olan bu kavramları tek tek incelemektedir. Allah'a karşı sorumluluklarını yerine getiren bir ferdin diğer sorumluluklarda zaten gerekli hassasiyeti gözeteceğini bilerek ve ümit ederek bu kıymetli kitap ile sizleri başbaşa bırakıyoruz.

Âlemlerin Rabbi olan Allah'a hamd olsun.

Müslümanların Allah'a Karşı Sorumlulukları

*B*u kitabımızda özel anlamda mücahidlerin ve tabii olarak bununla beraber genel manada Müslümanların görevleri konusunu incelemeye çalışacağız. Sözünü edeceğimiz görev ve sorumlulukların bilinmesine bir mücahidin ne ölçüde ihtiyacı varsa şüphesiz ki Müslüman bir ilim adamının, ilim talebesinin ya da herhangi bir Müslümanın da en az bu ölçüde bunları bilmeye ihtiyacı vardır.

Öncelikle bu görevlerin neler olduğunu ana başlıklar halinde belirtip sonra da ayrıntılı açıklamalarını yapacağız inşallah. Mücahidin görevlerini üç ana başlıkta toplamak mümkündür:

1. Mücahidin Allah'a karşı görevleri

2. Mücahidin emirine karşı görevleri[1]

---

1. *'Müslümanların Emirlerine Karşı Sorumlulukları' adı altında 03/2014'te Furkan Basım ve Yayınevi'nden kitaplaştırılmıştır.*

3. Mücahidin diğer mücahidlere karşı görevleri

Hiç kuşku yok ki sayılan bu başlıklar arasında en başta gelen ve en önemlisi mücahidin Allah'a karşı görev ve sorumluluklarının bilinmesidir. Bu görev ve sorumluluklarını hakkıyla yerine getiren her şahıs dürüst, emin ve güvenilir bir kimsedir. Yüce Allah'ın hakkını ifa etmede özen ve önem gösteren bir müminin, insanların hakkını muhafazada da -güç nispetince- hassasiyet göstereceği açıktır.

Her vakitte ve her mekanda Rabbine karşı kulluk şuuru ve edebi ile hayatını idame ettiren bir kimse aynı zamanda içinde bulunduğu camiadaki emire ve diğer kardeşlerine karşı da sorumluluk bilinciyle hareket edecektir. Onların haklarına riayet edecek, hukuklarını koruyacak ve mesuliyetinin gereğini yerine getirecektir.

Kulun Rabbine karşı sorumluluklarını inceleyen ilme ahlak/tezkiye ilmi diyoruz. Kur'an'ın inşa edici kavramlarından olan tezkiye maalesef başta mücahidler olmak üzere İslam için çalışan Müslümanlar tarafından gereken ilgiyi görmemiştir. Bu ilmin önemine dair Kur'an ve sünnetten şu bilgileri öğreniyoruz:

"Güneşe ve kuşluk vaktindeki aydınlığına; güneşi takip ettiğinde Ay'a; onu açığa çıkarttığında gündüze; onu örttüğünde geceye; gökyüzüne ve onu bina edene; yere ve onu yapıp döşeyene; nefse ve ona birtakım kabiliyetler verene; sonra da nefse fücuru ve takvayı ilham edene yemin ederim ki, şüphesiz onu arındıran/tezkiye eden kurtulmuştur, onu kötülüklere gömen de ziyan etmiştir."[2]

---

2. 91/Şems, 1-10

Allah *(cc)* yedi ayrı yemin ediyor. Bu, Müslümanların dikkatini çekmek içindir. Yemine ihtiyacı olmayan, en doğru ve en açık söze sahip olan Allah yedi ayrı yeminle zikredeceği hükmü pekiştiriyor. Peki nedir bu kadar yeminle pekiştirilen:

"...Nefse fücuru ve takvayı ilham edene..."[3]

İnsanın dikkati bu noktaya çekilmek isteniyor. İnsan yaratılış itibariyle mayasında fücuru da takvayı da beraber taşır. Ve asıl önemli olan zikrediliyor:

"Şüphesiz onu arındıran/tezkiye eden kurtulmuştur."[4]

Kurtuluş... Tüm Müslümanların peşinden koştuğu ve amelleri neticesinde elde etmek istedikleri nokta. Kurtuluş... Yani Allah'ın *(cc)* rızası ve cennetler. Bunun yolu tezkiye/arınmadır. Nefsi yaratılıştan taşıdığı kirinden arındıran, bunun için çalışanlar muhakkak kurtulacaktır. Tehlikeyse nefsi haline terk etmektedir.

"Onu kötülüğe gömen de ziyan etmiştir."[5]

Yani onun haline terk eden, takvayla işlemeyen kaybedecek, zarara uğrayacaktır.

Rabbimize karşı sorumluluğumuz olan kulluk için her birimizin İslami konumumuz ne olursa olsun (mücahid, alim, öğrenci, avam) bu ilme değer vermeli, öğrenmeli ve yaşamalıyız.

---

3. *91/Şems, 8*
4. *91/Şems, 9*
5. *91/Şems, 10*

Bu öylesine önemli bir husustur ki Peygamberler tevhidle gönderildikleri gibi tezkiye/arınmayla da gönderilmişlerdir.

"Ey Rabbimiz! Onlara, içlerinden senin ayetlerini kendilerine okuyacak, onlara kitap ve hikmeti öğretecek, onları temizleyecek bir Peygamber gönder. Çünkü üstün gelen, her şeyi yerli yerince yapan yalnız sensin."[6]

"Andolsun ki içlerinden, kendilerine Allah'ın ayetlerini okuyan, (kötülüklerden ve inkardan) kendilerini temizleyen, kendilerine kitap ve hikmeti öğreten bir Peygamber göndermekle Allah, müminlere büyük bir lütufta bulunmuştur. Halbuki daha önce onlar apaçık bir sapıklık içinde idiler."[7]

Burada tezkiye ve ahlak ilminin öneminin anlaşılması açısından bir hususa dikkat çekmek istiyorum. Bakara suresi 129. ayet İbrahim'in *(as.)* duasıdır. O kendinden sonra gelecek zürriyeti için Rabbinden bir Peygamber istemiştir. Ve o Peygamberin sıfatlarını şöyle sıralamıştır.

1. Senin ayetlerini okuyan

2. Kitabı ve hikmeti öğreten

3. Onları arındıran/tezkiye eden

Allah *(cc)* İbrahim'in *(as.)* bu duasına icabet etti. Ve bu sıfatları taşıyan bir Peygamber yani Muhammed'i *(sav)* insanlığa gönderdi. Şu ayetleri dikkatle okuyalım.

"Andolsun ki içlerinden, kendilerine Allah'ın ayetlerini oku-

---

6. *2/Bakara, 129*
7. *3/Âl-i İmran, 164*

yan, (kötülüklerden ve inkardan) kendilerini temizleyen, kendilerine kitap ve hikmeti öğreten bir Peygamber göndermekle Allah, müminlere büyük bir lütufta bulunmuştur. Halbuki daha önce onlar apaçık bir sapıklık içinde idiler."[8]

"Çünkü ümmilere içlerinden, kendilerine ayetlerini okuyan, onları temizleyen, onlara kitabı ve hikmeti öğreten bir Peygamber gönderen O'dur. Kuşkusuz onlar önceden apaçık bir sapıklık içindeydiler."[9]

Allah, İbrahim'in (as.) duasında zikredilen üç sıfatı taşıyan bir Peygamber yolladığını beyan ediyor. Ancak bir farkla. İbrahim (a.s) duasında zikredilen üç özelliği olduğu gibi saymakla beraber yerlerini değiştiriyor. Ayetlere dikkat edelim:

1. Allah'ın ayetlerini okuyan

2. Onları arındıran/tezkiye eden

3. Kitabı ve hikmeti öğreten

İbrahim (as.) tezkiyeyi son sırada zikrediyorken Allah (cc) tezkiyeyi ikinci sıraya alıyor, peki neden? Bu sorunun cevabı aynı zamanda bu yazı silsilesinin önemini de içinde taşır.

Çünkü arınmamış bir kalbe ilim ve hikmet fayda değil zarar verir. Bir kalp arınmamışsa öğreneceği ilim onun Allah'a korkusunu, Müslümanlara şefkatini arttırma bir yana insanlara büyüklük taslamasına, başkalarını küçümseme-

---

8. 3/Âl-i İmran, 164
9. 62/Cuma, 2

sine, ilmiyle dünyalık menfaat elde etmesine neden olur. Onun için Rabbimiz arınma/tezkiyeyi takdim etmiştir.

Bir bardak düşünecek olursak... Kirli bir bardağı yıkamadan ona temiz su doldursanız bile; su, bardağın kiriyle bulanır, tadı bozulur. Kalplerde böyledir. Arınmamış ve tezkiyeye uğramamış bir kalbe koyduğunuz her İslami değer onun kiriyle kirlenip sahibine zarar verir.

Allah yolunda cihad eden bir insan arınmamış ve nefsi fücurdan terbiye etmemişse zamanla cihad, psikopatlığa dönüşür. İslam'ın zirvesi olan bir ameli zehirler. Elindeki güçle mazlumlara kol kanat germesi beklenirken, zulüm ve ifsat edici bir bireye dönüşür.

Mal ve zenginlikte böyledir. Normalde Allah'ın nimetidir. Allah'ın kendisini mal ile rızıklandırdığı bir kul Karun gibi de olabilir. Osman, Ebu Bekir (r.anhuma) gibi de olabilir. Pek, bu keskin çizgiyi belirleyen şey nedir? Ahlak ve tezkiye. Karun, kalbini fücurdan arındırmadı. Öyle olunca malın Allah'tan olduğunu unuttu. Fakirleri gözetmedi. Bilakis Allah'ın nimetiyle Allah'a ve müminlere karşı büyüklendi. Ebu Bekir ve Osman (r.anhuma) gibiler ise arındılar. Malın Allah'tan olduğunu bildiler ve İslam'ın maslahatına harcadılar. Böylece dünyanın ve ahiretin şerefine ulaştılar.

Özelde mücahidler, genelde tüm Müslümanlar tezkiye kavramına eğilmelidirler. Tezkiye nedir? Nasıl olur? Nereden başlamalı? gibi hayati öneme sahip soruları sormalı ve işe koyulmalıyız.

Tezkiyede ilk adım insanın kendisini/nefsini tanımasıdır. Tezkiyede hedeflenen şey, nefsin ıslahı ve arınması olduğu için en evvel nefsin tanınması gerekir. Tabiri caizse kişinin üzerinde çalışacağı malzemeyi bilmemesi veya tanımaması onun başarısız olmasına neden olur.

İnsan kendisini en iyi bir şekilde nasıl tanıyabilir?

Elbette ki kendisini yaratan ve en iyi tanıyan yüce Allah'ın kitabından tanıyabilecektir. Zira Allah insana özgü birçok özellikleri Kur'an-ı Kerim'de beyan etmiştir.

"Şüphesiz insan zalim ve cahildir."[10]

"İnsan aceleden yaratıldı."[11]

"İnsan zayıf olarak yaratıldı."[12]

"...Ve unuttu."[13]

İnsanı yaratan ve ona şah damarından daha yakın olan Allah, insana insanı tanıtıyor.

'Ey nefsini arındırmak isteyen kulum, bu nefis cehalet, nankörlük, unutkanlık, acelecilik üzere inşa edilmiştir.' diyor adeta.

Bu ayetlerden de anlaşıldığı üzere insan yaratılışı itibariyle bir takım özelliklerinden dolayı sabit bir hal üzere sebat etmemektedir.

Bu durumda insandaki otokontrol/muhasebe mekanizmasının harekete geçmesi gerekir. Misalen, biz birkaç arkadaştan oluşan bir ders halkasında tezkiye dersleri yap-

---

10. *33/Ahzab, 92*
11. *21/Enbiya, 37*
12. *4/Nisa, 28*
13. *20/Taha, 115*

tık. Takva, ihlas, sabır, zühd, yakin, tevekkül, Allah ve Rasûlü'nü sevmek konularını öğrendik, anladık ve hayatımızda da uygulamaya geçirdik. Bu durum genellikle aynı coşku ve canlılıkla uzun süre devam etmeyebiliyor. Aradan biraz zaman geçince bu canlılık kaybolur ve sorumluluklar unutulmaya başlanır. Amel olarak yapılmaya devam edilse de ilk başlarda hissedilen coşku ve lezzet kaybolur.

İşte böyle olumsuz bir gidişatın önüne geçmek için insanlarda sözünü ettiğimiz muhasebe ve yenilenme kültürünün yerleşmesi lazımdır. Böylece unutma ve gaflet hallerinden azami derecede uzak kalınacaktır.

Hasan-ı Basri'nin *(r.h)* dediği gibi nefis kişi için aynı zamanda güzel bir nasihatçi/vaizdir.

'Nefsinden kendisine vaaz/nasihat edecek bir şey bulunduğu müddetçe kişi hayır üzere bulunmaya devam eder.'

Yani kişi kendisini sürekli olarak kontrol ediyor, sözlerinden ve amellerinden kendi lehine nasihatler çıkarabiliyorsa onda muhasebe kültürü de oturmuş demektir. Daha açık bir ifadeyle belirtmek gerekirse bu kişi artık hayır üzeredir.

Yüce Allah da bizleri bu istikamete doğru teşvik etmektedir:

"Ey iman edenler! Allah'tan korkun ve herkes, yarına ne hazırladığına baksın."[14]

"Yarın", kıyamet günüdür. İnsan o dehşetli günde ne

---

14. 59/Haşr, 18

takdim edeceğine bugün baksın. Bu, muhasebenin ta kendisidir. Hesapların görüleceği günden önce nefsin hesaba çekilmesi... Geri dönüşün olmadığı saat (kıyamet) gelmeden evvel, üst düzeyde bir hassasiyetle niyetlerin düzeltilmesi, nefislerin arındırılması ve amellerin ihlaslandırılmasıdır muhasebe...

"Gerçekten zeki ve akıllı kişi, nefsinin kötü arzularına hâkim olup ölümden sonrası için çalışandır."[15]

Bu konuyla ilgili Ömer'den (r.a) rivayet edilen meşhur bir sözü de nakletmek yerinde olacaktır.

"Sizler hesaba çekilmeden önce nefislerinizi hesaba çekiniz. Amelleriniz tartılmadan önce kendi amellerinizi tartın. Zira sizin hiçbir gizli tarafınızın kalmayacağı, hesap için arz olunacağınız gün size hesap bakımından yarın en kolay gelen şey, nefislerinizi en büyük arzolunuş için hesaba çekmeniz ve onun için tartmanızdır."[16]

Mücahid, nefsini sürekli olarak hesaba çekmeli ve murakabe altında tutmalıdır. Yaptığı hayırlı ve güzel amellerin sürekliliği ve düzenli oluşu kadar hayatına müspet manadaki yansımalarına da dikkat etmelidir.

Misalen, günlük olarak çokça tekrar ile yapılan zikirlerin hayatına yansımasının ne ölçüde olduğunu murakabe etmesi gerekir. Yapmadıysa veya yapamadıysa bunun sebeplerini araştırmalı ve muhasebesini yaparak eksiklerini tamamlamalıdır. Bunu yapan bir mücahid böyle bir durumda olup da muhasebesini yapmayan bir başkasın-

---

15. *Tirmizi, İbni Mace*
16. *İmam Ahmed, Kitabu'z Zühd.*

dan çok daha ileride olur. Self alimlerinden Meymun b. Mihran (r.h) şöyle demiştir:

"Bir kul, ortağına yemesi nereden, giymesi nereden? diye hesap sorduğu gibi kendi nefsine de hesap sormadıkça muttâki yani Allah'a karşı sorumluluk bilinci taşımış olamaz."

Malumdur ki mal ve ticaret ortaklığında taraflar birbirlerine ne kadar güveniyor olsalar da işin tabiatı gereği asıl olan karşılıklı kontrol mekanizmasının işlemesidir. Yani muhasebe ve denetim ortaklarda esastır. Mücahid de nefsini hesaba çekip kontrol etmede bir 'ortak' hassasiyetiyle davranmalıdır.

Muhasebe ve kontrol devam ettiği müddetçe mücahid sorumluluklarından gafil kalmayacak ve unutmak illetinden de mahfuz olacaktır. Velev ki zaman zaman gaflet haline denk gelse de yapacağı nefis muhasebesiyle bu pürüzü gidermeye muvaffak olacaktır. İbadetlerinden aldığı manevi hazzı artacak, şuuru kuvvetlenip ve kalbi büyük bir coşku hissedecektir.

İhlas

Müslümanların üzerine düşen başlıca görevlerden birisi de bu ilme ihlas ile yönelmeleri ve bu ilmin üzerinde birikmiş batinî ve felsefî tortuları temizleyip her türlü bidatlerden arındırmalarıdır. Kadri yüksek ve Müslümanların en çokta ihtiyaç duydukları bu ilmin aslını ortaya koyduktan sonra da bunu insanlara ulaştırmalıdır. Çünkü bu ilim müminler için dünya hayatının sermayesi ve ahiret yurdunun hasılasıdır. Bu ilmin hem öğrenilmesi hem de amele dönüşmesi ancak ihlas üzere olduğu müddetçe bir değer ifade edecektir. Zira Allah (cc) müminlerin bütün amellerinde ihlaslı olmalarını talep etmiştir:

"Halbuki onlara ancak, dini yalnız O'na has kılarak ve hanifler olarak Allah'a kulluk etmeleri, namaz kılmaları ve zekat vermeleri emrolunmuştu."[1]

Yüce Allah'ın (cc) katında amelin kabulünün ilk şartı,

---

1. 98/Beyyine, 5

amelin ihlas üzere olmasıdır. İnsanın istese dahi saymaya güç yetiremeyeceği sayısız nimet ve ihsanlar karşısında ibadetlerini ihlas ile yapılması talep edilmektedir. Bunu tamamlayan diğer husus da yapılacak amelin aynı zamanda sünnete muvafık olmasıdır. Yani niyet halis, amel de meşru olmalıdır.

Şu bir hakikattir ki mücahidin kendisinden talep edilen ihlasa ulaşması kolay değildir. Böyle bir hedefe vasıl olmak ciddi ve kesintisiz bir gayret gerektirir. Hiç kimse durduğu yerde muhlislerden olmayı sadece ümit ederek muhlis olmaz. Mücahid bütün hayatı boyunca şu iki esasa dikkat etmelidir:

1. İhlas

2. İttiba

Yapacağı amellerde niyetinin halis olmasına dikkat etmeli ve bu niyeti kontrol edip tazelemelidir. Yine bu amellerinin sünnete uygunluğu hususunda azami gayret ve hassasiyet göstermelidir.

Bir hadis-i kudsi'de beyan buyrulduğu üzere hesapların görüleceği kıyamet günü yüce Allah (cc) şöyle nida eder:

"Kim benim için amel etmişse ecrini benden beklesin. Kim de benden başkası için amelde bulunduysa karşılığını ondan beklesin. Ben ondan da şirk koştuklarından da beriyim."[2]

İnsanoğlunun nefsinde bulunan marazlardan biri 'beğenilme, takdir edilme' dürtüsüdür. Yaptıklarının bilinmesini

---

2. *Müslim*

ve takdir edilmesini ister. İşte bu nokta ayakların kaydığı ve alışverişin hüsrana uğradığı noktadır. Kul ve Rabb yer değiştirir. Sadece Allah (cc) için yapılması gereken ameller, insanlar ve onların takdir etmesi için yapılmaya başlanır. Bizler Allah'ın (cc) kıskanç olduğunu biliyoruz. Allah Rasûlü (sav):

"...Siz Sa'd'ın kıskançlığına şaşırdınız mı? Vallahi ben ondan daha kıskancım, Allah ise benden daha kıskançtır."[3] buyurmaktadır.

Allah (cc) insanı yaratır, ona hidayet eder, salih amellere muvaffak kılar, salih amelleri yapacağı organları ona bahşeder. Buna rağmen insan amelini Allah'a değil de, kulların beğenisi ve övgüsüne arz edince, Allah (cc) öfkelenir, kıskanır[4]; dünyada kalp huzursuzluğu, ahirette amellerin boşa gitmesiyle insanı cezalandırır.

Kulun Rabbine karşı ilk sorumluluğu **ihlastır**. Ve bilmelidir ki ihlas elde edilmesi en zor şeylerdendir. İhlas; kişinin nefsindeki en güçlü dürtüyle mücadele etmesi, kullara kulluğu terkedip alemlerin Rabbinin kulu olmasıdır. Bu zorluğun farkına varan selef: 'Bir saatlik ihlas bir ömür kurtuluştur. Ancak onu elde etmek çok zordur.' demişlerdir.

İhlasın Alametleri

İhlas, kalbin amelidir. Her kalp amelinde olduğu gibi iddia ile ihlas sabit olmaz. Kişinin, ihlas ehlinin alametlerini kendinde bulundurması gerekir. Her Müslüman yaptığı amellerde aşağıda zikredeceğimiz üç kritere göre

---

3. *Buhari*
4. *Bu sıfatlar O'nun şanına yakışır şekildedir.*

nefsini muhasebe etmeli, ihlasını kontrol etmelidir. İhlas bulunanlar Allah'a (cc) hamd etmeli; riya fark edenler tevbeyle Rabblerine rücu edip, duayla ilk adımı atarak tedaviye başlamalıdır.

1. Riyadan korkmak ve ihlastan emin olmamak. İhlas ehlinin en önemli özelliği korkudur. Onlar sürekli riya ve nifaktan korkar, amellerinde ihlastan emin olmazlar. Riya ve nifak ehli ise riyadan korkmaz böyle bir endişe taşımazlar.

Hasan-ı Basri (r.h) şöyle der: "Vallahi ondan ancak mümin korkar ve münafık ondan emin olur."[5]

Kalp hallerinden haberdar, selef imamlarından Hasan-ı Basri'nin bu ölçüsüne kulak ver.

Kalpleri riyayla malul insanlar rahat içindedir. Bir gün dahi düşünmezler.

'Acaba cihadımda, davetimde infakımda riya var mıdır?'

Kalpleri ihlasla parıldayanlar ise korku içindedirler.

'Ya bu amelimde riya varsa, ya kullar için yapıyorsam...' Rabbleri onların bu halini şöyle anlatır.

"Ve Rabblerine dönecekleri için yapmakta oldukları işleri kalpleri çarparak yapanlar; İşte onlar, iyiliklere koşuşurlar ve iyilik için yarışırlar."[6]

---

5. *Buhari*
6. *23/Mu'minun, 60-61*

2. İhlas ehlinin insanların yanında amelleriyle, gözlerin onları görmediği yerlerdeki amelleri arasında fark yoktur. Çünkü onlar gözlerin değil, Allah'ın (cc) kullarıdırlar. Riyakar ise gözler önünde abid, muttaki, muhsinlerdendir. Perdeler kapanıp, Rabbiyle başbaşa kaldı mı fasık ve facir baştan savma iş yapar. Çünkü o Allah'ın değil, gözlerin kuludur.

Rabbine kulluk eden Müslüman nefsini kontrol etmelidir. Amelleri insanların yanında ve Rabbiyle başbaşa kaldığında nasıldır?

3. İhlas ehli yaptığı hizmette övülse de yerilse de onun için eşittir. O hizmetini Rabbi için yapar. Ecrini O'nunla (cc) karşılaşacağı günde alacağını bilir. Riya ehli; yaptığı hizmet karşılığında övgü bekler... İnsanlar onu övmeyip eleştirince vaveylayı koparır, ameli terk eder. İnsanları nankörlükle suçlar.

Oysa bilmez ki; insanların nankör olmasının onun hizmetiyle bir alakası yoktur. Onun hizmeti Allah'adır. Şayet insanlar takdir ederse bunu Rabbinin müjdesi olarak kabul eder. İnsanlar yerdiğinde Rabbinin ecrini umarak hizmetine devam eder.

Riyadan Korunmanın Yolu

Riya her Müslümanın hemen her amelinde karşılaşması muhtemel marazlardandır. Sürekli muhasebeyle amelini kontrol eden Müslümanın riya fark ettiğinde kendisiyle korunacağı birtakım bilgilere sahip olması gerekir.

1. Riyakar dünyada umduğu şeyin zıddıyla cezalandırılacaktır

İnsanların yanında bir makam elde etmek, onların övgüsüne mazhar olmak için amel yapanlar şunu bilmelidir: Kalpler Allah'ın elindedir. İnsanların kalbinde yer edinmenin yolu Allah'ın müsaadesine bağlıdır. Ve Allah (cc) salih kalpleri insana açması, insanı sevmesine bağlıdır.

"Allah bir kulu sevdi mi Cibril'i çağırır:

— Ben falancayı seviyorum sen de onu sev, der.

Cibril onu sever. Cibril meleklere:

— Allah falancayı seviyor, siz de onu sevin, der.

Onlar da onu sever. Ta ki o kişi için yeryüzünde kalplere kabul/sevgi kılınır..."[7]

Bu hadisten anlıyoruz ki Allah'ın (cc) sevmesi ve meleklere sevdirmesi sonra da yeryüzündeki kalplere sevgi kılması gerekir. Hepimiz takdir ederiz ki riyakar Allah'ın sevgisini elde etmek bir yana en çok buğz ettiği insandır.

Bir hadiste Allah Rasûlü (sav) şöyle buyurdu:

"Kim amellerini insanlara gösteriş için yaparsa Allah onun gerçek yüzünü insanlara gösterir. Kim de amellerini insanlara duyurmaya çalışırsa Allah onun gerçek yüzünü insanlara duyurur."[8]

Müslüman bunları düşünmeli ve amelini buna göre

---

7. *Buhari, 3209; Müslim, 2638.*
8. *Buhari, Müslim*

yapmalıdır. Şu adamın halini hiç unutmamalıdır. Bir savaşta Allah Rasûlü (sav) şöyle buyurdu:

" 'Kim cehennem ehlinden birini görmek istiyorsa bu adama baksın', dedi. Bu sahabeye çok ağır geldi. Çünkü o adam onların en iyilerinden biriydi. Bir sahabe onu takibe aldı. Adam yaralandı. Yaranın acısına dayanamayıp kılıcını karnına batırarak intihar etti."[9]

Adamla şahadet arasında ramak kalmıştı. Ama Allah onun şehid olarak ölmesine müsaade etmedi ve gerçek yüzünü insanlara gösterdi. Öyle bir gösterdi ki aradan bin dört yüz yıl geçmesine rağmen bizler dahi onun samimiyetsizliğini konuşuyoruz.

2. Ahirette yaptığı amel boşa gidecektir

"Ben şirke hiç ihtiyacı olmayanım, kim bir amel yapar, benimle beraber başkasını ortak kılarsa onu da şirkini de terk ederim."[10]

Bu sözler Allah'ın (cc) kıyamette riya ehlini kovup, amellerini reddedeceği sözlerdir.

Her Müslüman bu ve benzeri sahneleri gözünde canlandırmalı, riyaya karşı kendini korumalıdır.

Ebu Hureyre (r.a) Rasûlullah'ın (sav) şöyle buyurduğunu rivayet eder:

"Kıyamet gününde üç kişi ilk olarak sorguya çekilir: Birincisi, cihad esnasında ölen kimsedir ki, Allah'ın huzuruna getirilir ve Allah, kendisine verilmiş olan nimetleri önüne serer. O da, bunlara nail olduğunu itiraf eder.

---

9. *Buhari*
10. *Müslim*

Bunun üzerine Allah kendisine:

— Bu mazhar olduğun nimetler içerisinde ne yaptın? diye sorar.

O da:

— Senin yolunda şehid oluncaya kadar savaştım, cevabını verir.

Allahu teâlâ:

— Yalan söylüyorsun; sen 'yiğit' desinler diye savaştın ve sana 'yiğit' dediler de, der.

Sonra meleklerin kendisini almalarını emreder ve yüz üstü sürüklenerek cehenneme atılır.

İkincisi, ilim tahsil edip başkasına da öğreten ve Kur'an okuyan kimsedir ki, bu da Allah'ın huzuruna getirilir ve Allah kendisine verilmiş olan nimetleri bir bir sayar ve önüne serer. O da bunları tasdik eder.

Ve Allah kendisine:

— Bu eriştiğin nimetler içerisinde ne yaptın? diye sorar.

O da:

— İlim tahsil ettim, ilmi başkasına öğrettim ve senin rızan için Kur'an okudum, diye karşılık verir.

Allah kendisine:

— Yalan söylüyorsun, sen ilmi, 'alim' desinler diye öğrendin. Kur'an'ı da 'güzel Kur'an okuyan kişi' desinler diye okudun. Ve sana böyle dediler de, der.

Sonra meleklere kendisini almalarını emreder ve yüz üstü sürüklendirilerek cehenneme atılır.

Üçüncüsü de, Allah'ın kendisine bolluk verdiği, malların her çeşidini ihsan ettiği kimsedir ki, Allah'ın huzuruna getirilir ve Allah kendisine verilen nimetleri karşısına çıkarır. O da bütün bunların kendisine verildiğini kabul eder ve Allah sorar:

— Şu nail olduğun nimetlerle ne yaptın? der.

O da:

— Verilmesini istediğin ne kadar yer varsa, hep o yerlerde ve o yolda dağıttım, diye cevap verir,

Allahu teâlâ:

— Yalan söylüyorsun. Sen bütün bunları kendine 'ne cömert adam!' dedirtmek için yaptın. Ve sana böyle dediler de, der.

Sonra meleklere onu almalarını emreder. Ve yüz üstü sürüklendirilerek cehenneme atılır."[11]

Sonuç olarak: Allah'a karşı ilk sorumluluğumuz dini, O'na (cc) halis kılmak, amellerimizi riyadan korumaktır. Bu, zor ve sürekli mücadele isteyen bir süreçtir. İçinde ihlas olmayan cihad, davet, hizmet, fedakarlıklar dünyanın yorgunluğu, ahiretin azabından başka bir şey değildir.

Yüce Allah'ın mağfireti, rahmeti, hoşnutluğu, rızası, nimetleri, müjdesi, mükâfatı, kurtuluş ve ebedi cennet hayatı... Dünyadaki emeğin, zahmetin ve yorgunluğun karşılığını ancak ihlaslı olanlar alacaklardır.

---

11. Müslim

Bundan dolayı niyetlerin sürekli olarak kontrol edilmesi gerekmektedir. Çünkü mümin için en büyük fayda ve en büyük sermaye olan ihlası bozmak için pusuda bekleyen şeytan var. Doğrusu şeytanın mümin bir kimseye verebileceği en büyük zarar onun ihlasını zedeleyip kalbine riya sokmasıdır. Riya bir kalpte yer edindi mi artık şeytanın ona kötülük yaptırmaya ihtiyacı kalmaz. Zira riyayla karışık yapılan amellerin hepsi kişinin aleyhine hüccet teşkil edecektir. Hayırlı işler yaptığını zanneden o kimse hesap günü büyük bir ziyanla karşılaşacaktır.

Şeytanın en çok ifsat etmek için uğraştığı şey ihlastır. Müslümanın hayatı boyunca korunmak için uyanık olup gayret göstermesi gereken de kendi ihlasıdır. Eğer ihlastan mahrum kalırsa tıpkı felçli bir kimsenin haline döner. Canlı olmakla beraber hayır yolunda hiçbir ilerleme kaydedemez. Şüphesiz ki ihlasa erdirilmiş olmak, yüce Allah'ın büyük bir ihsanıdır.

Takva

*K*onumuza takvanın tanımıyla başlamak yerinde olacaktır. Takva ile ilgili yapılmış birçok tanım vardır. Arapça (وقى) Ve-ka-a kökünden gelir. Takvadan kastedilen 'korunma'dır. Asıl manası budur.

Istılahî/şer'i manası ise kulun, Allah'ın azabından korunmasıdır. Taatlerde takva ile 'ihlas' kastedilir. Masiyette takva ile de 'terk ve sakınma' kastedilir. Takva kişinin, Allah'tan uzaklaştıran her şeyden sakınmasıdır.

Takvanın tanımı hakkında cumhur ulema şöyle demişlerdir: 'Takva, emredileni yapmak nehyedilenden de sakınmaktır.'

Kişi, ancak emredilen taatleri yapmak ve nehyedilen masiyetlerden kaçınmakla Allah'ın azabından korunabilir. Yani, takvalı olabilir. Bunları yapan da muttaki olarak isimlendirilmiştir.

Bazı alimler de şöyle söylemişler: 'Bu (korunma) esasen,

her Müslümanda olması gereken bir şeydir. Dolayısıyla özel bir derece değildir...'

Halbuki Kur'an-ı Kerim'i incelediğimizde takvanın teşvik edilen ve övülen özel bir derece olduğunu görmekteyiz. Zira müminler de gayretleri ve Allah'a (cc) yakınlıkları ölçüsünde farklı isimlerle vasıflandırılmışlardır:

"Sonra kitabı, kullarımız arasından seçtiklerimize verdik. Onlardan (insanlardan) kimi kendisine zulmeder, kimi ortadadır, kimi de Allah'ın izniyle hayırlarda öne geçmek için yarışır. İşte büyük fazilet budur."[1]

- Hayırda öncü/önde olanlar,

- Orta yollu olanlar (muktesid olanlar),

- Nefislerine zulmedenler.

Takva, tüm bunların üzerinde bir derecedir, denilmiştir. Bunun daha üstün derecesi 'vera'dır ki o da 'korkudan ya da saygıdan dolayı mümkün oldugunca sakınmaktır.' Korunmak ve sakınmak birbirine yakın manalar taşır ve her ikisi de organlarla gerçekleştirilir. Nasıl ki Allah korkusu ve sevgisi kalbe ait bir amel/iş ise, sakınmak ve korunmak da bedenin organlarıyla ortaya konan bir ameldir.

Takva; sakıncası olmayan bir şeyi, belki sakıncası ortaya çıkabilir korkusuyla terketmektir. Buna işaret eden ve Tirmizi'nin rivayet ettiği hadis-i şerifte Rasûlullah (sav) şöyle buyurur:

---

1. 35/Fatır, 32

"Kendisi için zararlı olabilir korkusuyla içinde haram bulunmayan şeyleri terk etmedikçe kişi muttakilerden olamaz."

Mesela, asıl olarak mubah olan uykuyu örnek olarak verebiliriz. Uyku uyumak beşeri ve zorunlu bir ihtiyaçtır. Fakat çok fazla uyumak kalbi öldürür, vücuda ağırlık verir, vaktin boşa gitmesine sebep olur, aşırı tembellik ve gafletin doğmasına nedendir. Bundan dolayı selef alimleri çok uyumayı, kalbi ifsat eden bir şey olarak tanımlamışlardır. Çok uyumak, nefsi emredilenleri terke ve nehyedilenlere yönelmeye de sevk edebilir.

Yemek yeme meselesi de böyledir. Aslen mubah ve hayatî zarureti olan yemeğin ölçüsü muhafaza edilmediği taktirde bu da kalbi ifsat eden bir şeye dönüşebilir. Çünkü fazla yemek insanı taatten alıkoyar. Çok yiyen, çok içer ve çok uyur. Sonuç itibariyle hayırlardan geri kalmak suretiyle çok kaybedenlerden olur. Çok yemek, şeytanın gezdiği kanalları/damarları açar. Vücut tembelleşir, konfor ve rahata alışır. Şehvet galebe çalar ve onun kontrol edilmesi daha da güçleşir. Çok yemek yemenin şehveti artırdığı hususu hem tıbben hem de aklen sabittir.

Nefsinin her arzuladığını elde edip onu tatmin etmeye çalışan, rahata ve bolluğa alışmış bir kimsenin ileriki safhalarda haramlar ve büyük günahlar karşısında korunabilmesi mümkün olabilir mi? Böyle bir kimse ile nefsini terbiye etmeye çalışan, yemesi ve uykusuyla dahi sünnete ve fıtrata uygun olup şeytanın gezdiği kanalları daraltan bir Müslümanın durumu eşit olabilir mi?

Takva ile ilgili bir başka tanım da şöyledir: Denmiştir ki: 'Takva; kişinin sürekli muteyakkız, yani uyanık olması halidir. Allah'a ulaştıracak yol ve vesileler hususunda kalbin uyanık olmasıdır. Allah'ın rıza ve hoşnutluğuna ulaştıracak yollarda karşılaşılması muhtemel engeller ve afetler karşısında uyanık olmak ve bunları Allah'ın inayetiyle kayıpsız atlatmaktır.' İşte bu da takva olarak isimlendirilmiştir.

Doğrusu bu hal yüce Allah'ın büyük bir lütfudur. Sürekli ve dikkatli bir bilinç sahibi olan Müslüman bilir ki dünya hayatı geçici bir yurttur. Hal böyleyken asıl yurda/ ahirete doğru yol alırken karşılaşabilecek tuzakları, engelleri ve afetleri ayaklarımız ve kalplerimizin kaymadan aşmamız için böyle daimi bir uyanıklık haline ihtiyacımız vardır. İhtiyaçtan da öte bu bir zarurettir.

İşte bu tanımı yapanlar Ömer ile Ubey b. Ka'b (r.anhuma) arasında geçen şu diyaloğu delil olarak getirirler.

"Ömer:

— Takva nedir, ey Ubey?, diye sorar.

Ubey b. Ka'b:

— Sen hiç dikenli bir yolda yürüdün mü?'

— 'Evet',

Ubey:

— 'Peki o sırada ne yaptın?'

Ömer:

— Dikenlerden korunmak için paçalarımı sıvadım,

Ubey b. Ka'b:

— İşte takva budur!" der.

Yani paçalar sıvanmış, bakışlar dikkatli, şuur uyanık ve muteyakkız bir hal... Dikkat edildiyse naklettiğimiz tanımlar birbirinden farklı anlamlar ihtiva etmektedir.

Takva, Müslümanın her daim Rabbinin beraberliğini hissetmesidir aynı zamanda. Mücahid, davetçi, bağışçı, hayır kurumunda aktivist ve akla gelebilecek diğer alanlardaki tüm Müslümanların Allah ile beraberliğe ihtiyacı vardır. Bundan hiçbir Müslüman müstağni değildir. Olamaz da. Kişi kendini böyle bir şeyden müstağni görüyorsa bu, nefis tezkiyesinin değil itikadın konusu olur. Böyle bir kimse tıpkı şeytanın yaptığı ameli yapmış olmakla kafir olur.

Yaratılmış olan her kul El-Aziz ve El-Celil olan Allah nezdinde fakir ve muhtaçtır. Özelliklede toplum içerisinde seçkin bir konumları bulunan davetçi ve mücahidlerin Allah ile beraberliğe ihtiyaçları hayatî ehemmiyete haizdir. Davetçi veya mücahid olduğunu iddia edip böyle hayatî bir beraberliğe ihtiyaç hissetmeyenler türlü afetlere müptela olmuş ve doğru yoldan sapmışlardır.

Konunun başında müminler arasında mertebeler bulunduğunu belirtmiştik. İşte bunun gibi müminlerin özelliklerinin her birisi içerisinde de farklı mertebeler bulunur. Mesela, hayırlarda öncü/önde olanların hepsinin aynı seviyede ve bir tarağın dişleri gibi eşit olmaları doğal olarak mümkün değildir. Burada Ebu Bekir ile Ömer (r.anhuma) arasında kıyasî bir örnek vermemiz isabetli olacaktır. Şüphesiz ki bu her iki güzide ve önder sahabe hayırlarda öne geçmiş öncülerdendir. İkisi de bu kategoride değerlendirilir. Fakat Ebu Bekir ile Ömer'in *(r.anhuma)* durumlarının aynı düzeyde ve eşit olmadığı ortadadır. Ebu Bekir'in Ömer'den daha önde olduğu kuşkusuzdur. Her ikisi kendi dönemlerinde yaşamış diğer sahabelerden bu çerçevede daha öndedirler.

Hayır amellerini en çok yapan insanların aynı paralelde takvalarının da artacağını söylemek mümkündür. Çünkü takva dediğimiz şey belli bir noktaya geldikten sonra sabit kalan, statik bir şey değildir. Nasıl ki iman, taatler ile artıyor ise takva da aynı şekilde artar. Bunun aksi de öyle. Taatlerin azalmasıyla takva da zayıflar veya kaybolur. Takvanın dereceleri olsa da aslı, emredilenleri yapmak ve nehyedilenlerden kaçınmaktır.

Kalpte takvanın oluşması ve güçlenmesi için üç şeye ihtiyaç vardır.

1. Allah sevgisi

2. Allah korkusu

3. Allah'tan (rahmetinden...) ümitvar olmak.

Kul sayısız nimetlerine hakkıyla şükretmediği halde yüce Allah tüm bu nimetleri kesintisiz olarak sürdürmektedir. Bunun mukabilinde kalbinde Allah sevgisinin yer etmesi gerekir. Dile getirmekten aciz olduğu kerem ve lütfundan dolayı yüce Allah'a olan minnet duygularıyla sevgisini artırmalıdır.

Diğer taraftan tehdit-azap ayetlerini ve ilahî azabı haber

veren Nebevî sözler karşısında korku hissetmeli, azamet ve kudretinden haşyet duymalıdır.

Dünya hayatındaki küfürleri, şirkleri ve büyük günahlarda ısrar etmeleri karşısında kendilerine yapılan uyarıları dikkate almayan, Rasûlleri yalanlayan nice kavimlerin helakini düşünüp, kalbi haşyetle ürpermelidir kulun. Cehennemi tasvir eden sahih hadisleri hatırına getirip kalbini Allah korkusuyla tahkim etmelidir. Kalp bu korkuyla kavi olur. Başka korkuların kalbe yerleşmesine de mani olur.

Bununla beraber kul, yüce Allah'ın rahmetini, rahmetinin genişliğini ve sonsuzluğunu da düşünerek daima ümitvar olmalıdır.

İşte bu üç husus dengeli bir şekilde aynı kalpte bir araya geldiğinde Allah ile beraberliğin hazzı da alınmaya başlanır. Bu hal yüce Allah'ın yardımını, sevgisini, hoşnutluğunu ve rızasını celbedecektir. Takva, kul için bu uzun ve meşakkatli yolda en hayırlı azıktır. Yola da azıksız çıkılamayacağı selim akıl sahibi herkes tarafından bilinen bir husustur.

Mesela, kişinin sıhhati yerinde ve birçok imkâna sahip olduğu halde yol boyunca yetecek azığı yoksa haccetmek kendisine farz değildir. Yol azığı da tamamlanınca ancak o zaman hac kendisi için farz olur. Zira azığı olmadan veya azık edinmeye yetecek kadar sermayesi olmayan kimse yolda helak olur. Allah (cc) şöyle buyurur:

"(Ey müminler! Ahiret için) azık edinin. Bilin ki azığın en hayırlısı takvadır."[2]

---

2. 2/Bakara, 197

Müslümanların Allah'a Karşı Sorumlulukları

Bu ayet hac menasikinin anlatıldığı ayetlerin arasında geçmektedir. Hac için azıktan söz edilirken dikkatler hemen takvaya, uhrevî azığa yöneltilmektedir. Yine Araf suresinde libas bahsinde en iyi libasın takva olduğu belirtilmektedir:

"Ey Adem oğulları! Size ayıp yerlerinizi örtecek giysi, süslenecek elbise yarattık. Takva elbisesi... İşte o daha hayırlıdır."[3]

Dünya hayatınızda sade veya şık, kaliteli veya ucuz, özenli veya özensiz de olsa örtünme/giyinme ihtiyacı nasıl zaruriyse takva elbisesi de hem zorunlu hem de çok daha faydalı ve hayırlıdır.

Selef alimlerinden bazıları bu hususta mümini bir kuşa benzetmişlerdir. 'Eğer müminde hem korku hem sevgi ve aynı zamanda ümit olursa bu durum iki kanatlı bir kuşa benzer', demişlerdir. Fakat bunlardan biri eksik olursa bir kanadı kırık kuş gibi olur ki böyle bir durumda kuş uçamaz.

Daha açık ifadelerle şöyle de söylenmiştir: 'Eğer yüce Allah'a sadece korkuyla ibadet edersen haricilerden olur. Sadece sevgi üzere ibadet edersen zındıklaşır. Yüce Allah'a yalnızca ümit/reca üzere ibadet edersen ise mürcieden olursun. Öyleyse yüce Allah'a hem sevgi, hem korku hem de reca üzere ibadet et ki kurtuluşa eresin.'

Bu sözlerin karşılık bulduğu pratik bir örnek vermek meselenin daha iyi anlaşılması bakımından faydalı olacaktır.

Bir kimsede sevgi ve ümit yönünün zayıf, korkunun ise

---

3. 7/Araf, 26

belirleyici olduğunu düşünelim. Bu kimsenin kul olması hasebiyle günah işlemesi mukadderdir. Salt korkularıyla ibadet eden kimse günah işlediğinde bu durumu, kendisini ümitsizliğe sevkedebilir. Bunun daha ileri bir düzeye taşınması halinde kişinin küfrüne dahi kapı aralayabilecektir. Zira:

"Kâfirler topluluğundan başkası Allah'ın rahmetinden ümit kesmez."[4]

Hayatında belirleyici olan ve ibadetlerini sadece korku üzere yapan bir kimse bu korkudan büyük bir zarar görür.

Oysa korkuyla beraber ümidini de muhafaza etse hem amelinde süreklilik/istikrar olur hem de Allah'tan ümit eder. O ümidi, kendisini daha fazla amele yöneltir. Bu iki husus dengeli olarak bulunduğunda manzara kişinin lehine döner. Aksi durumda sapkınlığın yolu açılmış olur.

Yalnız sevgi ve ümitle kulluk etmeye çalışan da bu sapkınlıktan nasibini alacaktır. Kişi her günah işlediğinde daima Allah'ın El-Ğafur ve Er-Rahim olduğunu hatırlayacaktır. Hatta öyle bir hale gelir ki insanların günah işleme özgürlüğünü dile getirip savunabilen bir zındığa dönüşecektir. Yüce Allah'ın Şedidu'l İkab olduğunu bilmezlikten gelecektir. Bu da kişi için helak edici büyük bir afettir. Ancak diğer hususlarla birlikte olunca insan hata işlese dahi neticesi onun lehine dönecektir, inşallah.

Şüphesiz ki hiç kimse sevdiğini üzmek istemez. Allah'ı sevdiğini iddia eden bir mümin de Rabbini gazaplandıracak herhangi bir söz ve amelden daima kaçınır. Korku

---

4. *12/Yusuf, 87*

da öyle. Yaptığı hata ve günahlardan tevbe edip onların yerine hayırlı ameller yapayım endişesiyle taatlere sarılır. Bu şuuru gitgide daha da kuvvetlenip keskinleşir. Reca/ ümit sahibi bir kimse de daima tevbe ve istiğfar ile meşgul olur. 'Allah'ım! Sen affedicisin, El-Kerim'sin. Affetmeyi seversin. Beni de affet!' diye dua, niyaz ve tazarruda bulunur.

Bu sayılanlardan birisi ya da ikisi eksik olursa Allah'a kulluğun gereği tam olarak yerine getirilmez. Takvanın oluşabilmesi için de bu hususların bir arada gerçekleşmesi gerekmektedir.

Pek tabiidir ki bunlar doğuştan kazanılan şeyler değildir. Sonradan öğrenerek, tefekkür ederek, okuyarak, müşahade ve gayret etmek suretiyle elde edebilecek haller ve mertebelerdir.

Bir Hatırlatma

Bilinmelidir ki tevhid davasının davetçileri ve ileri saflardaki mücahidlerle ilgili olarak içinde bulundukları cemaatin kendileri hakkında değerlendirme, analiz, sevk ve idare hususlarındaki birtakım kategorik sınıflandırmaları tabiidir. Kuşkusuz ki bu durum hiçbir Müslüman hakkında bir tahfif gayesine matuf değildir. Bu tür tasarruflar ve her ferdin dava için ne denli önemli ve değerli olduğu gerçeği üzerine yapılabilmektedir. Fertlerin yetenekleri ve istidadları istikametinde davaya azami verim ve katkı sağlayabilecekleri şeklinde istihdam edilmeleri amacıyla yapılacak bu tür çalışmalar davetin devamlılığı için de zaruridir. Yoksa birisini bir başkasına yahut bir taifeyi bir başka taifeye üstün tutmak gibi bir şey cemaat içerisinde söz konusu olamaz. Sol elin sağ ele, sağ gözün sol göze nasıl bir üstünlüğü ve ayrıcalığı olabilir ki?

Mücahid, cihad ile ilgili eğitim alır, cihadî konularda yoğunlaşır, hayırhah bir Müslümana ise bu konularda irşadda bulunulur ve teşvik edilir.

Davet yapabilme yetenek ve kapasitesi olan bir Müslüman bu alanda yetiştirilir ve istihdam edilir. Bu sınıflar içerisinde yüce Allah'ın üstün tuttuğu grup vardır ki onlar da Allah yolunda i'lâ-yı kelimetullah için cihad eden mücahidlerdir. Zira cihad-ı fisebilillah aynı zamanda İslam'ın zirvesidir. Hal böyle olunca mücahidler de en öndedirler. Bu konumları naslarla sabittir[1].

Rasûlullah'ın *(sav)* ashabından Ebu Bekir, Mus'ab, Bilâl, Ebu Hureyre, Ömer *(r.anhum)* ve daha nicelerini... Mesela, biri

---

1. Bkz. 9/Tevbe, 19

çıkıp 'Adı geçen bu sahabe-i kiramın hepsi aynı işi yaptılar, aynı alanda temayüz ettiler ve Rasûlullah'ın (sav) nezdinde de aynı kategoride değerlendirilmişlerdir' dese, doğru bir saptama olur mu? Hayır! İman konusunda herhangi bir kategorik değerlendirme söz konusu bile olmaz. Fakat mesela onlardan birisi Rasûlullah'ın (sav) komutanlarındandı, birisi Rasûlullah'ın müezzini, bir diğeri sözcüsüydü, bir başkası davetçi/öğretmendi... Bunun böyle olması o seçkin sahabe arasında rütbe veya üstünlük payesi vermek ya da almak anlamına gelmez. Allah katında değer ve üstünlüğün ölçüsü takvadır.

Bazı fertlerin farklı alanlarda görevlendirilmesi onlar arasında önem ve değer farklılığından kaynaklanmaz. Önem, değer ve üstünlük ancak takva iledir. Her kim yüce Allah'a en iyi şekilde kullukta bulunuyor ve vazifesini hakkıyla yerine getiriyorsa güven, yakınlık ve sevgiye daha layıktır.

Sadece güzel konuşmak, mal harcamak veya işlerin üstesinden gelmek, tek başına üstünlük için yeterli değildir. İbadetlerinde, davetinde, infakında, beşeri münasebetlerinde, görev bilincinde, cihadında kısaca hayatının her alanında ancak ve yalnız yüce Allah'ın rızasını ve hoşnutluğunu merkeze alanlar emsalleri arasında üstündürler.

Ortamın Takva Üzerindeki Etkisi

Kuşkusuz ki bir kimsenin eğitimi, şuurlanması ve ıslahı ile ilgili olarak içinde bulunduğu ortamın büyük bir etkisi vardır.

İçinde bulunulan ortamın kişi üzerindeki etkisinin anlaşılması açısından Buhari'nin kaydettiği doksan dokuz kişiyi öldüren şahsın kıssası çok büyük dersler ihtiva eder. İsrailoğulları içerisinde bir kimse vardı. Doksan dokuz kişi öldürmüştü. Kalkıp durumunu sormak için yola çıktı ve bir rahibe varıp sordu. 'Tevbe imkanı var mı?' dedi, o da 'Hayır' dedi, bunun üzerine onu da öldürdü. Arkasından tekrar soruşturmaya başladı. Sonunda bir kimse ona: 'Şu şehirde filana git' dedi. Bahsedilen alimin yanına vardı. Aynı şeyi ona da sordu. Alim: 'Şüphesiz ki Allah tevbeleri çokça kabul edendir. Elbette tevbenin kabulü mümkündür. **Ancak şu ana dek bulunduğun şehirden/ortamdan uzaklaşman gerekir. Filan beldeye git. Oranın sakinleri salih insanlardır.**' Adam da alimin bu sözü üzerine bahsedilen şehre doğru yola çıktı. Bu sırada yolda ölüm onu yakalayıverdi. O da göğsünü gitmek istediği beldeye çevirdi. Sonunda rahmet melekleriyle azap melekleri bu kimse hakkında anlaşmazlığa düştüler. Bunun üzerine Allah bu beldeye (gideceği yere) 'yaklaş!', öbürüne de 'uzaklaş' diye vahyetti. Ardından 'İkisinin arasını ölçünüz.' diye buyurdu. Bu adamın gitmek istediği beldeye öbüründen bir karış daha yakın olduğu tespit edildi ve bunun üzerine bağışlandı.

Kişi ya içerisinde bulunduğu ortamı, öne çıkan bazı özellikleriyle etkiler ve yönlendirir veyahut o ortamdan etkilenir ve grup psikolojisiyle hareket etmeye başlar. Bu konunun takva üzerindeki etkisi ne olabilir diye sorulacak olursa Allah'ın yardımıyla şöyle deriz:

Kişi içinde bulunduğu salih bir ortam içerisinde hayırlı güzel ameller yapmaya başlar. Fakat ortamdan ayrıldığında veya zıddı bir topluluğun içine girdiğinde ya da tek başına kaldığında eski alışkanlıklarına ve haramlara yönelebilir. Bu durumda takvayı da iki yönden ele almak gerekecektir.

1. Selim kalbe bağlı olarak gerçekleşen takva

2. Grup psikolojisiyle ortama bağlı olarak gerçekleşen takva

Ortama bağlı olarak gerçekleşen takva insanın kalbini ve ayağını her an kaydırmaya müsait bir zemindir.

Fakat selim/sağlıklı kalbe bağlı olarak gerçekleşen takva insanın ruhuna, zihnine, söz ve davranışlarına da derinlemesine tesir edip kuşatır. Allah'ın izniyle bulunduğu her ortam ve mekanda kişi için koruyucu bir kalkan olur ve ayaklarını sabit kılar. Rasûlullah (sav) şöyle buyurmuştur:

"Her nerede olursan ol Allah'tan kork!"[1]

İster facirlerin içerisinde ol, ister salihlerin arasında bulun. Her nerede bulunursan bulun, korun/takvalı ol ve Allah'tan kork. Bir davetçinin üzerine düşen sorumluluklardan birisi de şudur: Tebliğde bulunup öğüt verdiği muhatabında müsbet ilerlemeler olduğunu müşahade ettiğinde o kimsenin daha önceki sosyal çevresini/ortamını değiştirerek salih insanların bulunduğu bir ortamın içerisine girmesi teşvik edilir. Çünkü salihlerden olmaya çalışan bir kimse ancak salihlerin bulunduğu bir cemaat/ortam içerisinde kendisini koruyabilir. Facirlerle arka-

---

1. Tirmizi

daşlık eden kimse zamanla hem kalben hem de amelleri itibariyle onlara benzeyecektir.

Her zaman aklımızda tutmamız ve uyanık olmamız gereken husus, şeytanın bize düşmanlıkta hiç ara vermeden gayret göstermesidir.

Şeytanın, kulun yoluna çıkaracağı engeller çok ve çeşitlidir. Şeytan, kula hayır ameller yaptırmamaya çalışır. Bunda muvaffak olamadığında kulun yaptığı hayırları ifsat etmek ister. Bunu riya ile yapar. Kulun ihlasını bozarak yaptığı hayırlı amelleri yok hükmüne düşürmeye çalışır. Bunlarda başarılı olamazsa kulu, kendini beğenme ve taaccüp afetlerine duçar etmek ister. Mesela, hayırlarda, ibadetlerde, güzel ahlak ve İslam adına hizmetlerde daima en altta olanlara bakarak yaptıklarıyla sevinir. Gece namazına kalkar, kalktığı andan itibaren kalkmayan veya kalkamayanların nasıl da 'gafil' olduklarından ve böyle büyük bir hayırlardan mahrum kalmalarından ötürü kınayıcı tarzda sayıklamalara başlar.

Başka insanların da bulunduğu bir yerde gece namazına kalkıyorsa da bir şekilde ses yaptırıp o ameli başkalarına duyurmak suretiyle riya bulaştırmaya çalışır.

Hasan-ı Basri (r.h) 'Biz gizliliğin adamıyız' der. Yani hiç kimsenin gözlerinin görmediği yerde Allah'a kulluk edenlerdeniz.

Bu anlayışta olan bir Müslüman için de şeytanın yoluna çıkaracağı hile, tuzak ve engellerin sonu gelmez. Bir amel veya bir konum üzere takılıp kalmak da bu hilelerden birisidir.

Kişi salih bir ortama dahil olur, o ortamdaki salih insanlarla arkadaş olur, onlarla oturur, namazlarını vaktinde ve cemaatle kılar, gıybet, müzik, dedikodu gibi haramlardan uzak durur, nafile oruç tutmaya başlar, çokça Kur'an okur ve gece namazlarına da kalkar. Fakat şeytanın telbisatıyla taaccüpe kapılıp 'Bu insanların içerisinden en iyisi' olarak kendisini görmeye başladı mı tüm bu yaptıklarına, ihlası bozan unsurlar girmeye başlar ve böylelikle dünyanın kapısı açılmış olur. Bununla beraber zahirde görünen bu takva, ortama bağlı gerçekleşen takvadır.

Aynı ortam içerisinde bir kısır döngü şeklinde sürekli olarak aynı şeylerle meşgul olmak da yerinde saymaya neden olur. İlk coşku ve heyecan geçtikten sonra bir durgunluk, ondan sonra da gerileme başlar. 'Durgun su, yosun tutar (kokar)' denilmiştir. Bu nedenle hayırlarda daima daha iyiyi hedeflemeliyiz. Dünya ile ilgili ihtiyaç ve isteklerimizde minimumu, ahiret ile ilgili amellerimizde ise maksimum olana odaklanmalıyız. Zira bu metod yüce Allah'ın tezkiye hususunda Müslümanlara öğretmiş olduğu bir metoddur..

"Rabbinizin bağışına ve takva sahipleri için hazırlanmış olup genişliği gökler ve yerler kadar olan cennete koşun."[2]

Allah (cc) ahiret yurduyla ilgili olarak hesaplarımızı en üst seviyeye, en üstün olana göre yapmamız için bizleri teşvik etmektedir. Dünya ile ilgili meselelerdeyse şu gerçek daima güçlü bir şekilde bize hatırlatılmaktadır.

"Gerçekten senin için ahiret dünyadan daha hayırlıdır."[3]

---

2. 3/Âl-i İmran, 133
3. 93/Duha, 4

Kur'an-ı Kerim'de dünya hayatıyla ilgili olarak verilen örneklerin hemen ardından asıl yurdun, ebedi ve kalıcı olanın ahiret hayatı olduğu belirtilmektedir.

Bizler de hedeflerimizi yüksek tutacağız. Takva sahibi salih insanların arasına dahil olmak, görevimizin tamamlandığı anlamına gelmez. Bu dava için daha iyi neler yapabilirim diye daha çok okumalı, daha fazla araştırmalı, daha fazla üretebilmeli ve katkıda bulunmalıyız. Kendimizi sabitleyeceğimiz tek şey; yaptığımız ve yapacağımız her şeyin Allah yolunda olmasına çalışmak, ihlası ve takvayı korumak olmalıdır. Bunda muvaffak olunursa hangi ortam olursa olsun takvayı menfi istikamette etkileyemeyecektir. Aksi durumda takvanın seyri de ortama göre değişebilecektir. Bunun önüne geçmek için Allah'a (cc) olan sevgimizi, havf ve recamızı arttırmalıyız. Ki bunlar takvanın asli unsurlarındandır. Bunları her zaman artırıp kuvvetlendirmek gerekir.

Yukarıda zikrettiğimiz şeyleri kazanabilmek için öncelikle dert sahibi olmalıyız. Çünkü bu meseleler ancak bunları kendisine dert edinen insanları ilgilendirir. Hem kendimiz hem de muhatabımız için tıpkı Rasûlullah'ın (sav) yaptığı gibi bu konuyu dert edinmeli ve muhatabımızın da o farkındalığa ulaşıp dert edinmesini sağlamalıyız.

Dikkat edildiğinde ahiret yolculuğunda takvaya ulaşma yolunda yapılan nasihatler, anlatılan engeller, afetler, şeytanın hile ve telbisatlarıyla ilgili her türlü sözler karşısında en rahat ve umursamaz kimselerin fasıklar olduğu görülecektir. Kalpleri günahlarla kararmış olanlar bu hususlarda pek rahattırlar. Nasihatleri ve uyarıları dinlerler, kabul ettiklerini söylerler. Fakat sadece dinleyip kafa sallamakla yetinirler.

Aynı türden nasihatleri veya ikazları salih bir insana yaptığınızda bu anlatılanların üzerindeki tesirini çok rahat bir şekilde müşahade etmemiz mümkündür. Cehennemden söz ederken sanki onun varacağı yer imiş gibi kalbi ürperir ve benliğini bir korku sarar.

Böyle mütehassis olmasının nedeni duygusallığı değildir. Bunun asıl nedeni yukarıda bahsettiğimiz hususları kendisine dert edinmiş olmasıdır. Ahiret yolculuğunda azık olarak amelleri ve yoldan alıkoyucu engelleri umursuyor ve önemsiyor. Fasık kimsenin durumu ise belirttiğimiz gibi çok farklıdır. Bu konuyla ilgili şöyle bir misal vermemiz isabetli olacaktır:

Gezi için Nevşehir'e gidecek iki şahıs var. Yanlarında üçüncü bir kişi de var ancak o şahıs bu beldeye gitmeyecek. Yolculuğa çıkacak diğer iki kişiye daha önce oralara gidip dönmüş tecrübeli bir büyükleri nasihatlerde bulunmaktadır. Yolculukta karşılaşabilecekleri sıkıntıları, yolun zorluklarını, kestirme yolları, nasıl daha ucuz ve daha güvenli yolculuk yapabilecekleriyle ilgili tecrübelerini aktaran büyüklerini pür dikkat dinlerler. Notlarını alır, anlatılanlar üzerinde başkaca öğrenmek istedikleri hususları da sorarlar. Bu dikkat ve ilgilerinin asıl nedeni: Nevşehir'de Ürgüp-Göreme'yi ziyaret için yolculuğa çıkmaya karar vermiş olmalarıdır. Yanlarında bulunan üçüncü şahıs ise bu anlatılanlarla pek ilgilenmez. Çünkü onun yolculuk yapmaya niyeti yoktur.

Ahiret yurdu, cennet, cehennem, Allah'ın rızası gibi bir derdi olan kimse için ihtiyaç duyduğu azık meselesi elbette ki dikkate ve ilgiye değerdir. Bu meseleler kendisi için hayatî öneme haiz anlamlar ifade eder.

Kendisine bu yolun engelleri anlatıldığı zaman hemen bunu nasıl aşabilirim diye gayret eder. Amellerini daha da güzelleştirmeye ve niyetini de tashih etmeye yönelir.

Diğer tip şahıs ise böyle bir şeyi umursamadığı için dert de edinmez. Hatta büyük günahları onun gözünde burnunun üzerine konmuş bir sinek gibi küçük ve basit görünür. Halbuki mümin en küçük bir günahı dahi dağ gibi büyük görür. Tekerrür etmemesi için azami gayret gösterir.

Dolayısıyla bu anlatılanlardan istifade edilmesi için muhataba ahiret azığı ve yukarıda geçen diğer hususları dert edinmesini sağlamak lazım gelir.

Bu alanda eser vermiş alimler bu konuları daha çok misaller ve teşbihlerle açıklamaya çalışmışlardır. Mesela, insanı, yola revan olmuş bir yolcuya benzetirler. Ahiret; varılacak en son menzil olarak anlatılır. Zaman, insanın elinde ve tasarrufunda bulunan bir sermaye gibi gösterilir. Takva, uzun ve meşakkatli bir yolculuktaki azıktır. Riya, hırsızlar olarak teşbih edilir. Kişinin kendini beğenmesi yol kesicilere benzetilir. Uyku, yemek ve dünyalıklara düşkünlük yolda kalmak şeklinde anlatılır. Tüm bu misaller ve teşbihler bu önemli konunun olabildiğince geniş halk kesimleri tarafından öğrenilmesi ve anlaşılması için yapılmıştır.

Bu yolculuğa çıkan bir kimsenin samimi, kararlı ve azimli olmasının yanı sıra kendisini de iyi tanıması gerekir. Bu hususta alim, avam, mücahid, davetçi ve diğer Müslümanlar arasında bir ayrım yoktur. İnsan, Kur'an-ı Kerim'den, Nebevî haberlerden ve bizzat şahsi tecrübelerinden kendisini tanıyabilir. Böyle bir durumda yolculuğu için gerekli tüm tedbir ve tertipleri alacak ve yeteri kadar azıkla azıklanmaya çalışacaktır. Allah (cc) ile olan münasebetlerini tashih ederek kuvvetlendirecektir. Takva, tevekkül, sabır, Allah (cc) sevgisi, havf, reca ve ihlas konularında eksiklerini gördüğünde bunları tamamlayacak, arttırmak için gayret gösterecektir.

Bununla beraber riya, nifak, taaccüp (kendini beğenme), nankörlük, cimrilik, acelecilik, zulüm ve bunlar gibi kalbi ve ayakları kaydırabilecek unsurları da tanımış, bilmiş olacaktır. Böylelikle Allah'a, O'nun rıza, hoşnutluk ve ebedi nimetlerine ulaştıracak yolda daha güvenli ve istikrarlı bir şekilde yol alabilecektir, inşallah.

Bu türde menziller veya mertebelerden bahis açılınca okuyucuda 'Ahiret yurduna salimen vasıl olmak ne de zormuş!' diye bir algı oluşabilir. Bu algı nefsin bundan hoşlanmamasından kaynaklanmaktadır. Allah'a ulaşma yolunda nefse zor gelen meseleler olsa da bu zorluk işin tabiatındandır. Allah (cc) kolaylaştırdıktan sonra hiçbir zorluk yoktur.

Kişi, hem dünyasını hem de ahiretini ilgilendiren bu hayatî meseleleri dert edinip bu yolda samimi olarak adım atarsa karşısında kendisine on adımla yaklaşan Rabbini bulacaktır. Allah (cc), kendisine yürüyerek gelen kuluna koşarak yönelir. Kişi elini uzatsın, o eli tutan El-Aziz ve El-Celil olan Allah olacaktır. Korunmak isteyene yani takva sahibi olmak isteyene Allah (cc) bu yoldaki engel ve afetlerden korunma yollarını gösterecektir. Acziyetini ve zaafiyetini Allah'a arz edip dua, niyaz ve tazarru ile yardım istediğinde yardım olunacaktır, inşallah.

Rasûlullah (sav) bizlere nasıl dua edileceğini göstermiş ve bu dualarında nefsin şerrinden, şehvetlerden ve türlü fitnelerden Allah'a sığınmış ve O'ndan yardım istemiştir. Öyle ki, Rasûlullah (sav) bizler için en güzel örnek olmuştur. Şu bir hakikattir ki, kişi bu yolda samimi ve kararlı olursa hiç ummadığı yönlerden yardımlara mazhar olur. Öyle ki onun nefsi dahi kendisine yardımcı olma noktasına gelecektir.

Rasûlullah'a (sav) gelip iman ettikten dakikalar sonra katıldığı İslam ordusu içerisinde cihad edip şehid olan kişinin kıssası ne de güzeldir. İşte Allah (cc), halis kullarına dilediği şekilde yardım eder ve onları muvaffakiyete ulaştırır.

Bazı Müslümanların önündeki yol da uzadıkça uzar. Bunun hikmetlerden birisi de bu Müslümanın daha fazla ecir kazanması ve derecelerinin yükselmesi olabilir (Allahu alem).

Kişi vardır, tüm ömrü bela ve musibetlerle boğuşarak geçer. Fitneler onu çepeçevre sarmıştır. Fakat ihlas ve takvası vesilesiyle Allah (cc) kalbini metin, ayaklarını sabit kılmıştır. Tüm bu yaşadıkları da günahlarına kefaret olmuş, Allah (cc) katındaki değeri ve derecelerinin yükselmesine vesile olmuştur.

Bu yolda mesafe kat ederken 'şu zor, şu da kolaydır' diye kategorik bir kulluk anlayışıyla hareket etmek mümkün değildir.

Allah'ın zor kıldığı zor, kolaylaştırdığı da kolaydır. Allah dilerse bir ömür boyu ancak kat edilebilecek yolu bir kaç saatte kat ettirerek uzağı yakın, zoru da kolay eyler.

Bize düşen yolun uzunluğu, kısalığı, zorluğu veya kolaylığıyla meşgul olmak değildir. Bizim için asıl olan Allah'ın dinini dert edinmek, asıl yurt olan ahirete salimen vâsıl olmaya çalışmak ve bu istikamette samimi ve istikrarlı bir seyr-û süluk içerisinde bulunmaya güç yetirmektir.

Biz kulluğumuzun gereğini yerine getirmekle mükellefiz. Her hâlükârda akıbet muttakilerindir.

Allah ile Beraberlik ve Takvanın Semereleri

Önceki bölümde takvanın tanımını yapmış, kulun takvaya olan ihtiyacını izah etmiştik. Takvanın kula kazandırdığı özelliklerden bir tanesi de, Allah ile beraberliktir. Esas itibariyle yüce Allah (cc) genel anlamda bütün kullarıyla beraberdir.

"...Biz ona (insana) şah damarından daha yakınız."[4]

"...Kullarım sana, beni sorduğunda (söyle onlara): Ben çok yakınım."[5]

Burada kastedilen beraberlik yüce Allah'ın ilmi, basarı

---

4. *50/Kaf, 16*
5. *2/Bakara, 186*

(görmesi), işitmesi ve kuşatmasıyla tüm kainat ile beraberliğidir. Bu, genel bir beraberliktir.

Yüce Allah'ın müminlerle ayrıca hususî bir beraberliği de vardır.

"...Allah müminlerle beraberdir."[6]

"...Allah muhakkak sabredenlerle beraberdir."[7]

"...Allah muhsinler (iyilik edenler) ile beraberdir."[8]

"...Çünkü Allah, (kötülükten) sakınanlar ve güzel amel edenlerle beraberdir."[9]

Zikrettiğimiz son dört ayette kastedilen beraberlik özel bir beraberliktir.

'Özel Beraberlik' Nedir?

Yüce Allah'ın, kendi yolunda karşılaştıkları bela ve musibetlere sabredenlerin kalplerine inşirah/genişlik vermesidir. Muttakilere dost ve yardımcı olmasıdır. Onları desteklemesi ve muvaffakiyete ulaştırmasıdır.

Şüphesiz ki her Müslümanın yüce Allah'ın bu özel beraberliğine ihtiyacı vardır. Zira üstünlük, kuvvet ve başarı böyle bir beraberlik vesilesiyle elde edilebilir.

"...Ben sadece gücümün yettiği kadar ıslah etmek istiyorum. Fakat başarmam ancak Allah'ın yardımı iledir."[10]

---

6. *8/Enfal, 19*
7. *2/Bakara, 153*
8. *29/Ankebut, 69*
9. *16/Nahl, 128*
10. *11/Hud, 88*

Allah *(cc)* kolaylaştırmazsa kolaylık yoktur. Allah *(cc)* dilemezse başarı da, zafer de yoktur. Dünya hayatında carî olan bir sünnetullah vardır. Bu sünnetullahta yani ilahi kanunlarda değişme olmaz.

Bu konuda şöyle bir örnek verebiliriz: Malumdur ki tevhid ile şirk arasındaki mücadele tarihi boyunca sayı, kuvvet ve savaş araç-gereçleri itibariyle genel olarak müşrik orduları üstün ve ileri derecede avantajlı konumda olmuşlardır. Bununla beraber hayatı çok seven ve dünyaya da fazlaca değer veren bir anlayışa sahiptirler. Peygamberler *(as.)* döneminde olsun, günümüzde olsun Müslümanlar hep azınlıkta kalmışlardır.

Sayı, silah ve saldırı araçları açısından Müslümanlar aleyhine böylesi orantısız bir güç tablosu olduğu halde yüce Allah'ın işte bu özel beraberliğinin tecellisi olan destek ve yardımlarıyla küfür orduları hezimete uğratılmışlardır.

Günümüzde de aynı manzarayı görmekteyiz. Birçok cihad bölgesindeki mücahidler maddi güç ve yüksek savaş teknolojisi silah ve mühimmattan yoksun olarak cihadı sürdürmektedirler.

Evet, insanların çoğunun gözünde adeta ilahlaştırılan ve adı 'süper güç' olan bazı devletlerin devasa ordularına karşı mücahidlerin ellerinde az bir imkan ve çok yetersiz silahlar bulunmaktadır. Fizik kurallarını adeta alt üst eden bu duruma rağmen Müslümanların bir çok yerde muvafakatlerine şahit olunmaktadır. Adeta uçağa karşı âsa ile ya da sapanla mücadele etmek gibi bir şey olsa da

Allah *(cc)* ile özel beraberliğin tabii neticesi olarak zaferler elde edilebilmektedir.

Bu konuda daha özel bir örnek de vermek mümkün. Mesela, nefis tezkiyesi ve arınmadaki mücahede sürecinde müminin ihlasa, takvaya ve manevî anlamda kesintisiz bir güç kaynağına ihtiyacı vardır. İşte bu güç kaynağı El-Aziz ve El-Celil olan Allah'ın özel beraberliğidir.

Savaş meydanında küffar ordusuna karşı cephane ve mühimmata olan ihtiyaç nasıl hayatî bir ehemmiyete haiz ise, nefis ile mücahedede de Allah *(cc)* ile beraberliğe zaruri bir ihtiyaç vardır. Böylelikle kul 'ihlasa erdirilenlerden' ve muttakilerden olabilsin. Ebu Hureyre'den *(r.a)* şu hadis rivayet edilmiştir:

"Rasûlullah: 'Allah şöyle buyurmuştur: 'Kim benim bir veli kuluma düşmanlık ederse, ben de ona savaş ilan ederim! Kulum bana ona farz kıldığım şeylerden daha sevimli bir şeyle yaklaşamaz. Kulum bana nafilelerle de yaklaşmaya devam eder; nihayet onu severim. Bir defa onu sevdim mi, onun işiten kulağı, gören gözü, tutan eli ve yürüyen ayağı olurum... Eğer benden isterse ona veririm. Eğer bana sığınırsa onu korurum.' "[11]

Buradaki "...işiten kulak, gören göz, tutan el ve yürüyen ayak..." olmaktaki kasıt, El-Aziz ve El-Celil olan Allah'ın zahiren sözü edilen organlara dönüşmesi değil elbette. Allah *(cc)* böyle bir şeyden münezzehtir. Asıl kastedilen farzlarla ve nafilelerle yüce Allah'a yaklaşan kulun Allah'ın sevgisine mazhar olmasıdır. Bu sevgi özel bir beraberliğin/ takvanın neticesidir. Ondan sonra; kul göz, kulak, el, ayak vesair organlarıyla türlü hayırlı amellerde muvaffak kılınır.

---

11. Buhari

Sözler, davranışlar ve hatta duygular ve düşünüşlerde dahi bir arılık, nezafet ve letafetin egemen olduğu görülecektir. Bunun için kulun farzlarını en güzel bir biçimde eda etmesi gerekir.

Allah'ın Özel Beraberliği

Halk arasında meşhur olup, halen geçerliliğini koruyan bir deyim vardır: 'Yedi köyün ağası olacağına devlet kapısının kulu (memuru) olmak yeğdir.'

Toplumun kahir ekseriyetindeki anlayış budur. İnsanlar devlete ait bir kamu kurumunda kadrolu bir işe girebilmek için yıllarca çalışmaktadırlar. Bir memuriyet elde eden kimse bahtı açık olarak bilinir olmuştur. Kişi herhangi bir kaza, bela vs. gibi olumsuzluklarla karşılaşması halinde zihinde tasavvur dahi edemediği güçlü bir devletin güvencesini kılcal damarlarına kadar hissedebilmekte ve kendisinde büyük bir özgüven oluşturmaktadır. Devlete yaptığı hizmetin karşılığını her ay hiç aksamadan alma garantisi, sağlık güvencesi, sosyal yardımlar vs. devlet denilen en büyük örgüt, 'kendisine tabi olup hizmet edenlerin her zaman yanında ve arkasındadır' anlayışı bu güven duygusunu perçinlemektedir.

Daha rahat, güvenli ve düzenli bir hayat için devasa bir güce dayanan insan birçok ağır yükten kurtulduğuna inanır. Sebebi de söz konusu gücün destek, yardım ve korumasını her an yanında hissediyor olmasıdır. Sadece bu kanaatin dahi kişi için koruyucu, kuvvetli bir etkisi olabilmektedir.

Müminlerin asıl hedefi ise şudur: Takva, ihlas ile ve yukarıda zikrettiğimiz hadis-i kudsî'de beyan buyrulduğu üzere farzlarla beraber nafilelerin de arttırılmasıyla elde edilecek olan yüce Allah'ın *(cc)* özel beraberliğine ulaşmak.

Milyonlarca insandan herhangi biri gibi olan mümin kimse, terbiye edilmiş bir nefis ve arınmış bir kalple beraber farzlar ve nafilelerle Allah'a yaklaştığında yüce Allah'ın sevgisini kazanacaktır. Bu durum müspet istikamette artıp kuvvetlendikçe Allah *(cc)* ile münasebet daha özel bir niteliğe bürünecektir.

Sahabe-i kiramı, yıllarca süren itikad ve tezkiye eğitiminden sonra o dönemde yeryüzünün en güçlü ordularının karşısına büyük bir şecaatle çıkartan asıl neden de bu değil miydi?

Allahu Ekber! 'Allah en büyüktür!' Evet, bu tekbir lafzını dile getirmekle beraber manasını da mükemmel bir şekilde anlamışlardı. Ne kadar güçlü ve büyük olursa olsun hiçbir güç, devlet veyahut ordu, El-Aziz ve El-Celil olan Allah'ı aciz bırakabilecek değildi. Bu inanç, bu özgüven, bu iman, bu şecaat ve bunlara bağlı diğer yüksek faziletlerin menbaı/kaynağı ise Allah *(cc)* ile özel beraberlikte kat edilen mesafe ve aşamalardır. İçsel arınma ve salih amellerle bu yolda kademe kademe ilerleyerek yüce Allah'ın rızası, hoşnutluğu, sevgisi ve netice itibariyle de beraberliği elde edilebilecektir. Bu da takva ile gerçekleşecek ve artacaktır.

Allah'ın Mümin Kulu Muhafazası

Mümin kulun takvası ölçüsünde yüce Allah'ın *(cc)* özel beraberliğinin elde edilmesi haricinde takvanın semerelerinden bir tanesi de; kulun her türlü sıkıntılar karşısında yüce Allah'ın koruması altında olmasıdır. Bu şuur, en ağır musibetlerde dahi müminin kalbine inşirah verir. İlk sadmede[12] güzel bir sabır gösterme iradesini kuvvetlendirir.

Rasûlullah *(sav)*, bineğinin terkisine aldığı İbni Abbas'a *(r.a)* şöyle buyurur:

"Bir gün Rasûlullah'ın bindiği hayvanın arkasındaydım, dedi ki: 'Delikanlı sana birkaç söz söyleyeceğim. **Allah'ın emir ve yasaklarına dikkat et ki, Allah'ta seni kollayıp gözetsin. Allah'ın emri ve yasaklarına dikkat et ki, muhtaç olduğunda her türlü yardımını karşında hazır bulasın.** İsteyeceğinde Allah'tan iste; yardım dileyeceksen Allah'tan yardım dile. Bilmiş ol ki, tüm ümmet sana fayda vermeye çalışsalar, Allah'ın yazıp takdir ettiği kadarıyla sana yararlı olabilirler. Yine tüm ümmet sana zarar vermeye çalışsalar ancak Allah'ın yazdığı kadarıyla sana zarar verebilirler. Çünkü kalemler kırıldı, mürekkep kurudu. ' "[13]

Başka bir rivayette şöyle bir ifade var:

"Sen rahatlıkta Allah'ı hatırla ki dara düştüğünde O da seni ansın."

Allah'ı (Allah'ın hakkını) muhafaza etmek ifadesini nasıl anlamamız gerekir?

Allah'ın *(cc)* nehyettiklerinden sakınarak ve emrettiklerine de sarılmak suretiyle bu husus gerçekleşmiş olur. Dili yalan, gıybet ve dedikodudan sakındırıp Allah'ı çokça zikirle meşgul etmek, Kur'an okumak, hayır konuşmak ve güzel söz söylemek bu kapsama girer. Bunlarda kulak da ortaktır. Çünkü okunan, söylenen ve konuşulan her şey aynı zamanda dinleme uzvu olan kulağın da amelidir.

---

12. *Tökezlemek, bela, musibet vs.*
13. *Tirmizi, 4/2635.*

Kulun elleriyle Allah'ın *(cc)* dinine yardım etmesi Müslüman kardeşine destek olması, tevhid davasına davet etmesi, cihad meydanlarında Allah yolunda mücadelede bulunması... Bunların hepsi ve daha sayamadığımız birçok hayırlı ameller hadis-i şerifte belirtilen 'Allah'ı muhafaza et!' hususunun kapsamına girer.

"Sen Allah'ı muhafaza et..." hadisi bu itibarla şu ayet-i kerimeye benzer:

"Ey iman edenler! Eğer siz Allah'a (Allah'ın dinine) yardım ederseniz O da size yardım eder, ayaklarınızı kaydırmaz."[14]

Allah'ın sınırlarını muhafaza takvadır. Siz takvanız ile, aranızda Allah'ın sınırlarını korursunuz. Buna mukabilde Allah *(cc)* sizi muhafaza eder. İşte takvanın önemli semerelerinden biri budur.

Hayat içinde ne kadarda çok Allah'ın muhafazasına muhtacız. İnsi ve cinni şeytanlara karşı, nefsimizin bitmez tükenmez isteklerine karşı, kafirlerin maddi-manevi eziyetlerine karşı. Her yerde ve her an O'nun *(cc)* muhafazasına muhtacız. Bu muhafaza, Allah'ın kulun takvasına verdiği mükâfattır. Herkes takvası oranında Rabbinin El-Hafız sıfatının kula bir yansıması olan muhafazadan istifade eder.

Takvanın bir semeresi de yöneldiğimiz her işte Allah'ı bulmaktır. Allah'ı muhafaza et ki, yöneldiğin her işte onu bulasın. Seleften birinin dediği gibi: 'Allah'a olan ve Allah için olan her şey devamlı ve bereketli, Allah için olmayan ve içinde Allah'ın olmadığı ise eksik ve bereketsizdir.'

---

14. *47/Muhammed, 7*

İslam için yaptıklarımızda istikrar varsa, Allah (cc) amellerimize lezzet kılmış ve gönüllerimize genişlik vermişse bu yaptığımız amelde Allah'ı (cc) bulduğumuzu gösterir.

Amellerimiz istikrarsız, yaptıklarımızla beraber gönlümüzde darlık ve sıkıntı, niyet ettiklerimizi hayata geçirme problemi varsa, nefsimizi hesaba çekmeliyiz. Allah'ın sınırlarını muhafaza etmediğimiz için, yani takvayı elden bıraktığımız için Allah'ı (cc) amellerimizde bulamıyoruz demektir.

"Sen rahatlıkta Allah'ı an ki, dara düşünce O da seni ansın."

İnsan, zaman zaman öyle durumlarla karşılaşmaktadır ki beşer olmaya has zayıflık, acziyet ve çaresizliğini ta iliklerine kadar hissetmektedir. Bu durum diğer tüm şeytanî ve nefsanî duygulardan uzaklaşmasıyla beraber kulluğun yani başka bir şey değil, sadece bir 'kul' olduğu şuurunun daha belirgin ve kuvvetli bir şekilde ortaya çıkmasına vesile olur.

"İnsanın başına bir sıkıntı gelince, Rabbine yönelerek O'na yalvarır."[15]

Sıkıntı ve musibet anındaki bu yöneliş ve yakarış hali istisnasız tüm insanlar için geçerlidir. Mümin, kafir, fasık, muttaki, müşrik ve hatta ateist olduğunu iddia edenler dahi böylesi durumlarda Rabbe yönelir ve yalvarırlar. Allah'a (cc) yönelip dua ettiren sıkıntı geçtiğinde ise, genellikle eski hallerine dönerler.

"Fakat Allah onları kurtarınca bir de bakarsın ki onlar, yine haksız yere taşkınlık ederler...."[16]

---

15. 39/Zümer, 8
16. 10/Yunus, 23

Günlük hayatımızda bu manzaraları sıklıkla görmekteyiz. Bir sıkıntıyla karşılaşıp dara düşen kimselerin nasıl dua ve tazarru ile Allah'a yöneldiklerine birçoğumuz şahitolmuşuzdur. Oysa rahatlık ve refah içinde bulundukları sırada Allah'ı *(cc)* hatırlamazlardı.

Rasûlullah *(sav)* bu konularda bizlere Nebevî bir ölçü sunmaktadır: "Sen rahatlıkta Allah'ı hatırla ki dara düştüğünde O da seni ansın (sıkıntını gidersin)." Rahatlıkta, sıkıntıda, zorlukta ya da kolaylıkta Allah'ı hatırlamak her hâlükârda ona yönelmek (yönelebilmek) takvadır. 'Bunun semeresi nedir?' sorusunun cevabı hadis-i şerifte verilmiştir:

"...O da seni ansın (sıkıntını gidersin)."

Şüphesiz ki zorluklar da insanların üzerindeki etkileri bakımından türlü türlüdür. Mesela, maddi zorluklar, rızıkla ilgili olarak karşılaşılan sıkıntılar insanın istikametine dahi tesir edebilmektedir. Zira maddi olarak maişeti istikamet üzere olmayan insanın manevî olarak istikamet üzere bulunması nadirattandır.

Rasûlullah *(sav)* şöyle buyurur:

"Allah'ım! Unutturucu fakirlikten sana sığınırım."[17]

Maişet derdi ve rızık temini endişesi şiddetlendiğinde insanı birçok hayırlı amellerden geri bırakabilir yahut bunları unutturabilir. Nasıl ki zenginlik kişiyi mutref bir hayata ve azgınlığa sürükleyebiliyorsa koyu fakirlik de insana hayırları unutturabilmektedir. Çünkü o anda kişi için mühim olan hayatını idame ettirilebilecek bir rızkın teminidir.

---

17. *Tirmizi*

Bu sıkıntı ve endişenin giderilmesi için gayret göstermekle beraber tevekkül etmek gerekir. Tevekkül edip kanaatkâr olmak da takva ile mümkündür. Takva olunca esasen bu tür korkular ve endişeler yerini yüce Allah'ın lütfu keremiyle ümit ve itminana bırakacaktır.

"...Kim Allah'tan korkarsa (takvalı olursa), Allah ona bir çıkış yolu ihsan eder. Ve ona beklemediği yerden rızık verir. Kim Allah'a güvenirse (tevekkül ederse) Allah ona yeter...."[18]

Kimi insanlar müracaat ettikleri bir işe kabul için sakalını kesmek, mesai saatlerinde namaz molası almamak, yabancı ve iffete mugayir durumdaki kadınlarla aynı ortamda çalışmak, ticareti ya da işleyişi açık haram üzere carî olan işletmelerde çalışmak gibi durumlarla karşılaşmaktadırlar. Elbette ki aklı başında muvahhid bir Müslüman bunları tartışabilir olarak dahi görmez. Ancak kimi zaif yaratılışlı kişiler; rızık endişesi, tevekkül azlığı ve bunlara bağlı olarak takvanın eksikliği nedeniyle mesela, sakalını tıraş ederek rızık endişesini gidermeye çalışır. Yahut diğer haramlardan birine bulaşır. Oysa yukarıdaki ayet-i kerimede de beyan buyrulduğu gibi şer'i bir çerçevede gayretlerine devam edip takva üzere sebat etse yüce Allah onu hiç ummadığı yerlerden rızıklandıracaktır. Öyle ki hem kalbi hem de bedeni bu rızıkları taşımaktan aciz kalacaktır.

Çokça mal ve kazanç sahibi nice insanlar vardır ki en yoksul insanlardaki huzur ve gönül rahatlığına hasret bir ömür sürerler. Çünkü tevekkül ve kanaatten mahrumdurlar. Sürekli şekvacıdırlar. Kalpleri ve ruhları dinginlik

---

18. 65/Talak, 2-3

ve itminanden uzaktır. Bu da bu tür insanların maruz kaldıkları bir azap çeşididir.

Takva sahibinin kazancı az olsa da kanaatkârdır. O, rızkını temin için çalışır fakat rızık endişesi yoktur. Çünkü tevekkül eder. Kazancı artmakla kalbi müreffeh olmayacağı gibi malın elinden gitmesiyle de kalbinde bir daralttı hissetmez.

Mesela, gelecekle ilgili belirsizlik bazı ilim talebelerini de endişeye sürükler. İlim tahsilinde henüz bir kademede iken bundan on sene sonrasını düşünür. Kalbi istifhamlarla ve 'acabalar' ile meşgul olmaya başlar. '...Bitirebilir miyim, başarılı olabilir miyim, bitirsem ne iş yaparım, evlensem nasıl geçinirim' vs. Bu talebe henüz şimdiden geleceğe ait keder ve endişe yüklerinin altında kendi kendisini ezmeye başlamış olmaktadır. Gönlü daralmış ve adeta muazzeb bir hal içerisinde kıvranmaktadır. Dünyayı gözünde o kadar büyütmüştür ki onunla beraber derdi ve endişesi de büyümüştür. Allah'a (cc) hakkıyla tevekkül etse ve darlıkta O'nu hatırlasa, yüce Allah da en sıkıntılı zamanlarında kendisi için hayırlı kapılar açacak, onu dert ve hüzün vadilerinde helak olmaktan koruyup kurtaracaktır. Şunu düşünecektir: Okyanusların derinliklerinde bulunan en küçük bir balığı dahi rızıklandıran ve Er-Rezzak olan Allah (cc), elbette ki beni de rızıksız bırakmayacaktır. Allah'ın dinini öğreneceğim, tevhide davet edeceğim, O'nun yolunda cihad edip çalışacağım halde yüce Allah (cc) beni rızıklandırmaz mı?

Bir başka örnek ise, bazı çalışmalarda uzun yıllar geçmesine rağmen hedeflenen neticeler elde edilemediği için bir takım sıkıntılar ortaya çıkmaya başlar. Günümüzde bazı cihad bölgelerinde benzer bir manzara olduğunu söylemek mümkündür. Uzun yıllardır süregiden bir örgütlenme, mücadele, davet ve cihadın geldiği nokta zaif yaratılışlı kişilerde bir tıkanma ve bıkkınlığa neden olur. Cihad aşkı ve coşkusu yerini durgunluk, ümitsizlik ve başkaca beşeri zaafiyetlere bırakır. Kararlılığın yerini tereddütler almaya başlar. Gözler, şahadetin yerine ticarete yönelir.

Böyle bir ortam içerisindeki takva ehli mücahidler kararlılık ve teveküllerinde sebat ederler. Zira yüce Allah kalplerine inşirah vermiştir. Mücahid şunu çok iyi bilir ki, başarı ve zafer ancak Allah'tandır.

"...Zafer, yalnızca mutlak güç ve hikmet sahibi Allah katındandır."[19]

Bu ve buna benzer ayet-i kerimeleri bilen hiçbir mücahid hiçbir zaman gevşeklik göstermez ve ümitsizliğe düşmez. Başarı kazanıldığında ve rahatlık döneminde Allah'ı çokça hatırlamakla, böylesi sıkıntılı zamanlar için manevi yığınak yapan bir mücahid Allah'ın yardımıyla daima kalben müreffeh olur. Bunun kaynağı da rahatlıkta, sıkıntıda, darlıkta ve genişlikte Allah'tan hakkıyla ittika etmektir, takvadır. Hayatımızın merkezinde Allah'ın rızası, hoşnutluğu ve sevgisini elde etmek amacı olursa "Hiç ummadığımız yerden rızıklandırılmak..."[20] ikram ve müjdesine de mazhar oluruz.

Takvanın yokluğundaki manzara nasıl olur peki?

Allah'ı (cc) rahatlık ve genişlik anında unutup; sıkıntı, bela ve musibetlerde dillerinden düşürmeyenlerin samimi olmadıkları çok açıktır. Allah'ı (cc) unutmalarına karşılık

---

19. 3/Âl-i İmran, 126
20. 65/Talak, 3

yüce Allah da onları rahmetinden mahrumiyet ve azap ile tehdit etmektedir:

"(O gün onlara şöyle diyeceğiz:) Bu güne kavuşmayı unutmanızın cezasını şimdi tadın bakalım! Doğrusu biz de sizi unuttuk; yaptıklarınızdan ötürü ebedi azabı tadın!"[21]

Yüce Allah, müminleri böyle bir akıbete sebep olan 'Allah'ı unutmak'tan sakındırmaktadır.

"Allah'ı unutan ve bu yüzden Allah'ın da onlara kendilerini unutturduğu kimseler gibi olmayın. Onlar yoldan çıkan kimselerdir."[22]

Allah'ı unutmalarına karşılık olarak Allah (cc) da onları kendi nefislerini unutturmakla cezalandırdı. Kendi nefsi için neyin hayr, neyin şer olduğunu bilmez bir halde gaflet ve şaşkınlık vadilerinde şuursuzca dolanırlar. Artık günahı, sevabı, ebedi saadeti, azabı, helali, haramı umursamaz olurlar.

Rivayet olunur ki kırk kişi bir uçurumdan aşağı inmek için başlarında bulunan şahsın önerisiyle el ele tutunmuşlar. El ele tutunarak oradan aşağıya inmeye çalışmışlar. Sonra hepsi çözülmüş ve uçurumun dibine düşmüşler. Otuz dokuzu ölmüş, birinin de kolları ve bacakları kırılmış. Bu da gruba el ele tutunma yönünde öneride bulunan güya en akılları olanıymış. 'Yahu, ne oldu böyle?' demişler. Adam: 'Sormayın az daha bir sakatlık çıkaracaktık' diye cevap vermiş.

---

21. *32/Secde, 14*
22. *59/Haşr, 19*

İşte kendisine kendi nefisleri unutturulanların umursamazlıkları ve anlamazlıkları da böyledir. Bu hal, sıkıntı içerisinde sıkıntıdır.

Genişlikte ve rahatlıkta Allah'ı (cc) çokça hatırlamak, yüce Allah'ın takva ehli kullarına yardım ve destek için kuvvetli bir vesiledir. Muttaki kulun hayra ulaşmasının önündeki engelleri ortadan kaldırır.

Okuyucunun zihninde şöyle bir şüphe belirebilir: 'Takva ehli olduğuna inandığımız birçok Müslüman var. Birçoğu da büyük sıkıntılara ve musibetlere müptela olmaktadırlar.'

Bu şüpheye şöyle cevap vermek mümkündür. Yüce Allah'ın (cc) sıkıntı ve musibetlere müptela olan muttaki bir Müslümana yardımı iki türlüdür:

1. O sıkıntının türüne göre yardım eder ve üzerindeki yükü hafifletir ya da kaldırır. Mesela, fakir ve miskin bir Müslümana geniş rızık kapıları açar; mahkûm ve esirleri özgürlüklerine kavuşturacak sebep ve vesileler yaratır; davetçinin yaptığı davetin umulmadık çoklukta insanlara ulaşmasının yollarını kolaylaştırır veyahut artık neredeyse mağlubiyete uğrayacaklarken mücahidlere başarı imkan ve fırsatları vererek zaferler ihsan eder.

2. Allah (cc), muttaki kulun karşılaştığı musibetler karşısında kendisinin ecrini arttırıp derecelerini yükseltir. Bununla beraber kalbini ve ayaklarını hak üzere sabit kılar. Kalbine inşirah ve itminan verir. Doğrusu her kim bunlarla yardım olunursa tarifsiz bir ihsana mazhar olmuş olur. Böyle muttaki bir mümin için yeryüzündeki tüm musibetler artık bir sinek ısırığı gibi olur.

Kalplerin Yakınlaşması ve Ülfet

Takvanın semerelerinden birisi de müminlerin kalplerinin yakınlaşması ve kaynaşmasıdır. Muttaki bir mümin için kalplerin yakınlaşması ve kaynaşmasına en çok ihtiyaç duyulan iki alan vardır:

1. Müminlerin kendi aralarında kalplerinin birbirine yakınlaşıp kaynaşması,

2. Müminlerin davetine muhatap olanların ve sosyal münasebetler çerçevesinde muhatap oldukları kimselerin kalplerinin kendi şahıslarında İslam'a ve tevhid davetine ısınıp yakınlaşmaları.

Şüphesiz ki her iki durumda da kalpleri yakınlaştırıp kaynaştırmaya muktedir olan bir tek güç vardır. O da El-Vedud olan Allah'tır. Başka türlü kalplere hükmetmek mümkün değildir. Yüce Allah'ın kalpleri yakınlaştırmasına vesile olacak en mühim vasıta da takvadır. Ki kulun takvası arttıkça en başta kendisi gibi diğer muttaki müminlerle kalpleri yakınlaşıp kaynaşacaktır.

İnsanların arasında ülfetin oluşması, kalplerin rikkate gelmesi ve hiçbir karşılık beklemeden birbirlerini sevmeleri hiç de kolay bir şey değildir. Mal ve evlat çokluğu veya makam ve iktidardan pay sahibi olmak gibi dünyevi meselelerde insanlar sürekli bir çaba ve rekabet içerisindedirler. Hatta bu tür amaçlar uğruna sürtüşme ve çatışma içerisine dahi girerler. Her bir insanın yaratılışı, yaşam tarzı, ahlak anlayışı, bakış açısı farklı olabilmektedir. Bir kimse için pek sevimli olan aynı söz ve davranış, farklı kültürden bir başkası için çirkin olarak değerlendirilebilmektedir.

Allah *(cc)* şöyle buyurmaktadır:

"Ve (Allah), onların kalplerini birleştirmiştir. Sen yeryüzünde bulunan her şeyi verseydin, yine onların gönüllerini birleştiremezdin, fakat Allah onların aralarını bulup kaynaştırdı."[23]

Bahsedilen ülfet/kalp yakınlaşması, ne ile olacaktır?

-Elbette ki muhabbetullah ile- Allah sevgisiyle mümkün olacaktır. Ebu Hureyre'nin *(r.a)* rivayet ettiği hadis-i şerifte Rasûlullah *(sav)* şöyle buyurmuştur:

"Allah bir kulunu severse Cebrail'e seslenir: 'Ben filan kulumu seviyorum' buyurur. Cebrail de onu sever. O da göktekilere: 'Allah filan kulu seviyor, siz de onu sevin', der. Göktekiler de onu severler. Artık o kimse, yeryüzündeki müminler arasında da genel kabul konulur."[24]

Bunun tabii bir de tam zıddı var. O da Müslim'in kaydettiği ziyade lafızlarda şöyle geçer:

"...(Allah) Bir kulundan buğz ettiği zaman Cebrail'i çağırır: 'Ben falan kulumdan buğz ediyorum, sen de ondan nefret et, der.' Bunun üzerine Cebrail de ondan nefret eder. Sonra göktekilere seslenir: 'Allah falanca kuldan nefret ediyor, siz de ondan nefret edin' der. Sonra yeryüzünde onun için genel bir nefret (hissi) konulur."

Bu hususla ilgili olarak Kur'an-ı Kerim'in şu ayeti çok net ve açıklayıcıdır:

"İman edip de iyi davranışlarda bulunanlara gelince; onlar

---

23. 8/Enfal, 63
24. Buhari

için çok merhametli olan Allah, (gönüllerde) bir sevgi yaratacaktır."[25]

Rasûlullah'ın *(sav)* ve ashabının sevgisinin geçmiş ve şu asırdaki Müslümanların kalbinde nakşolması bu ayetin örnek ve somut bir tefsiridir. Allah Rasûlü'nün ashabı küfür beldelerini fethedip İslam beldeleri haline getirmekle beraber yüksek ahlak ve takvalarından dolayı kalpleri de fethettiler. Onların sevgisi bütün mümin kalplerde kök saldı. Hem geçmişte hem de günümüzde davet ve cihad yolunda üstün gayretler gösteren önder ve örnek şahsiyetlerin sevgisi de Müslümanların kalplerinde sağlam bir yer edinmiştir. Bu tür sevginin vesilesi ve muharrik kuvveti takvadır.

Tevhid akidesinin ana başlıklarından bir tanesi 'Vela ve Bera Akidesi'dir. Konumuz itibariyle şunu söyleyebiliriz ki Müslümanların birbirlerine velayeti/dostluk ve muhabbetleri kâmil manâda gerçekleşmeden ümmete ümit vaad edip, küfrü korkuya gark edecek bir güç birliğini tesis etmelerinin de imkânı yoktur.

Müslümanlar arasında velayetin/dostluğun tesisi için de takva şarttır. Zira takva olmayınca kalplerin ülfeti gerçekleşmez. Müslümanlar arasında nizaın ve çekişmelerin, ihtilafların ve itirazların arkası gelmez. Hatta daha evvel birbirlerine yardım etmiş ve destek vermiş bazı kardeşler arasında ortaya çıkabilecek bir anlaşmazlıktan sonra karşılıklı töhmet ve suçlamalar dahi yapılabilecektir. Tabiri caizse en sarsıcı şiddetteki depremlere dahi dayanıklı, sağlam takva zemini üzerine bina edilmeyen her türlü dostluk

---

25. *19/Meryem, 96*

ve bu dostluktan hasıl olduğu var sayılan sevgi, yaz yağmurları gibidir. Gökyüzünü aniden kaplayan bulutların birkaç dakika içerisinde yüklerini boşaltıp yürümeleri gibi ilk anlarda samimi ve güçlü bir görüntü verse de bu tür sevgi ve dostluklar sonuç itibariyle muvakkattır, geçicidir.

Şayet bir Müslüman, diğer bir Müslümana ya da bir grup Müslümana karşı şer'an caiz olmayan kin, buğz ve kıskançlık gibi duygular besliyorsa şüphesiz ki bu bir tür fasıklıktır. O Müslüman gerçek anlamda takva ehli ise, El-Vedud olan Allah (cc) onun kalbinde diğer Müslümanlara karşı bir sevgi yaratacaktır. Kalp arındıkça aynı zamanda nefsin ilka ettiği ve şeytanın fitlediği habis duyguların yerini hoş ve güzel şeyler kaplayacaktır.

Bu husus elbette ki bir Müslümanın buğz edilmesi gereken amellerinden ayrı tutulmalıdır. Bir Müslüman, buğz edilmesi gereken ameller işliyorsa o günahından dolayı kendisine yönelik sevgide azalma olur. Fasık kimseye fıskından dolayı buğz da edilir. Esasen bir Müslümanın imanı, takvası ve güzel ahlakı oranında bazılarına göre daha çok sevilir. Bunun tersi de öyledir. Zaman zaman da muhatabın ciddi anlamda herhangi bir günahına şahid olunmadığı halde kişinin kalbinin az da olsa marazlı olması nedeniyle, kalpte o Müslümana karşı kötü duygular beslenebilmektedir. Bu da şunu göstermektedir. Bu kimse halâ takvaya ulaşamamıştır. Takva olmayınca Rahman'dan olan muhabbet de kalpte neşvünema bulmamıştır. Dolayısıyla Müslüman kardeşiyle kalpleri birbirine yakınlaşmamıştır, kaynaşamamıştır.

Kişi sadece kendi yaptıklarını beğeniyor ve diğer Müslümanların hemen hemen bütün yaptıklarına sürekli olarak Rabbanî/yapıcı olmayan eleştiriler yöneltiyorsa bu yaptığı da fıskın bir cüzüdür.

"İnsanlar helak oldu diyen, helak olmaya en evla olandır."[26]

Kalbi böyle bir halde olan kimsenin, Müslüman kardeşini sevebilmesi mümkün müdür? Teorik olarak bunu denemeyi düşünse de bu girişiminde muvaffak olamaz. Çünkü 'kap' yani kalp başka şeylerle doludur. Kalbi istila eden o şeylerin arasında takva olmayınca kişinin okuduklarını, dinlediklerini, söylediklerini ve tasarladıklarını tasdik edip tatbik edecek kalpten başka bir otorite de bulamayacaktır.

Neden?

Çünkü kendisi iyi olsa tüm bedenin iyi olacağı, kötü olsa tüm bedenin de kötü olabileceği karargâh kalptir de ondan.

Mesela, kibirli insanlar başka insanları sevmeye muvaffak olamazlar. O sevgiye ulaşmalarına mani olan, kalplerini çepeçevre kuşatan kibir surlarıdır. Onlara göre herkes eksik, zayıf, budala, kusurlu ve dost olunup sevgi besleyecek seviyede değillerdir. Bu şekilde kendi nefislerini tatmin ve tazim edip aleyhlerinde olmak üzere azdırırlar. Oysa kendi kalbini istila eden günahları ve eksikleri kendisi bir aynanın karşısındayken somutlaşsa onların cesametinden ve karartısından gündüzün ortasında gecenin zifiri karanlığını yaşıyor gibi olacak ve aynada yüzünü görebilecek boş bir nokta dahi bulamayacaktır.

---

26. *Müslim*

Bir Müslüman, başka Müslümanlar hakkında kötü duygular, önyargılar ve su-i zan besliyorsa bu hal onun fıskından kaynaklanıyordur.

Bunun en büyük nedeni de takva eksikliğidir. Takva olmayınca ülfet olmuyor. Müslümanlar arasında ülfet olmayınca muhabbet, muhabbet olmayınca da hakikî manada İslam kardeşliği gerçekleşmemektedir. Konumuzun başında da belirttiğimiz gibi takvanın varlığı ile birçok erdemler elde edilip semereler hasıl olur. Aksi durumda ise kul belki de telafisi mümkün olmayacak kayıplar ve zararlarla yüz yüze kalır.

Bunun bir izahıda şudur: Takva ehli Müslüman sorumluluklarını bilir. Yolun uzunluğunu, nefsin acziyetini ve azığın azlığını fark eder. Böyle olunca da sürekli kendiyle meşguldür. Kendi eksiklerini gidermek, sorumluluklarını yerine getirmekle meşguldür.

Fasık ise nefsinden habersizdir. Allah'ı (cc) unutmasına karşılık Rabbi ona nefsini unutturmuştur. Sürekli başkalarının sıkıntılarıyla meşguldür. İnsanların günahlarını kendisine dert edinmekle nefsini tatmin eder. Sürekli kusur bulduğu insanları sevmesi mümkün olmayacağından ülfet, muhabbet ve kardeşlik oluşmaz.

Günahların Kalbe Etkisi ve Zararları

İnsanlar arasında asıl olan, beşer olmaları itibariyle eşitliktir. Allah (cc) katında en üstün ve değerli olanlar O'na gereği gibi kullukta bulunan Müslümanlardır. Müslümanlar içerisinde de Allah'a en yakın olup O'nun katında en değerli olanlar takva sahipleridir.

"Ey insanlar! Doğrusu biz, sizi bir erkekle bir dişiden yarattık. Ve birbirinizle tanışmanız için sizi kavimlere ve kabilelere ayırdık. **Muhakkak ki Allah yanında en değerli olanınız, O'ndan en çok korkanınızdır.**"[27]

Kul takva sahibi olduğunda nasıl ki değer ve üstünlük basamaklarını tırmanmaya başlıyorsa, takvanın eksikliğinde veya yokluğunda da en alt derekelere düşmek akıbetiyle karşı karşıya kalır.

Takvanın insana dünyevi ve uhrevi faydaları olduğu gibi, günahlarında insan üzerinde dünyevi ve uhrevi olumsuz etkileri vardır.

Allah Rasûlü (sav) konunun somutlaşması için kalbi bedene benzetir.

Yani: faydalı gıdayı alan ve zararlı gıdadan korunan beden sağlıklı bir bedendir. Kalpler de böyledir. Gıdası olan salih amellerle beslenir, ona zarar veren masiyetlerden korunursa Allah'ın (cc) razı olduğu selim kalplerden olur.

Onu besleyen salih gıdadan almaz veya zararlı olan masiyetlerle beslenirse Allah'ın (cc) buğz edip yüz çevirdiği ölü veya hastalıklı kalplerden olur.

Takvanın semerelerini bilmek, insanı takvaya yakınlaştıran bir vesile olduğu gibi, günahların zararlarını bilmek onları hatırda tutup tefekkür etmek insanı günahlardan uzak tutan hayırlı vesilelerdendir.

---

27. *49/Hucurat, 13*

Kalplerin Kararması

"Fitneler kalbe çizgi çizgi arz olur (atılır). Hangi kalp bunu içerse üzerine siyah, hangi kalp de reddederse beyaz bir nokta konur. Öyle ki o kalp (fitnelerin arz olduğu) bulanık ve ters çevrilmiş testi gibidir. Ne iyiliği tanır, ne de kötülüğü reddeder. Sadece içerisine giren arzu ve hevesi bilir."[28]

Bu hadis günahların kalp üzerinde etkisinin net biçimde ortaya koyar. Fitneler yani şehvet ve şüpheden kaynaklanan masiyetler kalbe tane tane, yavaş yavaş arz olur. Her işlenen günah insanın kalbini fitneye, Allah'ın azabına arz etmesidir aslında. Ve asıl tehlike burada yatmaktadır. İnsan bir kerede salih olmadığı gibi, fasıklık ve Allah'tan uzaklaşmada bir kerede olmuyor. Onun için Allah'ı ve ahiret gününü uman her Müslüman günahlara bu nazarla bakması gerekir. Her günah kalbin Allah'ın (cc) azabına arz edilmesi yani büyük felakete atılan bir adımdır.

Bir çok insan günaha bu nazarla bakmadığı için basit görmüş ve kendi sonunu hazırlamıştır. Örneğin, Allah yolunda cihad eden bir genç günün birinde bu hayırlı ameli terk ediyor, üç beş ay içinde evlenip bir işe giriyor ve artık normal insanlar gibi bir hayat sürüyor. Dünyaya İslam getirmek gibi şerefli bir misyona sahip, ümmetin derdini dert bilen, yüreğini tüm İslam coğrafyasına açmış bu insan, evine ekmek götüren, ev eşyasını değiştirmeyi dert eden, yüreğini araba pazarları ve moda vitrinlerine açan bir insana dönüşüyor.

Bu keskin dönüş nasıl oluyor? Elbette bir defada değil. Basite aldığı su-i zan, işini baştan savma yapması, emirlere

---

28. *(Buhari, Müslim)*

karşı hafife aldığı itaatsizlikler, kardeşlerine karşı önemsemediği gıybet, küçümseme, alay... Bu basit günahlar birikip kalbi istila eden ve insanı da yolundan eden afetlere dönüşüyor. Bunun gibi çok örnek verilebilir. Rabbine kulluğu çok iyi bir Müslümanın günün birinde ibadetlerden tat alamaması, sıkılması ve terketmesi de böyledir. Çalışkan bir ilim talebesinin ilimden soğuması da.

Malını Allah (cc) yolunda harcayan, belki de bunu dillendirme ve minnet etmeyi hafife alan, ancak zamanla biriken bu günahların insanı o amelden alıkoyması da.

Evet! Kalpler yavaş yavaş, çizgi çizgi kararır. Ve insan netice esnasında bunu farkeder. Sonuç ise yakıcıdır. Çoğunlukla yapacak bir şey kalmamıştır.

İleri safhada ise asıl problem başlar. Kalplerin kararmış ve ters dönmüş bardağa dönüşmesi. Allah'a sığınırız. Ters dönmüş kaba hiçbir şey girmez. Okunan ayetler, nasihatler, dersler ve ibretlik olaylar o kalp üzerinde hiçbir olumlu tesir yapmaz.

Ölü beden dış etkilere kapalı olduğu gibi, günahlarla öldürülen ve ters dönen kalplerde dış etkilere kapanmıştır. Bu halin alameti hadisin son kısmıdır.

İnsan artık ne maruf/iyilik ne de münker/kötülük bilmez.

Yani ölçülerini kaybeder. İyi, Allah'ın iyi dediği; kötü, Allah'ın kötü dediği değildir. Hevasına uyan, onu tatmin eden her şey iyidir, onu rahatsız eden, nefsine hoş gelmeyen yani hevasına uymayansa kötü.

Günahlar kalpleri karartır, daha sonra katılaştırır, sonra ters dönen bardak misali Rahmani etkilere kapatır. Netice olarak insanı ölçülerini kaybeden ve hevasını ilah edinen bir kula çevirir.

Günahların zararlarından bir tanesi yüce Allah'ın kerem ve lütfunun azalmasına yahut kesilmesine neden olmasıdır.

"...Bana şükredin; sakın bana nankörlük etmeyin!"[29]

Günah işleyen ve işlediği günahlarından dolayı kalbi de gün geçtikçe kararan bir kul, şu hallerden birini veya birkaçını ya da hepsini gerçekleştirmiş olur. Ya şükredilmesi gereken yüce Allah'a (cc) gerektiği gibi boyun eğmemiş olur, ya kalbinde muhabbetullah eksilmiştir, ya yüce Allah'ın nimetlerini itiraf etmekten kaçınmıştır, ya yüce Allah'ı övmemiştir veyahut yüce Allah'ın kerem ve lütfuyla ihsan buyurduğu nimetlerini O'nun razı ve hoşnut olmadığı yerlerde kullanmıştır.

Bunun neticesi olarak Allah (cc) kerem ve fazlını onun üzerinden çeker, **ihtiyacı olan yerlerde onu mahrum bırakır.** Kul nefsiyle, acziyet ve nankörlüğüyle baş başa kalır. Günahların insanı mahrum etmesine, Allah'ın fazl ve keremini kuldan çekmesine vereceğimiz ilk örnek, kulun dualarına icabetten mahrum olunmasıdır.

Şüphesiz ki yüce Allah'ın mümin kullarına en büyük ikramlarından birisi de onlar için dua etmeyi kolaylaştırması ve dualarına icabet etmesidir. Bunun en büyük ikramlarından biri olmasının nedeni şudur ki, kul bu şekilde mahlukata el açıp muhtaç olmaktan kurtulmuş olur.

---

29. 2/Bakara, 152

Kul böylece hem kendisinin hem de tüm yaratılmışların Rabbi olan yüce Allah'a yönelir. Allah'a (cc) karşı hal-i pür melalini, acziyetini, fakrını ve zilletini itiraf edip O'ndan istemesi kul için izzet ve kazançtır. Oysa aynı şeyleri kendisi gibi başka kulların karşısında yaparsa büyük bir zillet ve kayıp vesilesi olur. Böyle bir şey kınanmayı ve küçük düşmüşlüğü de beraberinde getirir. İşte dua, kulu insanlardan müstağni olmaya ve kullara muhtaçlıktan kurtarıp Ahad ve Es-Samed olan Allah'a hakiki manada kulluğa yöneltir.

Bu konuyla alakalı olarak günahkâr bir kulun dua ederken ki haliyle ilgili örneği verelim.

Müslim'in sahihinde kayıtlı olan hadis-i şerifte şöyle buyrulur:

"Üstü başı dağınık toz toprak içinde yollara düşen, ellerini göğe açıp: 'Ya Rabbi! Ya Rabbi!' diye yalvaran, buna karşılık yediği, içtiği, giydiği haram olan, haramla beslenen bir kimsenin duası nasıl kabul edilir."[30]

Tasvir edilen kişinin, dua edenin duasına icabet edilmesi için gerekli şartları taşıdığı anlaşılmaktadır. Adamın yolcu olması, pejmürde hali, zillet ve fakrını izhar eden görünümü ve Peygamberlerin dualarına başlarken ki usül olan 'Ya Rab!' nidasıyla başlaması... Bunların hepsi mevcuttur. Ancak bu adamın duası makbul ve müstecab olmayacağının nedenini Rasûlullah (sav) bizlere bildirmektedir. O da yediğinin de giydiğinin haram yolla elde edilmiş olmasıdır. Demek ki haramlar, günahlar ve masiyetler kulun birçok hayırdan mahrum kalmasına neden olmaktadır.

---

30. *Müslim, Zekat,* 65

Yüce Allah'ın en büyük lütuflarından olan duanın kabul edilmemesine neden olması başlı başına çok büyük bir kayıp, hatta musibetlerin büyüklerindendir.

Bu örneği günümüzdeki meselelere de uyarlamamız mümkündür. Mesela, bir mücahidin en büyük gücü, dayanağı ve desteği yüce Allah'ın yardımıdır. Eğer mücahidin kalbinde günahların eseri olarak nokta nokta karartılar yayılıyorsa Allah'ın yardımını talep eden duaları belki de başının bir karış üstüne dahi yükselmeyecektir.

Bir ilim talebesinin de durumu aynıdır. İlim talebesi için en büyük lütuf hıfzının kuvvetli ve sağlam olmasıdır.

İmam Şafii (r.h):

'Hıfzımın kötülüğüne şikayet ettim Veki'e[31]

İrşat etti beni günahların terkine

Ve dedi: 'İlim nurdur',

Allah'ın nuru verilmez isyan ehline'

İmam Şafii (r.h) ise o gün derse giderken yolda bir kadının topuğuna baktığını söylüyor. Ders sırasında ezberini tamamlayamamasının nedeni olan günahın bu olduğunu ifade etmektedir.

Subhanallah! Hakikaten şaşılacak bir şey. Bir kadının topuğuna nazar etmenin hafıza üzerindeki tabiatıyla kalp üzerindeki etkisi ne çabuk ortaya çıkmaktadır. İmam Şafii'nin (r.h) başından geçmiş bu kıssayı zikrettikten sonra

---

31. *Bu zat İmam Şafii'nin hocasıdır.*

günümüzdeki ilim talebelerinin şahit oldukları manzaralar karşısında isimlerini dahi unutmamaları yüce Allah'ın kerem ve lütfundandır. Zira haram bakışlar kalbe saplanan birer zehirli ok gibidir. Ok öldürmese de oktaki zehir öldürür. Peki o kalpte ölen, biten, yok olan nedir? Takvadır, ihlastır, korkudur, ümitdir, muhabbetullahtır ve ilimdir.

Geçmiş ulemanın yetiştiği toplum ve medrese ortamı hakkında malumat sahibi olanlar bilirler ki o dönemlerde günümüzdeki kadar çok konuşanlar ile çokça kitaplar yoktu. Ama öyle alimler yetişti ki birkaç yıla sığdırdıkları telif eserlerini/kitaplarını günümüzdeki ilim talebelerinin bazıları ömür boyu okuyup mütalaa ve müzakere etmekten aciz kalmaktadırlar. Onlarda hıfz da vardı fehmetme gücü de... En mühimi kalplerinin selim olması ve takvalı olmalarıydı. Günümüz ilim talebelerinin dönüp dolaşıp geldikleri nokta ise bu geçmiş alimleri taklit etmekten öteye gidememektedir. Haramlar çoğalıp, günahlar rahatça işlendikçe Allah ilmin ve alimin bereketini alıyor...

Günahların kalbe etkisi ve zararlarından bir tanesi de kulun taatten lezzet almaktan mahrumiyetidir. Seleften bir alim şöyle der: 'Yüce Allah'ın bir topluluğa verdiği en büyük musibet yaptıkları taatlerden lezzet almamalarıdır (veyahut alamamalarıdır).'

İslam'ı kâmil manada yaşamaya gayret eden bir Müslümanın taatlerden elde edeceği lezzet onun kalbinde kalıcı olur. Nasıl ki güzel bir yemeğin ve içeceğin lezzetinin eseri damak tadı olan zevk alıcı kuvvette, beden ve ruhta daimi olarak kalıyorsa tıpkı onun gibi taatlerin lezzeti de kalpte eser bırakır ve kalıcı olur.

Kalbin ibadet ve taatlerden kaynaklı mülezzez halinden mahrumiyet elbette ki kulun dünya hayatında karşılaşabileceği en büyük musibetlerden bir tanesidir.

Düşününüz... Zor bir zamanda tüm sıkıntılara rağmen emrolunduğunuz gibi sahih İslam'ı yaşamaya çalışıyorsunuz. Bu uğurda karşınıza çıkan birçok engelleri aşmış ve sayısız fedakarlık ve feragat örneklerini sergilemişsiniz. Aile, akraba, dost ve çevrenizle beraber maişetiniz de azalmış ve daralmış durumda. Fakat hiç de beklemediğiniz bir şekilde kalbinizin hallerinde değişmeler oluyor, halden hale evirilip çevrilmektedir. Bu sırada kıldığınız namazlarda, tilavet ettiğiniz Kur'an-ı Kerim'de, yaptığınız zikirlerde ve diğer taatlerinizde sadra şifa olacak lezzeti bir türlü alamıyorsunuz.

Şüphesiz ki yapılan bu salih amellerden kalbi coşturacak bir lezzet alınmıyor ve bu dinden dolayı izzet hissedilmiyorsa burada bir arızadan söz etmek mümkündür. Fakat bilinmelidir ki bu arızanın tek müsebbibi vardır, o da kulun ta kendisidir. Kalp, arz olunan günahları kabul ettikçe taatlerle elde edilen lezzetler o kalpte barınamaz.

İnsanlar ekseriyetle yaptıkları ibadetlerdeki eksiklikleri tamamlama hususunda veyahut namazı nasıl daha güzelleştirebileceklerini konuşurlar. Selef-i salihin ve sonra gelen salih zatlar ise bir sonraki namaza ulaşmayı isterler, onu gözetlerlerdi. İbni Teymiye'nin (r.h) akşam olunca 'Sabah olsa da zikirlerimi yapsaydım' demesi gibi... İstekleri ve gayeleri kullukta en güzel makama ulaşmaktı. Bu durum, yapılan taatlerden lezzet alındığını gösterir. Aslında şöyle bir ölçüyü de ortaya çıkarır. O da şudur: Sıradan insanlar

'Herkes yaptığına göre değerlendirilir' derken taatlerinden büyük lezzet alan muttaki ve önder şahsiyetler de şunu söylerler: 'Herkesin değeri istediği (şeyler) ile ölçülür.' Lezzet alınmayan her bir taatle beraber başka hayırların da kapısı kapanır. Dua ve zikirle meşgul olan iki kişi düşünün. Birisi sabah namazdan sonra sabah zikirlerine başlıyor. Fakat bu arada sık sık saate bakmakta. Zikirler bitince bir rahatlama hissetmektedir. Bir yükten kurtulmuş gibi. Ya da büyük bir fedakârlık göstererek önemli bir işin üstesinden gelmiş gibidir. Diğeri ise sabah ve akşam zikirlerini sadece diliyle değil sanki tüm benliğiyle yapmaktadır. Gece olup da yatağa uzandığında aklında gece kıyamı vardır. Rabbe en yakın olunan vakitte O'na *(cc)* fısıltıyla tazarruda bulunmayı tasarlar.

Allah Rasûlü *(sav)*:

"Üç şey vardır o kimde bulunursa imanın tadını alır."[32] buyuruyor.

Bir hadiste:

"Allah'tan Rabb, Muhammed'den Nebi, İslam'dan din olarak razı olan **imanın tadını almıştır.**"[33] buyurur.

Allah Rasûlü *(sav)* şöyle buyurur:

"...Ve benim göz aydınlığım namaz kılındı."[34]

---

32. *Buhari, Müslim*
33. *Müslim, 1/239.*
34. *Nesai*

Yine;

"Haydi, kametle de bizi rahatlat ey Bilal."[35] derdi.

Demek ki İslam'ın, imanın ve taatlerin tadı, lezzeti vardır. Bunlarda sebat, istikrar ve her geçen gün iyiye gitme bu tadı hissetmekle mümkündür.

Şayet Allah'ın iman ve taatlere kıldığı bu tattan mahrum isek, günahlara bakmalıyız. Kalpte masiyetin lezzetiyle iman ve taatin lezzeti bir arada bulunmaz. İki zıt bir arada toplanmaz.

Günahların zararlarından birisi de; kulun işlediği günahları ölçüsünde yüce Allah katındaki değerinin düşmesidir.

"...Allah kimi hor ve hakir kılarsa, artık onu değerli kılacak bir kimse yoktur."[36]

Kulun en küçük bir günahı dahi üzerine devrilecek bir dağ gibi görmesi yüce Allah'a olan derin saygısındandır. Bu, takvadır. Aynı zamanda yüce Allah'ı kâmil manada tazim etmektedir. O'na (cc) gösterilen kulluğun üstün bir makamıdır.

Allah'ı hakkıyla tanıyan bir kulun günahlardan kaçınması da o derece şiddetli olur. Günah işlemek suretiyle yüce Allah (cc) katındaki değerini düşürmemek de yine Allah'a yönelmekle, O'nun rızasını aramak ve O'nu anmakla mümkündür.

---

35. *Ahmed b. Hanbel, Müsned,* 5/364, 371.
36. 22/Hac, 18

Kul, yüce Allah'a karşı edebini muhafaza etmekle kendi lehine birçok kazançlar elde edecektir. Allah'ın isim ve sıfatlarını bilen bir kimse söz ve amellerinde daha dikkatli olacaktır. Çünkü bilir ki, yüce Allah (cc) kalplerin künhünü dahi bilir, her şeyi gören, işiten ve şahit olandır. Allah'ın dinini iyi öğrenmelidir ki O'nun (cc) sevdiği ve buğz ettiği şeyleri de bilsin. Nefsin tezkiyesi ve kalbin arınmasında yoğun bir gayret göstermelidir ki nefis; ilim ve amel yönünden hakkı kabule hazır ve istekli olsun. Taatleri çok önemseyen ve itina gösteren kul aynı şekilde günahları da başına çökecek azap bulutları gibi görüyorsa bu durum Allah'ı razı etme arayışındaki samimiyetini ve yüce Allah katında değerli olduğunu göstermektedir.

Seleften ilim ehli bir zat etrafındaki topluluğa şöyle söyler:

'— Sizler henüz dünyadayken Allah katındaki değerinizi bilmek ister misiniz?

Orada hazır bulunanlar:

— Evet, bilmek isteriz, diye cevap verirler.

— Siz yüce Allah'a ne kadar değer veriyorsanız, Allah katında sizin de değeriniz o kadardır.

Topluluktan bazıları:

— Bizim Allah'a değer vermemiz de ne demektir?

— Allah'a değer vermeniz O'nun hudutlarını gözetmenizdir. Allah'ın hudutlarını ne ölçüde gözetiyorsanız işte değeriniz de odur.'

İbni Mesud (r.a) şöyle demiştir:

"Mümin, günahını üzerine devrilecek bir dağ gibi görür. Münafık içinse günah, burnun üzerine konmuş bir sinek gibidir."[37]

İmam Ahmed'in (r.h) rivayet ettiği bir hadiste Rasûlullah (sav) şöyle buyurur:

"Küçük günahlar hususunda dikkat edin! Küçük (görülen) günahların durumu şuna benzer: Bir vadideki insanların her birisi eline bir odun parçası alıp tutuşursa bütün vadi içindekilerle beraber yanar."

Küçükte olsa günahın olumsuz sonuçları ve sebep olduğu fesat aynı zamanda toplumu da etkiler. Günah işleyen her bir fert sadece kendi cürmünü gördüğü için işlediği haramların çok sınırlı bir çerçevede kalacağını ve hiçbir menfi tesirinin olmayacağına inanır. Bir şehir halkının insanları küçük-büyük günah işlerken öyle bir raddeye gelinir ki geçmiş kavimler gibi helak edilmeye müstahak olur. Fakat El-Halim olan Allah (cc) müstahak oldukları cezayı tehir eder. Ta ki tevbe edip bu helak edici halden kurtulmalarına fırsat ve zaman verilmiş olsun. Bundan da gafil olan insanlar yaptıkları cürümlerle ateşi yakmaya ve yangını tüm vadiyi yaymaya devam ederler.

Ferdî de olsa, küçük de olsa günah hiçbir zaman basit ve önemsiz olarak görülmemelidir. Hiçbir günahı küçük, basit ve önemsiz görmemek için şu misal ne kadarda yerinde ve isabetlidir: 'Dağlar dahi minik çakıllardan, küçük-büyük taşlardan ve topraktan oluşmuştur.'

---

37. Buhari

Abdullah b. Mübarek (r.h) şöyle der: 'Gördüm ki günahlar kalbi öldürüyor. Bu durumda kalp için en hayırlı olan günahların terk edilmesidir.'

'Günahların terki kalplerin hayat bulmasıdır. Kul için en hayırlı olanı isyan etmemesidir.'

Sahabeden bir zata nispet edilen şu güzel sözü nakletmekte fayda var: 'Günahın küçüklüğüne değil, kime karşı asi olduğuna bir bak!'

İşlenen günah küçük görülebilir. Ancak kime karşı işlendiğine bakıldığında kalplerin dehşetle ürpermesi gerekir. Zira isyan edilen zat alemlerin Rabbi olan yüce Allah'tır.

Abdullah b. Abbas (r.a) şöyle der:

"Senin günah işlemen bir cürümdür. O günahı küçük görmen ise daha büyük bir cürümdür."

Günah işlemekle beraber günahı küçük görmek, kişinin Allah (cc) katındaki değersizliğine de işaret eder. Kul, yüce Allah'a göstermesi gereken hürmet ve değeri günahlarla berhava ederse Allah'ın (cc) sevgisine mazhar olması bir tarafa 'muhan' yani zelil ve küçültülmüş olur.

Kul takva ile yüce Allah'ın özel beraberliğini elde edebilecekken günahlardan dolayı Allah'ın kendisini 'unutması' sonucu büyük bir musibetle karşı karşıya kalır. Yüce Allah'ın kulu unutması ne demektir?

"...Senin Rabbin unutkan değildir."[38]

---

38. 19/Meryem, 64

Allah'ın unutması olarak kastedilen; kişinin nefsiyle, günahlarıyla, fısk ve fücuruyla başbaşa kalmasıdır. Kişinin artık ahiretini önemsememesi ve maslahatlarını gözetmemesidir.

Taatlerle beraber takva da arttıkça Allah *(cc)* kulu manevî, kalbî ve ruhî daraltılardan ve sıkıntılardan kurtarır. Bunun tersi bir durumda ise manzara tıpkı şu ayet-i kerimede belirttiği üzeredir:

"...Kim Rabbinin zikrinden yüz çevirirse, (Rabbin) onu gitgide artan çetin bir azaba uğratır."[39]

Takva, Müslümanın yükünü hafifletir, darlığını genişletir ve hayatını anlamlı ve değerli kılar. Günahlar ise kul için altından kalkamayacağı ağır bir yüktür. Darlık, sıkıntı ve musibettir.

İsrailoğulları kıssası bu konuda çok çarpıcı bir örnektir. Allah'ın *(cc)* emirlerine itaat ettiklerinde yüce Allah onlara gökten bıldırcın eti ve kudret helvası indirmiştir. Ne zaman ki Allah'ın emirlerine isyan ettiler zillet ve meskenete mahkum oldular. Kırk sene avare bir şekilde Tih çölünde dolaşıp durdular. Çünkü Allah *(cc)* onları kendi nefisleriyle başbaşa bırakmıştı. Demek ki taatler ile hem maddi hem de manevi rızıklar da artmaktadır. Kalbin inşirahı, saadet ve huzuruyla beraber maddi rızıklar da artıyorsa bu Allah'ın büyük bir lütfudur. Maddi anlamda refah artmıyor fakat taatlerle beraber yüksek düzeyde manevi haz, kalbî rahatlık ve saadet artıyorsa bu da şükredilmesi gereken büyük bir lütuftur.

---

39. 72/Cin, 17

Kalplerin yakınlaştırılması yahut kalplerin arasında ayrılık ve düşmanlığın yerleştirilmesi hususunda da takva ve günahın/isyanın büyük etkisinin olduğu belirtmiştik. Allah (cc) İsrailoğulları hakkında şöyle buyurmuştur:

"...Kendilerine öğretilen ahkamın (Tevrat'ın) önemli bir bölümünü de unuttular."⁴⁰

Kendilerine verilen payı unutmaları, ameli terk etmeleridir. Kitaba kuvvetle yapışıp içindeki öğütleri hatırlayacaklarına dair kendilerinden söz alınmıştır. Fakat bunu yapmadılar ve kendi paylarına düşeni unuttular. Bundan dolayı yüce Allah (cc) onların arasına buğz ve düşmanlık bırakmıştır.

Taat ve takva, insanlar arasında ülfet ve muhabbete vesile olur. Günah ve isyan ise insanlar arasına nefret ve ayrılık sebebidir. Günahların zararlarından birisi de kalplerin birbirinden soğuması, uzaklaşması, su-i zanlar ve hoşnutsuzluklarla dolmasıdır. Müslüman bir kimse kendisi gibi bir başka Müslümanı sevmiyor veyahut sevemiyorsa bu, işlemiş olduğu ve kalbine nokta nokta, çizgi çizgi arz olunan günahların sonuçlarından birisidir.

Taat ve takva arttıkça Müslümanın kalbi diğer Müslümanlara karşı rakik olur, incelir. Kalbi Müslümanların sevgisiyle doldukça melekut aleminde de sevilir.

Şu hususun çok iyi bilinmesi ve daima hatırda tutulması gerekir. Günahlar, insan hayatında birçok olumsuzlukların sebebi ve kaynağıdır. Dolayısıyla günahlardan ve dünya

---

40. 5/Maide, 13

hayatında karşılaşılması muhtemel fena neticelerden korunmaya çalışılmalıdır.

Geçmiş imamlardan Sufyan-ı Sevri (r.h) şöyle der: 'Bir günah işlediğimde o günahın etkisini atımın huysuzluğunda veya hanımımın itaatsizliğinde müşahede ederim.'

Uhud gününde bozulmaya yüz tutmuş iki bölük hakkında Allah (cc) ayette şöyle buyurur:

"(Uhud'da) iki ordu karşılaştığı gün, sizi bırakıp gidenleri, sırf işledikleri bazı hatalar yüzünden şeytan (yerlerinden) kaydırmıştı. Yine de Allah onları affetti. Çünkü Allah, çok bağışlayıcıdır, halimdir."[41]

Temiz akıl sahipleri için bu tabloda büyük ibretler vardır. Nedir o?

Canların alınıp verildiği, kellelerin uçuştuğu savaş anında günah işlemesinden değil, belki de yıllar önce işlenip tevbe edilmemiş günahlarından dolayı sahabeden bazılarını şeytan yerlerinden kaydırmıştı. Günah aynı zamanda kalpte bir zaafiyete yol açar. Kalpteki zaafiyetin nerede ve hangi amel sırasında Müslümanın gardını düşüreceği belli olmaz. Cihad ki İslam'ın zirvesi bir ameldir ve o seçkin ashabtan bazılarının yerlerinden kaymasına neden olabilen bir şeyden söz ediyoruz. Günahın ifsat ve tahrip etkisinin oldukça yaygın olduğu hakikatiyle de yüzyüze gelmekteyiz. Bunu bir de geri dönüşü ve telafisi mümkün olmayan durumlar için düşündüğümüzde meselenin vahameti daha iyi anlaşılır.

---

41. 3/Âl-i İmran, 155

Günah vardır, Adem'i (as.) ebedi esenlik yurdu cennetten kovdurur.

Günah vardır, Yunus (as.) gibi dar mizaçlı bir Peygamberi karanlıklar içinde karanlık ve daracık bir yere, bir balık karnına mahkum eder.

Günah vardır Uhud ashabı gibi insanı yarı yolda bırakır. Onun için günah deyip geçmemeli. Allah'ın (cc) gazabından çekinmeliyiz. Hangi günahın başımıza ne tür bir dert açacağını kestiremeyiz.

Nefis tezkiyesi kalbin arındırılıp saflaştırılması ve taatler ile doygunluğa ulaştırılması; ruhun bezenmesi, hislerin sevgi, korku ve ümit gibi her sahada mecrasını bulması ve iradenin hayırlar işleme ve günahlardan kaçınma istikametinde güçlendirilmesi için çok dikkatli olunmalıdır. Şüphesiz ki Allah (cc) müminlerin dostu ve yardımcısıdır.

Sabır
Tanımı, Fazileti ve Türleri

Sabır, Müslümanın Rabbine karşı temel görevlerinden birisidir. Sabır, ümmetin icmasıyla vaciptir. Konumuza sabır nedir, neden önemlidir ve ne için gereklidir sorularına cevap vermekle başlayalım.

Sabır, hapsetmek ve tutmayı ifade eder. Bu tutma ve hapsetme nefis üzerinde carî olur. Aynı anlamı ihtiva eden şu ayet-i kerimede olduğu gibi:

"Sabah akşam Rablerine, O'nun rızasını dileyerek dua edenlerle beraber candan sabr (sebat) et."[1]

Sabır, yani nefsi Allah'ın hoşnut olmadığı hallerden men etmek vaciptir dedik. Çünkü Allah (cc) Nebi'ye, onun şahsında tüm ümmete kulluğun her mertebesinde sabrı emretmiştir. Allah'a karşı sorumluluklarımızdan olan sabır neredeyse her merhalede emredilmiş bir vaciptir.

---

1. 18/Kehf, 28

Allah Rasûlü'ne (sav) ilk inen ayetlerde Allah ona sabrı emrediyor:

"Onların (müşriklerin) söylediklerine katlan ve onlardan güzellikle ayrıl."[2]

Davet başlayıp, müşriklerle karşılaşınca sıkıntılar, belalar ve musibetler boy gösterdi, Allah (cc) yine sabrı emrediyordu.

"Sabah akşam Rabblerine, O'nun rızasını dileyerek dua edenlerle birlikte candan sebat et. Dünya hayatının süsünü isteyerek gözlerini onlardan çevirme. Kalbini bizi anmaktan gafil kıldığımız, kötü arzularına uymuş ve işi gücü aşırılık olan kimseye boyun eğme."[3]

Allah hem kulluk yolunda taatleri yerine getirmek için hem de masiyetlerden kaçmak için sabrı emretti.

"Ailene namazı emret; kendin de ona sabırla devam et. Senden rızık istemiyoruz; (aksine) biz seni rızıklandırıyoruz. Güzel sonuç, takva iledir."[4]

Medine'ye geldiler Yahudi ve münafıkların eziyetleri başladı, Allah (cc) yine sabrı emrediyordu.

"Andolsun ki, mallarınız ve canlarınız konusunda imtihana çekileceksiniz; sizden önce kendilerine kitap verilenlerden ve müşriklerden birçok üzücü sözler işiteceksiniz. Eğer sabreder ve takva gösterirseniz, muhakkak ki bu, (yapılacak) işlerin en değerlisidir."[5]

---

2. 73/Müzzemmil, 10
3. 18/Kehf, 28
4. 20/Taha, 132
5. 3/Âl-i İmran, 186

Buradan anlıyoruz ki sabır her merhalede ve anda Müslümanda bulunması gereken temel özelliklerdendir. İster belalar, ister şehvet ve şüphe, ister sorumluluklar. Kulluk yolunda en temel azık sabırdır...

Sabır ve İnsanın Aceleciliği

Sabır konusu ele alındığında mutlaka, insanın fıtratında var olan acelecilik mevzusu da ele alınmalıdır. İnsan yaratılışı itibariyle acelecidir.

"İnsan aceleden yaratıldı."[6] buyuruyor Rabbimiz.

Öyleyse, sabrın önemini anlayan ve sabrı elde etmek için çabalayan her Müslümanın, kendi fıtratıyla mücadeleye girişeceği ve fıtratın temel özelliklerinden olan acelecilikle mücadeleye başlayacağını bilmelidir. Bu da ciddiyet, kararlılık ve özveri ister. Kişi fıtratında var olan bir şeyi fıtrattan çıkarıp atamaz.

Onu terbiye edebilir. Zaman içinde sabırda göstereceği gevşeklik aceleciliğin tekrardan nüksetmesine ve benliğini kuşatıp söz, dimağ ve düşüncelerini etkilemeye başlar.

Allah'a (cc) hakkıyla kul olmak isteyen bir Müslüman düşünelim. İster ki bu kitapla uzun süreli yaptığı bir duanın akabinde, kısa bir müddet devam ettiği salih amellerle ıslah olsun. Allah'ın rahmetiyle salih kullarından biri olsun. İşte bu aceleciliktir. Bir ebeveyn okuduğu üç beş kitapla çocuk eğitiminde uzman olup, huzurlu, sakin ve terbiyeli çocuklara sahip olmak ister, bu aceleciliktir.

---

6. 21/Enbiya, 37

Bir mücahid iki-üç operasyonla meleklerin inmesini, zaferin gelmesini, inkılap olmasını ister. İşte bu aceleciliktir.

İlim talebeleri gözleri bozulmadan, dirsekleri çürümeden, dizleri kireçlenmeden alim olmak ister. Tek tuşla program yükleme misali, hadisçi, fıkıhçı, akaid alimi olmak istiyorlar. Bu aceleciliktir.

Sabır ise, fıtratın bu dürtüsüne karşı koymak, sabır olmadan bu hayallerin elde edilmeyeceğini bilmektir. En önemlisi de, aceleyle bir şey elde edilmediği gibi acelenin insanın iradesini zehirleyen bir illet olduğunu bilmektir.

Sabrın Fazileti

Sabrın faziletini bilmek, onun elde etme mücadelesinde insanın yükünü hafifleten unsurlardandır. Sabır insana Rabbinin katında elde edilmesi zor mertebeleri ihsan eder. Öyle ki Allah (cc) sabır ehline sınırsız mükafat ve ecir bahşeder.

"(Rasûlüm!) Söyle: 'Ey inanan kullarım! Rabbinize karşı gelmekten sakının. Bu dünyada iyilik yapanlara iyilik vardır. Allah'ın (yarattığı) yeryüzü geniştir. Yalnız sabredenlere, mükafatları hesapsız ödenecektir.' "[7]

Allah'ın (cc) insana verdiği en hayırlı ve geniş mükafat sabırdır. Evet, bu Allah Rasûlü'nün (sav) sabır ehline müjdesidir:

"Hiç kimseye sabırdan daha hayırlı ve geniş bir şey verilmemiştir."[8]

---

7. 39/Zümer, 10
8. Buhari, Müslim

Sabır insanı Allah'ın *(cc)* sevgisine mazhar kılar.

"Şüphesiz Allah sabredenleri sever."[9]

Allah'ın *(cc)* sevgisi demek dünyanın ve ahiretin saadeti, Allah'ın yardımı ve bereketi demektir. Allah'ın sevgisi demek kudsi hadiste ifadesini bulan şu lütfa mazhar olmaktır.

"Her kim benim velilerimden/dostlarımdan bir veliye düşmanlık ederse, şüphesiz ben ona harp ilan ederim. Kulum kendisine farz kıldığım şeylerden daha sevgili hiçbir şeyle bana yakınlık kazanamaz. Farzlara ilaveten bir de kulumun sürekli yapmaya devam ettiği nafileler vardır ki bunlarla bana yaklaşır ve nihayet öyle bir hale gelir ki artık ben onu sevmişim demektir. Bir kere de sevdim mi artık onun işiten kulağı, gören gözü, tutan eli ve yürüyen ayağı olurum. Böylesi bir kul benden bir şey isterse istediğini muhakkak ona veririm. Bana sığınırsa onu özel korumam altına alırım?"[10]

"Allah bir kulu sevdi mi Cibril'i çağırır:

— Ben falancayı seviyorum sen de onu sev, der.

Cibril onu sever. Cibril meleklere:

— Allah falancayı seviyor, siz de onu sevin, der.

Onlar da onu sever. Ta ki o kişi için yeryüzünde kalplere kabul/sevgi kılınır..."[11]

---

9. *3/Âl-i İmran, 146*
10. *Buhari, Rikak, 38.*
11. *Buhari, 3209; Müslim, 2638.*

Sabrın Kısımları

İslam alimleri sabrı üç kısma ayırdılar.

1. Taatlerde sabır,

2. Masiyetlere karşı sabır,

3. Allah'ın takdiri olan bela ve musibetlere sabır.

Rabbimiz olan yüce Allah'ın bize yüklediği sorumluluklar ve bize yönelttiği emirler iki kısma ayrılır.

İlki, kevni olandır. Yani Allah'ın (cc) kaderi ve takdiridir. Allah'ın kul için takdir ettiği durumlarda kulun Allah'ı razı etmesi sabrı kuşanmayla mümkündür.

Örneğin, Allah'ın (cc) lütfuyla nimetler verdiği bir lütfuyla zengin kıldığı bir kul düşünelim. Bu kulun dünyanın şatafatına, cazibe ve süsüne karşı nefsini kontrol etmesi gerekmektedir. Aksi halde ehlini yuttuğu gibi dünya onu da yutacaktır. Azgınlaştıran ve kibre götüren zenginliğe karşı insanın ihtiyacı olan şey sabırdır.

Allah (sav) ve Nebisine dünyaya ve onun süsüne karşı sabrı emretti.

"Sakın, kendilerini denemek için onlardan bir kesimi faydalandırdığımız dünya hayatının çekiciliğine gözlerini dikme! Rabbinin nimeti hem daha hayırlı, hem de daha süreklidir. Ailene namazı emret; kendin de ona sabırla devam et. Senden rızık istemiyoruz; (aksine) biz seni rızıklandırıyoruz. Güzel sonuç, takva iledir. Onlar: '(Muhammed) bize Rabbinden bir mucize getirmeli değil miydi?' dediler. Önce gelen kitaplardakinin apaçık delili (Kur'an) onlara gelmedi mi?"[12]

---

12. *20/Taha, 131-133*

Karun'un zenginliği karşısında insanların dili tutulmuş ve kalpler kaymıştı. İlim ehli onları uyarıp nasihatte bulundu.

"Derken, Karun, ihtişamı içinde kavminin karşısına çıktı. Dünya hayatını arzulayanlar: 'Keşke Karun'a verilenin benzeri bizim de olsaydı; doğrusu o çok şanslı!' dediler. Kendilerine ilim verilmiş olanlar ise şöyle dediler: 'Yazıklar olsun size! İman edip iyi işler yapanlara göre Allah'ın mükafatı daha üstündür. Ona da ancak sabredenler kavuşabilir.' "[13]

Bu nasihati kim anlayıp istifade etti? Ayetin son cümlesi **sabır** ehli olduğunu gösterir. Veya Allah'ın (cc) takdiri insanın hoşnut olmadığı, nefse ağır gelen fakirlik, hastalık, bela vb. şeylerdir. Böyle bir durumda insanın ihtiyacı olan şey yine sabırdır. Ancak sabırla insan, nefsini Allah'a isyandan kurtarabilir. Sabırla musibetin acı yüzüne göğüs gerip Rabbinden bir çıkış isteyebilir.

İkincisi ise, Allah'ın (cc) şer'i emirleri yani şeriattır.

Bu da emirler yani taatler ve nehiyler yani masiyetler olarak ikiye ayrılır.

Müslümandan istenen son nefesine kadar Allah'ın (cc) emirlerini yerine getirmesidir. Bunun için sabır kaçınılmazdır. Her gün beş vakit namazda sebat ve istikrar için dahi sabra ihtiyacımız vardır. Hakeza masiyetler. Onlara karşı nefsi korumak, şehvetin dürtülerini bertaraf etmek için sabır kaçınılmazdır.

---

13. *28/Kasas, 79-80*

Sabrı Kazanmanın Yolu

Her Müslümanın sabır azığını elde ederken bilmesi gereken zaruri bilgi sabrın kesbi oluşudur. Hiç kimse sabrı anne karnından yanında taşımaz. Bilakis insanın özü sabra taban tabana zıt acelecilik üzeredir.

Evet, sabır kesbidir. Ve onu kazanmanın yolları vardır. Bunları özetlemeye çalışalım.

1. Dua

Kul sürekli acziyet ve fakr içinde Rabbinden sabır talebinde bulunmalıdır. İhtiyacımız olan sabrın hazineleri Allah'ın (cc) yanındadır. O El-Halim'dir. Kullarının günahlarına karşı sabır eden, onlara hak ettikleri cezayı vermede acele etmeyen Allah. Bundan ötürü insanlar ona çocuk nispet edip, inkar etmelerine, zamana sövmek suretiyle ona hakaret etmelerine rağmen, Allah onları rızıklandırır. Bu durumu Allah Rasûlü (sav) şöyle ifade eder.

"Allah'tan daha sabırlı hiç kimse yoktur."[14]

Öyleyse yalvararak ve içtenlikle Allah'a yalvarıp ondan sabır istemeliyiz.

O, El-Kerim'dir. Yani cömert olan. İnsanın ihtiyaç duyduğu her şey katında olan ve istendiğinde fazlasıyla veren Allah...

2. Namaz

Sabırla namaz arasında farklı bir bağ vardır. Namaz adeta sabrı besleyen manevi bir pınardır.

---

14. *Buhari, Müslim*

Özellikle Allah'tan *(cc)* sabır talebi yani dua namazla birleşip insanın hayatına yerleşti mi, sabır için kaynak bulunmuş olur.

"Sabır ve namaz ile Allah'tan yardım isteyin. Şüphesiz o (sabır ve namaz), Allah'a saygıdan kalbi ürperenler dışında herkese zor ve ağır gelen bir görevdir."[15]

Bu ayet namazla sabır arasındaki ilişkiyi ortaya koymaktır. Bundan dolayı Allah Rasûlü *(sav)* onu üzen ve sabırla direnmesi gereken bir hadise yaşandığında namaza koşardı.

Sahabe bunu fark edip, sonraki nesillere aktarmaya ihtiyaç duydular, "Bir iş onu üzdü mü namaza koşardı." dediler.

3. Sabırlı olmak için gayret etmek

"Kim iffetli olmak için gayret ederse, Allah onu iffetli kılar. Kim sabırlı olmak için çabalarsa Allah onu sabırlı kılar. Kim Allah'tan başkasına ihtiyaç duymadan yaşamaya çalışırsa Allah ona bunu verir."[16]

Anlıyoruz ki sabrı elde etmek isteyen kişinin çaba göstermesi, sabrı elde etme yollarından bir tanesidir.

Bu nasıl olur? İnsanın yaşadığı olaylarda nefsiyle sözleşip, o konuda sabırlı olmaya kendini zorlamasıdır. Örneğin, kendini ciddi anlamda öfkelendiren bir olay karşısında 'Hayır! Öfkemin gereğini yapmayacağım, sabırla bu olaya karşılık vereceğim' demesi gibi. Evde, iş yerinde, Müslümanların arasında, trafikte, cephede... Her gün insanı öfkelendiren onlarca olay yaşanıyor. Her birinde

---

15. *2/Bakara, 45*
16. *Buhari, Müslim*

Müslümanın Allah için sabra riayet etmesi, nefsine gem vurması, onu sabır hususunda Peygamberin müjdesine nail edecektir.

Masiyetler, taatler ve Allah'ın takdir ettiği kaza ve kader de böyledir. Sabrın bir defada elde edilemeyeceğini, sabrın insanın fıtratında olan bir şeyle (acelecilikle) mücadele olduğunu bilen Müslüman her anı sabrı öğrendiği, sabır için çabaladığı bir vesile kılmalıdır.

Bir toplumda ahlakıyla örnek bir Müslüman vardı. Kimseyi kırmamaya özen gösterir, herkesin gönlünü hoş tutmaya çalışırdı. Bir gün gençlik yıllarında çok asabi ve kavgacı olduğunu, kimsenin kendinden razı olmadığını anlatmıştı. Çok şaşırmıştım. Hayat içinde tanıdığım en halim-selim insanın agresif, sinirli, kavgacı olmasını anlayamadım. Kendisine bu durumu sorduğumda şöyle demişti: 'İslam'la tanışınca, güzel ahlakın önemini öğrendim. Ve her öfkelendiğimde 'Allah için sabredeceğim' dedim. Zaman içinde mizacımın değiştiğini, sabır için kendimi zorlamama gerek kalmadığını gördüm. Olaylara tepkim sabır çerçevesinde oldu.'

Bu kaide her birimiz için geçerlidir. Sabırla davranmaya gayret edenler zamanla sabrın mizaç ve ahlak olduğunu görecektir.

4. Sabrı doğru kullanmak

Rabbimiz adildir. Kerem ve lütuf sahibidir. Kulları için kolay olanı diler. Kimseye gücünden fazlasını yüklemez. İnsana bir bela vermişse mutlaka onu kaldıracak sabrı da beraberinde vermiştir. İnsanı bir taatle mükellef kılmış, yahut bir şeyden men etmişse, ona direnecek irade ve sabrı da insana bahşetmiştir. İnsan çoğu zaman elinde bulunan sabrı yanlış harcadığımdan dolayı sabrını tüketir.

Dava yolunda; Allah'ın (cc) kendisini imtihan ettiği bir Müslümanı düşünelim. Yol arkadaşları onu yarı yolda bırakmış, sözlerinde durmamış olsunlar. Bu ağır bir imtihandır. Allah o kula bu musibete yetecek sabrı da vermiştir.

Şeytan onu öfkelendirip, kışkırttığında, nefis güvensizlik telkin edip onu kenara çekilmeye davet ettiğinde o sabrıyla buna mukabele eder.

'Hayır! Bu, yolun tabiatındadır. Birileri sabit kalıp yoluna devam eder, birileri dökülür' der ve sabreder. Lakin aynı insanın 'Geçmişte falanca da aynısını yapmıştı, ya gelecekte başkaları da aynısını yaparsa' vehmine kapıldığını farz edelim. Sabrın bir kısmını geçmişe bir kısmınıysa henüz ne olacağı belli olmayan geleceğe harcayarak aslında kendi sabrını tüketmiştir. Geçmişin gayyasından, geleceğin hayal dünyasından sıyrılıp ana yani hakikate dönünce de elinde sabır kalmamış veya zayıflamıştır. Sabır ehli olmak isteyenler öncelikle sabrı doğru kullanmayı öğrenmeli sabır israfından kaçınmalıdırlar.

Geçmiş bitmiştir. Ne yaparsak yapalım geri gelmez. Gelecekse bizim için gaybdır. Yaşayacağımız dahi meçhuldür. Olup bitmişe, olması muhtemel olana sabır harcayıp içinde yaşadığı ana sabır bırakmamak olsa-olsa şeytanın insana gülüp, insanı saptırdığı bir şeydir.

5. Sabır ehliyle beraber olmak

Ebu Musa (r.a), Rasûlullah'tan (sav) şöyle rivayet eder:

"İyi arkadaşla kötü arkadaşın misali, misk taşıyan ile körük çeken insanlar gibidir. Misk sahibi ya sana kokusundan verir veya sen ondan satın alırsın. Körük çekene gelince, ya elbiseni yakar yahut da sen onun pis kokusunu alırsın."[17]

Bu hadis açıkça herkesin kendinde bulunan hasleti arkadaşına bulaştıracağını anlatır. Etkileşimin boyutları farklı olsa da; hayır ehli hayrından, fücur ehli fücurundan mutlakta aynı ortamı paylaştığı insanlara verir.

Sabırlı olmak isteyen Müslüman olgun, karakter sahibi, olaylarda acele ve öfkeye kapılmayan, hilm ve sabırla yaşananları göğüsleyen Müslümanlarla bir arada olmaya gayret etmelidir. Mutlaka onların sabır ahlakından etkilenecek ve bir şeyler alacaktır.

İmana Paralel İmtihanda Tedricilik ve Sabırda Süreklilik Bela ve Musibetlere Sabır

Rasûlullah (sav) şöyle buyurur:

"Elif. Lam. Mim. İnsanlar, imtihandan geçirilmeden, sadece 'İman ettik' demeleriyle bırakılıvereceklerini mi sandılar? Andolsun ki, biz onlardan öncekileri de imtihandan geçirmişizdir. Elbette Allah, doğruları ortaya çıkaracak, yalancıları da mutlaka ortaya koyacaktır."[18]

"İnsanlar arasında karşılaştıkları musibetleri en şiddetli olanlar nebilerdir. Sonra onlara en yakın olanlardır..."[19]

İnsanlık tarihi boyunca gelmiş geçmiş en sabırlı insanlar hiç kuşku yok ki Peygamberlerdir. Dolayısıyla müptela

---

17. *Buhari, Buyu, 38.*
18. *29/Ankebut, 1-3*
19. *Ahmed b. Hanbel, Müsned; İbni Hibban; Beyhaki.*

oldukları bela ve musibetlerde sıradan herhangi bir insanın karşılaştığından çok daha fazla ve şiddetli idi.

Peygamberler yüklendikleri tevhid daveti görevini ifa ederken karşılaşabilecekleri itiraz, inkar, eleştiri, boykot, sürgün, saldırı, açlık ve işkence gibi musibetlere göğüs gerdiler. Bazıları testerelerle biçildiler. Fakat tarih hiç bir Peygamberin tevhid daveti görevini yerine getirmekten geri durduğunu kaydetmemiştir. Zira karşılaştıkları musibetler mukabilinde yakin üzere büyük bir sabır ile kuşanmışlardı. Vahiyle ve yüce Allah'ın (cc) aleni yardımıyla da destekleniyorlardı.

Bela ve musibetle hiç kimse karşılaşmak istemez. Çünkü bunlar nefse zor gelen ve fıtratın da hoşlanmadığı şeylerdir. Rasûlullah (sav) şöyle buyurur:

"Allah'tan daima afiyet isteyin."[20]

İnsan istemese de dünya hayatında bela ve musibetlerle karşılaşmak her insan için mukadderdir. Bu bela ve musibetlerin niteliği, cesameti ve sonuçları farklı olsa da bu böyledir. Ali'ye (r.a) nispet edilen bir sözde o şöyle demiştir:

"Allah'ım! Musibetlerden ve musibetlerin saptırıcılığından sana sığınırım."

Musibet ve bela ile karşılaşmanın mukadder olduğu şuuruna sahip bir Müslümanın bu hakikate mukabil, musibetlerin sarsıcı etkisi ve saptırıcı sonuçlarından korunmak için önceden tertip ve tedbir alması gerekir. Kuşkusuz ki en büyük tedbir Allah'a (cc) yaklaşmaya çalışmak ve sabır

---

20. *İmam Ahmed*

konusunda sürekli bir mücahede içerisinde bulunmaktır. Kur'an'ın şehadetiyle şunu çok iyi biliyoruz ki bizden öncekilerin başına gelenler(in benzeri) bizim de başımıza gelecektir. Ve bu Sünnetullah gerçekleşmedikçe sadece 'iman ettik' söylemi ile cennete girmek ancak bir temenniden ibaret olacaktır. Daralma, sıkıntı, mahrumiyet, sarsılma ve belki de büyük bir altüst oluş...

"(Ey müminler!) Yoksa siz, sizden önce gelip geçenlerin başına gelenler size de gelmeden cennete gireceğinizi mi sandınız? Yoksulluk ve sıkıntı onlara öylesine dokunmuş ve öyle sarsılmışlardı ki, nihayet Peygamber ve beraberindeki müminler: Allah'ın yardımı ne zaman! dediler. Bilesiniz ki Allah'ın yardımı yakındır." [21]

Geçmişte yaşamış muvahhid kavimler bu kadar şiddetli bela ve musibetlere müptela olmuşlardı ki Peygamberlerine "Allah'ın yardımı ne zaman?!" diyecek noktaya gelmişlerdi. Bu talepleri farklı bir nedene dayanıyordu. Zira müşrikler o denli pervasız bir şekilde davranıyorlardı ki müminlerin ruhları ve bedenleri yoğun ve sürekli işkenceler karşısında neredeyse tükenme noktasına gelmişti. Yöneldikleri makam ise yine tek melce olan dergah-ı ilahi idi:

"...Allah'ın yardımı ne zaman?!" [22]

Bu tavırları bize göstermektedir ki onlar sabrın potasında erimiş ve sabrı azık edinmişlerdi.

Sonraki nesiller için cennete girmenin adeta bir paha ölçüsü ortaya konmuştur.

"Andolsun ki, biz onlardan öncekileri de imtihandan geçir-

---

21. *2/Bakara, 214*
22. *2/Bakara, 214*

mişizdir. Elbette Allah, doğruları ortaya çıkaracak, yalancıları da mutlakla ortaya koyacaktır."[23]

İbnu'l Kayyım (r.h) der ki: 'Allah'ı sevdiğini iddia edenler çoktur. Fakat Allah insanları sevginin meşakkatiyle mükellef kıldı. Bunda da ancak sabır ehli sadakatini gösterir, yalancılar ise firar eder.'

Allah'ı (cc) ve Rasûlullah'ı (sav) sevip cenneti arzuladığını iddia edenler de bu iddialarını sözleri, amelleri ve hak üzere sebatlarıyla ispatlamakla mükelleftirler.

"De ki: 'Eğer Allah'ı seviyorsanız bana uyun ki Allah da sizi sevsin ve günahlarınızı bağışlasın...' "[24]

Bela, musibet, mahrumiyet ve hastalıklara müptela olanların başında gelen Peygamberlerin kıssaları, onların takipçileri için öğretici ve ibret dolu dersler ihtiva eder.

Eyyub'un (as.) kıssası bunlardan birisidir. Bazı müfessirlerin naklettiğine göre Eyyub (as.) varlıklı ve geniş bir aileye mensup bir zat idi. Fakat evinin yıkılması sonucu aile fertlerinin çoğu vefat etti. Sonrasında malı mülkü de elinden gitti. On yıldan fazla süren ağır bir bedenî hastalığa müptela oldu. Bütün bu musibetlere rağmen halinden şikayet eder bir duruma düşmemek ve takdire rızada sebat etmek için halini yüce Allah'a (cc) arz ederek O'ndan sıhhat ve afiyet istemekten çekiniyordu. En sonunda hanımının da telkinleriyle şu ayet-i kerime'de geçtiği üzere şöyle niyazda bulundu:

"Eyyub'u da an. Hani Rabbine: 'Benim başıma bu dert geldi.

---

23. *29/Ankebut, 3*
24. *3/Âl-i İmran, 31*

Sen, merhametlilerin en merhametlisisin.' diye niyaz etmişti."[25]

Eyyub'un *(a.s.)* sabrı ve Rabbine karşı gösterdiği edeb, kendisini Rabbanî rıza ve övgüye mazhar kılıyor:

"...Gerçekten biz Eyyub'u sabırlı (bir kul) bulmuştuk. O ne iyi kuldu! Daima Allah'a yönelirdi."[26]

Konuyla alakalı olarak tabiinden Ebu Kilâbe *(r.h)* isimli bir zatın kıssasın nakletmekte fayda vardır. Bu zat Abdullah b. Abbas'ın *(r.a)* talebelerindendir. Devrin zalim yöneticisi, Ebu Kilâbe'ye kadılık teklif eder. O ise sırf zalim yöneticinin kadısı olmamak için terk-i diyar eyleyip Mısır'a hicret eder. Orada iken türlü musibetlere uğrar. Elleri ve ayakları kesilmiş, kalan vücudu da hastalığa müptela olmuş bir halde sahildeki çadırın içinde otururken çevreyi kolaçan eden muhafızlardan birisi çadırının yakınında bekliyor. Çadırın içinden şöyle bir ses işitiyor:

"— Allah'ım sana hamdolsun. Şüphesiz ki beni sen yarattın, beni nimetlendirdin ve birçok insandan faziletli kıldın. Allah'ım sana hamdolsun!

Muhafız çadırdan içeriye girdiğinde tek başına oturan elleri ve ayakları da olmayan Ebu Kilabe ile karşılaşıyor.

— Ey Allah'ın kulu! Sen bu halde de mi Allah'a hamd ediyorsun?

Ebu Kilâbe:

— Allah bana kendisini zikretmem ve şükretmem için dil vermişken O'na nasıl hamd etmeyeyim. Ey falan, madem bana

---

25. 21/Enbiya, 83
26. 38/Sad, 44

geldin senden bir isteğim var. Benim bir oğlum var. Bir kaç gündür buraya gelmedi ve ondan hiçbir haber de alamadım. Onun durumunu öğrenmeni istiyorum.

Muhafız, Ebu Kilâbe'nin oğlunun akıbetini öğrenmek için çalışmaya başlıyor. Bu arayışları sırasında çocuğun vahşi hayvanlarca parçalanmış cesedine rastlıyor. Oğlunun akıbetini bildirmek için çadıra geri dönüyor ve Ebu Kilâbe'ye:

— Ey filan! Sen Eyyub'un hastalığını, uğradığı belaları, terk edilmişliğini ve tüm bunları nasıl büyük bir sabırla karşıladığını biliyor musun?

— Evet, biliyorum.

Muhafız:

— Oğlunun falan yerde vahşi hayvanların parçaladığı cesedini gördüm.

Ebu Kilâbe:

— Allah'a hamdolsun! dedikten sonra ruhunu teslim ediyor.' "

Tek başına bir ümmet olarak vasıflandırılmış olan tevhid imamı İbrahim'in *(as.)* kıssası da sabır, yakin ve tevekkül hususunda çok öğreticidir. İbrahim *(as.)* aralarında babasının da bulunduğu müşrik bir toplumun içerisinde tek başına kalmıştı. Tek başına kalmanın ne anlama geldiği bu türden kıssaları dinlemek ya da okumakla fehmedilmez, anlaşılmaz. Özellikle de kalabalıklar içerisinde sırf itikadından dolayı yalnızlığa ve terk edilmişliğe mahkum edilmenin anlaşılabilmesi için bizzat yaşamak gerekir. İbrahim *(as.)* tek bırakılıp terk edilmekle beraber ateşe atılmakla tehdit edilmiştir. Ölümlerin en dehşet vericisi ve cezaların en zorbası olan bu tehdidi, dönemin tağutu ve avanesi uygulayarak İbrahim'i (as.) yanına yaklaşamadıkları devasa ateşe mancınıkla atmışlardır.

"(Bir kısmı:) 'Eğer iş yapacaksanız, yakın onu da tanrılarınıza yardım edin!' dediler."[27]

Nihayet bu teklif kabul edilerek onun için hazırlanan ateşe elleri ve kolları bağlı olarak atılır. İbrahim (as.) ise "Allah, bize yeter; O, ne güzel bir vekildir!"[28] diyerek sabrın, yakinin ve tevekkülün zirve örneklerini vermiştir. Bu büyük sabır ve tevekkülün karşılığını Allah (cc) olayın vuku bulduğu sırada vermiştir:

" 'Ey ateş! İbrahim için serinlik ve esenlik ol!' dedik."[29]

Örnek olarak Hendek gününü verebiliriz. O sıralarda Müslümanlar maddi olarak henüz güçlenmiş değiller. Hatta sıkıntılar içerisinde yaşamaktadırlar. Öyle ki Medine müdafaası için hendek kazılırken açlığın şiddetinden sahabenin çoğu karınlarına birer taş bağlamışlardı. Rasûlullah (sav) ise o gün karnına iki taş bağlamıştı. Bir tarafta Müslümanların ailelerinin korunması problemi, şehrin savunulması zarureti ve ordunun erzak tedarikinin hemen hemen yok denecek gibi olması, öte yandan hiçbir zaman güvenilmeyen bir kavim olan Yahudilerin müşriklerle işbirliği yaparak Müslümanlara arkadan hainane bir şekilde saldırma tehlikesi... Şehirdeki ailelerin korunması probleminin kaynağı da, esasen Yahudiler idi.

---

27. 21/Enbiya, 68
28. 3/Âl-i İmran, 173
29. 21/Enbiya, 69

Bir toplumun, bir şehrin ve bir ordunun yaşayabileceği ileri derecede yokluk ve mahrumiyetin çok çarpıcı bir örneğidir, Hendek günü. Şehri kuşatmaya gelen mücehhez ve güçlü bir düşman ordusu da gittikçe yaklaşmakta. Böyle silsileli musibetlerle imtihan edilen Müslümanlarda ise güçlü bir direniş iradesi var. Zira münafıklar hariç oradaki her bir fert bu tür zorluklarla karşılaşmayı 'kötü bir sürpriz' olarak değil, beklenenin/vadolunanın pratiği/tahakkuku olarak değerlendirmekteydi. Ve hepsi de fikri anlamda buna zaten çoktan hazırlardı.

Bela ve imtihanlara fitne denmesi, doğrularla yalancıları ayırt edici özelliğe sahip olması da bundandır.

"Elif. Lam. Mim. İnsanlar, imtihandan geçirilmeden, sadece 'İman ettik' demeleriyle bırakılıvereceklerini mi sandılar? Andolsun ki, biz onlardan öncekileri de imtihandan geçirmişizdir. Elbette Allah, doğruları ortaya çıkaracak, yalancıları da mutlaka ortaya koyacaktır."[30]

"İnsanlardan kimi vardır ki: 'Allah'a inandık' der; fakat Allah uğrunda eziyete uğratıldığı zaman, insanların işkencesini Allah'ın azabı gibi tutar. Halbuki Rabbinden bir nusret gelecek olsa, mutlaka, 'Doğrusu biz de sizinle beraberdik' derler. İyi de, Allah, herkesin kalbindekileri en iyi bilen değil midir? Allah, elbette (O'na gönülden) iman edenleri de bilir, iki yüzlüleri de bilir (ortaya çıkaracaktır)."[31]

Müminler sadık insanlardır. Onlar neye inandıklarını neyi kabul ettiklerini çok iyi bilirler. Onlar iman ederken Rabbleri onları uyarmıştır.

---

30. 29/Ankebut, 1-3
31. 29/Ankebut, 10-11

"Andolsun ki sizi biraz korku ve açlık; mallardan, canlardan ve ürünlerden biraz azaltma (fakirlik) ile deneriz. (Ey Peygamber!) Sabredenleri müjdele!"[32]

"Andolsun ki, mallarınız ve canlarınız konusunda imtihana çekileceksiniz; sizden önce kendilerine kitap verilenlerden ve müşriklerden birçok üzücü sözler işiteceksiniz. Eğer sabreder ve takva gösterirseniz, muhakkak ki bu, (yapılacak) işlerin en değerlisidir."[33]

Onlar cennetin fiyatını da bilirler.

"(Ey müminler!) Yoksa siz, sizden önce gelip geçenlerin başına gelenler size de gelmeden cennete gireceğinizi mi sandınız? Yoksulluk ve sıkıntı onlara öylesine dokunmuş ve öyle sarsılmışlardı ki, nihayet Peygamber ve beraberindeki müminler: Allah'ın yardımı ne zaman! dediler. Bilesiniz ki Allah'ın yardımı yakındır." [34]

Başlarına hendek misali bir imtihan geldiğinde, Allah'ın onlara vadettiği ve umdukları cennetin bedeliyle karşılaştıklarını bilirler. Bu fikri hazırlık, onlara direnç verir. Ki hendek gününde orduları gördüklerinde hemen şöyle demişlerdi:

"Müminler ise, düşman birliklerini gördüklerinde: 'İşte Allah ve Rasûlü'nün bize vadettiği! Allah ve Rasûlü doğru söylemiştir', dediler. Bu (orduların gelişi), onların ancak imanlarını ve Allah'a bağlılıklarını arttırdı."[35]

Bir de münafıklar vardır tabi. İmtihanların asli hikmeti münafıklar... Allah onları açığa çıkarmak ve müminlerin

---

32. *2/Bakara, 155*
33. *3/Âl-i İmran, 186*
34. *2/Bakara, 214*
35. *33/Ahzab, 22*

onları tanımasını ister. Onlar yalancıdırlar. Neye inandıklarını, niye inandıklarını bilmezler. Ayrıca onlar cennette de talip değillerdir. Talip olmadıkları şeyin bedelini de göze alamazlar. Onun için musibetler, belalar onlar için kötü sürprizdir. Hendek günü sadık müminlerin zıddına orduları görünce şöyle dediler:

> "Ve o zaman, münafıklar ile kalplerinde hastalık (iman zayıflığı) bulunanlar: 'Meğer Allah ve Rasûlü bize sadece kuru vaadlerde bulunmuşlar!' diyorlardı. Onlardan bir grup da demişti ki: 'Ey Yesribliler (Medineliler)! Artık sizin için durmanın sırası değil, haydi dönün!' İçlerinden bir kısmı ise: 'Gerçekten evlerimiz emniyette değil', diyerek Peygamberden izin istiyordu; oysa evleri tehlikede değildi, sadece kaçmayı arzuluyorlardı."[36]

İmtihan İslam olmanın gereğidir. İman iddiasında bulunan herkes imtihan olacaktır. Tarih boyunca değişmeyen hakikat, Allah'ın (cc) müminleri cennet karşılığında ve rızasını elde etmeleri için imtihan ettiğidir. Kimi zaman müminler demir testerelerle ortadan ikiye ayrıldı, kimi zaman canlı canlı yakıldı. Sürgün ve açlık ya da fiziki ve psikolojik işkence gördüler. Ekonomik boykot ve hicret...

Asrımızın, hususen de son yıllarda ülkemizin imtihanı zindanlar ve cezaevleridir. Kur'an-ı Kerim'in resmettiği tabloları asrımızda birebir yaşıyoruz. Zindan imtihanı kapıya gelip çattığında müminlerden fikren buna hazır olanların rahat olduklarını, bu sürecin hayrına talip olup, süreci lehlerine (manevi olarak) çevirmekle meşgul olduklarını görürüz. Kimisi ilmi programını, kimi ameli programını hazırlamakla meşguldür. Talip oldukları cennet ve rıza-i ilahi dilekçelerinin kabul edildiğini bilmenin huzuru

---

36. 33/Ahzab, 12-13

içindedirler. Onlar cennet taleplerini Rabblerine sunmuş, Rableri de taleplerinin kabul olduğunu göstermek adına onları imtihana tabi tutmuştur. İlk adım onların lehinedir. Şimdi zindan sürecini ilim, maneviyat, muhasebeyle süsleyip bu fırsatı değerlendirmeyi hesap ederler. Lisanı halleri hendek ashabını taklit ederek 'Bu Allah'ın ve Rasûlü'nün vadettiğidir. Şüphesiz Allah ve Rasûlü doğru söylemiştir' der.

Bir de münafıklar vardır, kalbi hastalıklı olanlar. Zillet çehrelerini bürümüştür. Korku içindedirler. Birilerini suçlamaya başlamışlardır. İçlerinden ahmak olanları açıkça 1400 yıl önceki münafık kardeşlerinin sözlerini söyler. Biraz daha akıllı olanlarıysa veya kendilerini öyle zannedenler: 'Daha yapacak çok işimiz vardı, hiçbir şey yapamadan bizi buraya aldılar. Keşke şöyle olsaydı da böyle olsaydı' diye Allah'a ve kaderine itiraz ederler. Yaşananlar bir, mantık bir, sonuç bir.

Bela ve musibetlere fikren hazır olmak demek şu hadis-i şerifteki bilincin kuvvetli bir şekilde varlığını gösterir.

"Allah kimin için hayır dilemişse ona musibet ve bela isabet ettirir."[37]

Başka bir hadiste açıklandığı üzere bela ve musibetler tıpkı son bahardaki rüzgarın ağaç yapraklarını dökmesi gibi müminin günahlarını döker. Bu bilinç, hangi şekilde ve şiddette olursa olsun kulun bela ve musibet karşısında ilk sadmede güzel bir sabır göstermesini kolaylaştıracaktır. Allah (cc) muttaki bir kulu birçok bela ve musibete müptela kılar. Öyle ki o kul kıyamet günü yüce Allah'ın huzuruna tertemiz olarak çıkar. Sözünü ettiğimiz fikri

---

37. Buhari

hazırlığı yaparken en çok istifade edeceğimiz kaynak elbette ki Peygamberlerin ve salih zatlar ile Rasûlullah'ın (sav) ashabının kıssalarıdır.

Kulun bela ve musibetlerle karşılaşmasının bir başka sebebi günahlardan arınması, dolayısıyla henüz dünya hayatında iken cezasının ahiretteki azap için ertelenmemesidir ki bu da kul için büyük bir lütuftur. Çünkü günahların cezasını düşürmesi mümkün olan sebepler arasında dünyevî musibetler de vardır. Musibetlerin bizzat kendileri günahların kefaretine sebeptir.

Böyle bir kefaret her halükârda ve yüce Allah'ın yardımıyla, mümin için daha ağır ve sürekliliği olabilecek bir azabın kefaretine tercih edilir. Kabir azabı, kıyamet gününün sıkıntılı ve dehşetengiz halleri ve günahları mukabilinde cehennem ateşiyle azaplandırılmak da bunlardandır. Rasûlullah (sav) şöyle buyurmuştur:

"Müminler sırattan geçtikten sonra cennet ile cehennem arasındaki bir köprü üzerinde durdurulurlar. Birinin diğerindeki hakkı kısas yoluyla alınır. Nihayet tertemiz edilip arındırıldıktan sonra cennete girmeleri için onlara izin verilir."[38]

Yüce Allah'ın (cc) mümin kulu bir takım musibetler ile sınaması bir anlamda da o kulu anmasıdır. Buradaki incelik şudur ki mümin kulun nimeti şükür, musibeti de sabır ve hamd ile karşılaması onun yüce Allah katındaki değerini ve derecelerini arttırır. Bu da kulun lehinedir. Bundan dolayıdır ki Rasûlullah (sav): "Müminin haline taaccüp edilir..."[39] buyurmuştur. Zira o (mümin) bir nimetle

---
38. *Buhari, Müslim*
39. *Buhari*

karşılaşırsa şükreder, kendisine bir musibet isabet ederse sabreder. Musibetler bu yönü itibariyle iradeyi tıpkı çok az miktardaki karbonun demirle karıştırılarak meydana getirilen ve su verilmesiyle daha da sert, dayanıklı ve esnek hale getirilebilen çelik gibi dirençli ve güçlü kılar. Bu da yüce Allah'ın yardımıyla sabrın da artmasına vesile olur.

Her bir imtihan vesilesi esas itibariyle sabır ile beraber hamd etmeyi gerektirir. Bilinmelidir ki iman iddiası yoksa, bunu ispata vesile olacak imtihan da olmaz. Makbul olmayan bir imanın imtihanı da yoktur.

Kulun 'Allah için sabredenlerden' olabilmesi için evvela mümin olması gerekir. Bilahare bu dereceleri kademe kademe kat etmeye başlar. Gerektiği zaman tevekkül etmeyi öğrenir, mütevekkil olur. Gaflete düştüğü an hemen zikrullah ile meşgul olur. Her türlü sıkıntı ve bela esnasında güzel bir sabırla sabır ve tahammülü öğrenir. Nimetlerle karşılaştığında şükretmeyi bilir. Güç ve yetki sahibi olduğunda insanlar arasında adaletle hükmeder. Mustazaflık halinde yönelip dayanacağı melce ve menceî öğrenir. Çünkü mümin kul için artık karşılaştığı bu hal ve şartlar zahiri manada çok da mühim değildir.

Ubudiyetin en yüksek mertebelerinden biri de işte budur. Bu mertebedeki bir kul artık şunu düşünür: 'Eğer sen bela ve musibetler yolunda yürütülüyorsan bundan dolayı gözün ve gönlün aydın olsun. Çünkü sen böylelikle Peygamberlerin ve salihlerin yolunda yürütülmüş oluyorsun.' Bu anlayışta olan, konu başında belirttiğimiz ifade ile fikren hazırlıklı olan mümin bir kul için dünyevî musibetler kalpleri sıksa, ruhları daraltsa ve beşeri tahammül sınırlarını zorlayacak olsa dahi bu durumunu sabrını, tevekkülünü ve yakinini artırmaya ve yüce Allah'a daha çok yaklaşmaya vesile olacaktır.

Şüphesiz ki kul için takdir olunan her musibet için yüce Allah o musibeti karşılayıp hafifletecek bir oranda sabır da vermektedir (Allah'a hamdolsun).

Sabredilmesi Gereken Kimseler ve Durumlar

Sabır bölümünde açtığımız bu konuya Rasûlullah'ın (sav) şu hadis-i şerifiyle devam edelim:

"Ümmetimden bir grup Allah'ın emrini yerine getirmeye devam edecektir. Onları yalnız bırakanlar veyahut kendilerine muhalefet edenler, Allah'ın emri gelinceye kadar onlara bir zarar veremezler ve onlar insanlara karşı muzaffer olacaklardır."[40]

Bu Nebevî haberden de açıkça anlaşılmaktadır ki tevhid davetçisi ve bahadır mücahidler yüce Allah'ın emrini yerine getirmek için zaman, emek ve canlarını harcarken dahi, onları davet ve cihad yoluyla yalnız bırakıp muhalefet edecekler, her zaman olacaktır.

Tıpkı bugün olduğu gibi çeşitli yaftalamalarla daveti, davetçiyi, cihadı ve mücahidi mahkum etmeye çalışan taifelerin varlığı esasen bu hadis-i şerifin tahakkukudur. Zira, Rasûlullah (sav) asla hevasından konuşmaz.

"O, arzusuna göre de konuşmaz. O (bildirdikleri) vahiy edilenden başkası değildir."[41]

Taifetu'l Mansura, 'yardım olunan Müslümanların' en belirgin hususiyeti, kendilerini yolda bırakanlar ile on-

---

40. *Buhari, Müslim*
41. *53/Necm, 3-4*

lara muhalefet edenlerin onlara hiçbir zarar veremeyecek olmalarıdır. Tevhid davetçilerine ve mücahidlere yönelik başta psikolojik harekât ile karalama ve dezenformasyonun failleri iki türlüdür.

1. Bu tip insanlar Müslümanların dışında küfür toplumuna mensup olup düşmanca tutum sergileyenlerdir.

2. Müslümanların arasında ya da çevresinde gezinip şeytanın kendilerine vahyettiği kuruntulara aldanan ve bunları yaymaya çalışan zayıf yaratılışlı kimselerdir.

1. Kafirler tarafından yapılan psikolojik harekâtlar

"Andolsun ki senden önceki Peygamberler de yalanlanmıştı. Onlar **yalanlanmalarına ve eziyet edilmelerine rağmen sabrettiler**, sonunda yardımımız onlara yetişti."[42]

Günümüz tevhid davetçileri ile mücahidlerin bu yoldaki seleflerinin yaratılmışların en şereflisi olan Peygamberler olduğunu bilmeleri, sabretmeleri için oldukça kuvvetli bir gerekçedir.

Beşeri münasebetlerde kişilerin, muhataplarının söylemlerini kabul edilebilir bulmaması, karşı tezleri ileri sürmesi ve hatta muarızının söylemini tenkit etmesi, anlaşılabilir bir tutumdur. Ancak muhatabını tahfif ve tahkir etmek iyi niyetle bağdaşmaz. Bu yöntem eğer tevhid davetçileri veya bir cihad cemaatine yönelik ise bu düşmanca bir tutum olarak değerlendirilir. Psikolojik harekâtın bir parçası olan bu tür tavırlar elbette ki bunlarla sınırlı değildir. Gizli ve açık, bizzat fertlere yönelik yani tabiri caizse 'adam adama markaj' usülüyle veya toplu olarak tüm cemaati hedef alan

---

42. 6/En'am, 34

karalayıcı, küçümseyici, hakaret, alay ve hatta edep sınırlarını aşan çirkin ifadeler içeren zincirleme saldırılarda bulunulur. Bu tür 'yoklama' saldırıları bir anlamda etki tepki testleridir küfür güçleri için. Asıl maksat, Müslümanları makul ölçülerin ve itidal dairesinin dışına çıkarıp daveti insanlara ulaştıracak samimi gayretlerini ve azimlerini sabote etmektir. Bazı meseleleri özellikle kişiler üzerinde yoğunlaştırarak daveti sulandırıp davetçileri faydasız işlerle meşgul etmek gayesine matuftur.

Musa (as.) ile Firavun arasında geçen diyalog bu konuda çok çarpıcı bir örnektir. Musa (as.) ona tevhidi anlatırken Firavun'un tepkisi bugünkü kafirlerin tutumuyla ne kadar da örtüşmektedir:

Musa (a.s) ve asrının tağutu arasında geçen şu diyaloğu dikkatle okuyalım.

"Firavun şöyle dedi: 'Âlemlerin Rabbi dediğin de nedir?', Musa cevap verdi: 'Eğer işin gerçeğini düşünüp anlayan kişiler olsanız, (itiraf edersiniz ki) O, göklerin, yerin ve ikisi arasında bulunan her şeyin Rabbidir.' (Firavun) etrafında bulunanlara: 'İşitiyor musunuz?' dedi. Musa dedi ki: 'O, sizin de Rabbiniz, daha önceki atalarınızın da Rabbidir.' Firavun: 'Size gönderilen bu elçiniz mutlaka delidir' dedi. Musa devamla şunu söyledi: 'Şayet aklınızı kullansanız (anlarsınız ki), O, doğunun, batının ve ikisinin arasında bulunanların Rabbidir.' Firavun: 'Benden başkasını ilah edinirsen, andolsun ki seni zindanlıklardan ederim!' dedi."[43]

O, Musa'ya (a.s) Rabbini soruyor. Musa (a.s) ona açıklıyor. Lakin o hakaret etmek suretiyle Musa'yı (a.s) tartışmaya

---

43. 26/Şuara, 23-29

çekmek istiyor. Musa (a.s) aldanmıyor, aynı daveti benzer bir üslupla devam ettiriyor. Bu sefer tehdide başvuruyor.

Musa'nın (as.) yaptığı tevhid daveti Firavun'un bu provokasyonuyla bir anda aralarındaki **şahsi bir husumet hüviyetine dönüştürmeye çalışıldı.** Firavun bu atağıyla Musa'nın (as.), "...Size Rabbinizden açık bir belgeyle geldim."⁴⁴ dediği Rabbani daveti etkisizleştirerek evrensel boyuttan kişisel mesele haline getirmek istiyordu.

Firavun'un bu inatçı ve kibirli tutumu ile çağdaş küfür odaklarının ortaya koydukları tutum arasında birçok benzerlikler bulunmaktadır. Davetçilerin cahiliyenin bu değişmez karakterine sabırla direnmeleri gerekir. Hakaret, alay, kişisel ve cemaatsel saldırılara cevap yetiştirmek izzet değil, evrensel daveti şahsi kavgaya dönüştürmektir.

Müslümanların şirk ve müşriklere gösterdikleri buğz ve düşmanlığın kişisel/şahsi bir hüviyeti yoktur. Şirk ve müşriklere düşmanlık ve buğz bütün Müslümanların emrolunduğu bir tavırdır.

"İbrahim ile beraber bulunanlarda sizin için güzel bir örnek vardır. Vaktiyle onlar kavimlerine: 'Biz sizlerden ve Allah'tan başka ibadet ettiklerinizden uzağız ve sizi tekfir ediyoruz. Siz, Allah'ın birliğine iman edinceye kadar sizinle aramızda sonsuza tek kin ve düşmanlık başlamıştır' demişlerdi..."⁴⁵

Muasır müşriklerin İslam davetine karşı mücadele stratejisi ülkeden ülkeye, toplumdan topluma değişebilmektedir. Bazen karanlık, çirkin yüzünü gösterip yıkım ve imha araçlarıyla saldırılarda bulunur, bazen toplumun siyasi

---

44. 7/Araf, 105
45. 60/Mümtehine, 4

yönelimine göre farklı bir karakter ortaya koyar, bazen de dini din olmaktan çıkarıp başka her şeye benzeyecek şekle sokarak fesadını yaymaya çalışır. Zaman zaman İslam'ı ve mukaddesatı aşağılayıp ve alay konusu yaparak ahlaksızlığın zirvesine ulaşır.

Böylesi durumlarda İslam'ın emrettiği ve mümine yakışan izzetli tavır ne ise onu ortaya koymak lazımdır. Bazı durumlardaysa mesele davetçilerin kişilikleri etrafında döndürülmeye çalışılır. Bundaki asıl gaye ise Tevhid davetinin etkisini kırmak, şirki basit bir ihtilaf mevzuu mevziine çekmek ve davetçinin enerjisini kendi tayin ettiği istikamete yönelterek berhava etmeye çalışmaktır. Böylelikle Rabbanî ve evrensel olan davet çalışması bir kayıkçı kavgası hüviyetine büründürülmek istenmektedir.

Tüm bu tuzak ve provokasyon girişimlerine karşı Musa (as.) gibi sabır göstermeli, Firavunvarî vaveylalara pabuç bırakmadan davetin asıl mecrasında çalışmalara devam edilmelidir. Aksi taktirde mesele din meselesi olmaktan çıkıp soy-sop, parti-hizip ve vatan-millet meselesine dönüşür.

2. Müslümanların arasındaki moral bozucu, yolda bırakan ve zayıf yaratılışlı kimselerin zararları

Hakikat şudur ki bu sınıf insanlara sabredebilmek için ayrı bir sabra ihtiyaç duyulur. Bunlar tıpkı pirinç çuvalın içindeki bir pirinç tanesi gibi Müslümanların arasında olan, onlarla beraber görünen ve aynı dili konuşup diz dize oturacak kadar yakın duran insanlardır.

Başlarda atılganlık ve yiğitlik gösterileri yapabilecekleri fırsatları değerlendirirler. Kimilerinin kalplerini coşturan sözler sarfetmekte mahirdirler. Fakat tüm bu heyecan yüklü söz ve davranışları bir yerde tükenir ve rüzgar onlar için tersine esmeye başlar. Onlar için bu kırılma noktası işlerin ciddiye binip sorumluluk almaya davet edildikleri andır. Bu noktadan sonra Müslümanların arasında küçük-büyük şayialar yaymaya başlarlar. Kendilerince Müslümanların kusur ve eksiklerini gündemleştirerek başarısızlık ve yenilginin kaçınılmaz bir akıbet olduğu kuruntusunu propaganda ederler.

Rasûlullah'ın *(sav)* Medine'sinde yaşananlar okunup bilindiği halde sonraki nesiller arasında bu türden insanların çıkması esasen hiç de şaşırtıcı olmamalıdır. Zira bizzat Rasûlullah'ın mescidinde ve cemaatinde bulunan münafıkların işler ciddileşip emek ve bedel ödenmesi gereken raddeye ulaştığında nasıl da vaveyla tamtamaları çalarak gerisin geri topukladıkları tarihte kayıtlıdır.

"...Allah ve Rasûlü, bize boş bir aldanıştan başka bir şey vadetmedi."[46]

Ahzab günü Medine'nin müdafaası için hendek kazan Müslümanları kastederek kendi aralarında onlarla şöyle alay ediyorlardı:

"(Rasûlullah'ı kastederek) Şuna bakın! Bize Kisra ile Kayser'in hazinelerini vadediyor ancak açlıktan karnına taş bağlamış!"[47]

Münafıklar rahatlıkta ve muhabbet ortamlarında tıpkı civa gibi çok heyecanlı, hareketli, ele avuca sığmaz ve oynak tıynetlidirler. Dile gelip dökülmeyi bekleyen o kadar çok lafları vardır ki bundan dolayı olsa gerek konuşurken

---

46. *33/Ahzab, 12*
47. *İbni Hişam*

avurtlarını şişirirler. Nasihatlerin ve önerilerinin daima önemsenip benimsenmesini isterler. Tüm bunlara rağmen herhangi sıradan bir Müslümanın karşılaşabileceği basit bir imtihan vesilesi ile yüz yüze kaldıklarında ise tavırları tıynetlerinin ifşasıdır:

"İnsanlardan kimi var ki, 'Allah'a inandık' der, fakat Allah uğrunda eziyete uğratıldığı zaman insanların işkencesini Allah'ın azabı gibi tutar..."[48]

Müslümanların başına bir musibet gelse 'Böyle olacağını söylememiş miydik?' derler. Kendilerinin de etkilendiği bir imtihanla karşılaşılsa 'Ne yapmaya çalışıyorsunuz, durun bakalım önce şunu şunu yapmalı değil miyiz?' diye galeyana gelirler. Bu ve buna benzer tavırlarla kendi zayıflıklarını örtmeye çalışırlarken kimliklerini de açığa çıkarmış olurlar.

Söz konusu kimseler tarafından bilerek veyahut bilmeyerek yapılacak bu türden propagandalara, yardımsız ve yalnız bırakmalara karşı Müslümanların her zaman uyanık olmaları gerekir. Gerekli tedbirlerin alınması için böyle yılanlarca sokulmayı beklemek Müslümanın kârı değildir. Zira İslam tarihinde özellikle Rasûlullah (sav) dönemindeki münafık karakterler dikkatli bir şekilde tahlil edilse çok büyük deneyimler elde edilecektir. Peygamberler tarihi de bu açıdan çok büyük bir tecrübe tarihidir.

Böyle vakıalarda sabra daha çok ihtiyaç duyulur. Çünkü bu tür 'bozgun psikolojisini' yaymaya çalışan, moralleri bozup safların gevşemesine ya da dağılmasına sebep olanların çoğunluğu dost ve kardeş olarak bilinen kimselerdir. Durum her ne kadar böyle olsa da Müslümanlar asli

---

48. 29/Ankebut, 10

Müslümanların Allah'a Karşı Sorumlulukları

vazifelerine samimi bir surette yapışıp hakkı gereği gibi yaşadıkları taktirde bunların gerçek yüzleri ayan beyan ortaya çıkacaktır. Bu sınıf insanların hepsi münafık karakterli olmayabilir. Aralarında samimi olmakla beraber sorumluluklarının hakikatini idrak etmeyenler ile dayanma güçleri az olanlar da bu yanlışlara yönelebilirler. Bu da sabır konusundaki donanımsızlıklarının neticesidir.

Bu tarz insanları tanımanın belli başlı yolları vardır. Aslen Kur'an-ı ve siyeri hakkıyla okumuş biri için bunlar ayan beyan ortadadır.

a. İşlerin yolunda gittiği zamanlarda en çok onların sesi çıkar, rüzgarlar ters esmeye başladı mı sesleri kesilir, meclislerde görünmemeye başlar, silikleşirler.

"(Gelseler de) size karşı pek hasistirler. Hele korku gelip çattı mı, üzerine ölüm baygınlığı çökmüş gibi gözleri dönerek sana baktıklarını görürsün. Korku gidince ise, mala düşkünlük göstererek sizi sivri dilleri ile incitirler. Onlar iman etmiş değillerdir; bunun için Allah onların yaptıklarını boşa çıkarmıştır. Bu, Allah'a göre kolaydır."[49]

b. Allah'ın takdiri olan musibetlerde başkalarını suçlarlar. Şayet onlar dinlenmiş olsalarmış; Allah'ın takdiri gerçekleşmeyecek ve yaşananlar yaşanmayacakmış.

"Sonra o kederin arkasından Allah size bir güven indirdi ki, (bu güvenin yol açtığı) uyuklama hali bir kısmınızı kaplıyordu. Kendi canlarının kaygısına düşmüş bir grup da, Allah'a karşı haksız yere cahiliye devrindekine benzer düşüncelere kapılıyorlar, 'Bu işten bize ne!' diyorlardı. De ki: 'İş (zafer, yardım, herşeyin karar ve buyruğu) tamamen Allah'a aittir.' Onlar, sana açıklayamadık-

---

49. 33/Ahzab, 19

larını içlerinde gizliyorlar. 'Bu işten bize bir şey olsaydı, burada öldürülmezdik' diyorlar. Şöyle de: 'Evlerinizde kalmış olsaydınız bile, öldürülmesi takdir edilmiş olanlar, öldürülüp düşecekleri yerlere kendiliklerinden çıkıp giderlerdi. Allah, içinizdekileri yoklamak ve kalplerinizdekileri temizlemek için (böyle yaptı). Allah içinizde ne varsa hepsini bilir.' "[50]

c. Sinek tabiatlıdırlar. Allah'ın *(cc)* en güzel surette yarattığı insan bedeninde sinek gelip iltihap ve irinli yaraya konar. Hastalıklı insanlar da böyledir. Binlerce hayır ve güzelliği görmez, takdir etmezler. İşleyiş esnasında oluşan doğal sıkıntılara kafayı takar, bu noktaları kurcalarlar.

d. Su-i zan tabiatına sahiptirler. En tehlikeli olan Allah'ın *(cc)* vaadine karşı su-i zan içindedirler. Asla müminlerin yardıma mazhar olacağına, Allah'ın vaadini tamamlayacağına inanmazlar.

"Aslında siz Peygamberin ve müminlerin ailelerine bir daha dönmeyeceklerini sanmıştınız. Bu sizin gönüllerinize güzel göründü de kötü zanda bulundunuz ve helaki hak etmiş bir topluluk oldunuz. Kim Allah'a ve Rasûlü'ne iman etmezse bilsin ki biz, kafirler için çılgın bir ateş hazırlamışızdır."[51]

"(Rasûlüm!) Sen şimdi sabret. Bil ki Allah'ın vaadi gerçektir. (Buna) iyice inanmamış olanlar, sakın seni gevşekliğe sevketmesin!"[52]

e. Alıngandırlar. Umuma yapılan her nasihatin kendilerine laf çakma olduğunu zannederler. Gözlerin onları görmediği yerlerde her türlü günahı işlediklerinden, İslami

---

50. *3/Âl-i İmran, 154*
51. *48/Fetih, 12-13*
52. *30/Rum, 60*

olarak yapılan her uyarıdan mutlaka onların nefsine düşen bir pay vardır. Bundan dolayı nasihat ve vaaz ortamlarında kalpleri sıkışır. Tedirginlik içinde dinlerler.

"Onları gördüğün zaman kalıpları hoşuna gider, konuşurlarsa sözlerini dinlersin. Onlar sanki duvara dayanmış kütükler gibidir. Her gürültüyü kendi aleyhlerine sanırlar. Düşman onlardır. Onlardan sakın. Allah onların canlarını alsın. Nasıl bu hale geliyorlar?"[53]

f. Uyarılmaktan hoşlanmazlar. onlara 'Allah'tan kork' diyen herkesi düşman bellerler. Çünkü 'Allah'tan kork' cümlesi onları etrafına ördükleri yalandan duvarları yerle bir eder.

"İnsanlardan öyleleri vardır ki, dünya hayatı hakkında söyledikleri senin hoşuna gider. Hatta böylesi kalbinde olana (samimi olduğuna) Allah'ı şahit tutar. Halbuki o, hasımların en yamanıdır. O, dönüp gitti mi (yahut bir iş başına geçti mi) yeryüzünde ortalığı fesada vermek, ekinleri tahrip edip nesilleri bozmak için çalışır. Allah bozgunculuğu sevmez. Böylesine 'Allah'tan kork!' denilince benlik ve gurur kendisini günaha sevkeder. (Ceza ve azap olarak) ona cehennem yeter. O ne kötü yerdir!"[54]

g. İslam cemaatini ayakta tutan menheci konularda arızalıdırlar.

• İtaat edeceklerine dair söz verirler. Ancak nefisleriyle kaldıklarında yahut otoriteden uzaklaşınca kafalarına göre iş yapmaya başlarlar.

" 'Başüstüne' derler, ama yanından ayrılınca onlardan bir

---

53. 63/*Münafikun,* 4
54. 2/*Bakara,* 204-206

kısmı, senin dediğinden başkasını gizlice kurar. Allah da onların gizlice kurduklarını yazar. Sen onlara aldırma ve Allah'a dayan; sana vekil olarak Allah yeter."[55]

"(Münafıklar), sen hakikaten kendilerine emrettiğin takdirde mutlaka (savaşa) çıkacaklarına dair, en ağır yeminleri ile Allah'a yemin ettiler. De ki: 'Yemin etmeyin. İtaatiniz malumdur! Bilin ki Allah, yaptıklarınızdan haberdardır.' "[56]

• Yapacakları işlerde izin almaz, ferdi davranırlar. Hiçbir zaman İslam cemaatini aile gibi görmezler.

"Müminler, ancak Allah'a ve Rasûlü'ne gönülden inanmış kimselerdir. Onlar, o Peygamber ile ortak bir iş üzerindeyken ondan izin istemedikçe bırakıp gitmezler. (Rasûlüm!) Şu senden izin isteyenler, hakikaten Allah'a ve Rasûlü'ne iman etmiş kimselerdir. Öyle ise, bazı işleri için senden izin istediklerinde, sen de onlardan dilediğine izin ver; onlar için Allah'tan bağış dile; Allah mağfiret edicidir, merhametlidir. (Ey müminler!) Peygamber'i, kendi aranızda birbirinizi çağırır gibi çağırmayın. İçinizden, birini siper ederek sıvışıp gidenleri muhakkak ki Allah bilmektedir. Bu sebeple, onun emrine aykırı davrananlar, başlarına bir bela gelmesinden veya kendilerine çok elemli bir azap isabet etmesinden sakınsınlar."[57]

• Korkuya ve güvene dair yani alışılmışın dışında bir olay olduğunda bunu emirlere/yöneticilere iletmez, insanlar arasında yaymak suretiyle korkuya ve endişeye yahut İslam toplumunun gevşekliğine sebebiyet verirler.

"Onlara güven veya korkuya dair bir haber gelince hemen onu yayarlar; halbuki onu, Rasûl'e veya aralarında yetki sahibi

---

55. *4/Nisa, 81*
56. *24/Nur, 53*
57. *24/Nur, 62-63*

kimselere götürselerdi, onların arasından işin içyüzünü anlayanlar, onun ne olduğunu bilirlerdi. Allah'ın size lütuf ve rahmeti olmasaydı, pek azınız müstesna, şeytana uyup giderdiniz."[58]

• Kulisçidirler. Kendileri gibi hastalıklı insanlarla bir araya gelip, birileri hakkında konuşmayı, otoriteyi eleştirmeyi ahlak edinirler.

"Onların fısıldaşmalarının birçoğunda hayır yoktur. Ancak bir sadaka yahut bir iyilik yahut da insanların arasını düzeltmeyi isteyen (in fısıldaşması) müstesna. Kim Allah'ın rızasını elde etmek için bunu yaparsa, biz ona yakında büyük bir mükafat vereceğiz."[59]

• Konuştukları, kulisleri açığa çıkınca yaptıklarından tevbe etmek ve özür dilemek yerine inkar etmeye başvururlar.

"Münafıklar, kalplerinde olanı kendilerine haber verecek bir surenin müminlere indirilmesinden çekinirler. De ki: 'Siz alay edin! Allah o çekindiğiniz şeyi ortaya çıkaracaktır.' Eğer onlara, (niçin alay ettiklerini) sorarsan, elbette, 'biz sadece lafa dalmış şakalaşıyorduk', derler. De ki: 'Allah ile, O'nun ayetleriyle ve O'nun Peygamberi ile mi alay ediyordunuz?' (Boşuna) özür dilemeyin; çünkü siz iman ettikten sonra tekrar kafir oldunuz. Sizden (tevbe eden) bir grubu bağışlasak bile, bir gruba da suçlu olduklarından dolayı azap edeceğiz."[60]

• Bahanecidirler. Sorumluluklarını yerine getirmediklerinde asla bunu kendilerinden bilmezler. Mutlak bir bahaneleri vardır.

"Onlardan öylesi de var ki: 'Bana izin ver, beni fitneye düşür-

---
58. 4/Nisa, 83
59. 4/Nisa, 114
60. 9/Tevbe, 64-66

me' der. Bilesiniz ki onlar zaten fitneye düşmüşlerdir. Cehennem, kafirleri mutlaka kuşatacaktır."⁶¹

"Onlardan bir grup da demişti ki: 'Ey Yesribliler (Medineliler)! Artık sizin için durmanın sırası değil, haydi dönün!' İçlerinden bir kısmı ise: 'Gerçekten evlerimiz emniyette değil', diyerek Peygamber'den izin istiyordu; oysa evleri tehlikede değildi, sadece kaçmayı arzuluyorlardı. "⁶²

• Asılsız her olayda onların da parmağı vardır. İslam toplumunda iddia edilen ve aslı olmayan her olayda mutlaka dillerini kirletirler.

"(Peygamber'in eşine) bu ağır iftirayı uyduranlar şüphesiz sizin içinizden bir gruptur. Bunu kendiniz için bir kötülük sanmayın, aksine o, sizin için bir iyiliktir. Onlardan her bir kişiye, günah olarak ne işlemişse (onun karşılığı ceza) vardır. Onlardan (elebaşlık yapıp) bu günahın büyüklüğünü yüklenen kimse için de çok büyük bir azap vardır. Bu iftirayı işittiğinizde erkek ve kadın müminlerin, kendi vicdanları ile hüsn-ü zanda bulunup da: "Bu, apaçık bir iftiradır" demeleri gerekmez miydi?"⁶³

• Negatiftirler. Yapılacak her işin olumsuz yanını zikretmek suretiyle Müslümanların şevkini kırar, adım atmalarına engel olur, onları ağırlaştırırlar.

"İçinizden bazıları vardır ki (cihad konusunda) pek ağırdan alırlar. Eğer size bir felaket erişirse: 'Allah bana lütfetti de onlarla beraber bulunmadım' der."⁶⁴

---

61. *9/Tevbe, 49*
62. *33/Ahzab, 13*
63. *24/Nur, 11-12*
64. *4/Nisa, 72*

3. Her merhalede ortaya çıkması muhtemel zorluklara karşı sabır

Kulun ulaşmayı hedeflediği menzile varabilmesi için takip etmesi gereken bir yol vardır. Esasen her yolun kendine göre uzunluğu, zorluğu, esbabı ve vasıtaları vardır. Bunlarla beraber her yolun merhaleleri bulunmaktadır.

Sünnetullah gereği dünya işlerinde dahi bir iş yapıp netice elde edebilmek belli başlı kurallara bağlıdır. Mesela, tohum eken bir çiftçi, tarlasının kenarında oturup ertesi gün ürün toplamayı beklemez. Bilir ki bu tohumun yeşermesi, sürgün verip filizlenmesi, kuvvetlenip meyve vermesi, ilgi ve bakım şartıyla zamana yayılmış bir takım merhaleler neticesinde mümkün olabilecektir.

Kulun yaptığı çalışma uhrevî bir neticeyi elde etmeye yönelik ise bu durumda dinin öngördüğü ve belirlediği merhalelerin gözetilip gerçekleştirilmesi gerekecektir. Dünyevi işlerde de insanlık tarihi boyunca elde edilmiş bilgi, birikim ve deneyimlerden yararlanılarak maksada ulaşmak için her merhalenin gereği yerine getirilir. Konu ile ilgili şu kaideyi belirtmekte fayda vardır: 'Kim bir şeyi zamanı gelmeden elde etmeye çalışırsa ondan mahrum bırakılmak suretiyle cezalandırılır.'

Fıtraten aceleci olan bir kul, bir meyve ağacının dalından henüz tam olgunlaşmamış meyveyi kopardığında hem o meyveden yiyemeyecek, hem istese de satmak veya değiştirmek yoluyla istifade edemeyecek hem de o meyveyi ağaçtaki dalına olgunlaşması için iade edemeyecektir. Böylece üç türlü mahrumiyet yaşayacaktır.

Yola çıkıldığında hiç kimse bulunduğu yerden varmak

istediği menzile bir anda ışık hızıyla ulaşamıyor elbette. Gidilecek yere, ancak mesafeler kat edilerek, zaman ve emek harcanıp kilometre taşları sayılarak ulaşılabilir.

Mekke'li müşrikler Rasûlullah'a *(sav)* birçok teklifler sunarak tevhid davetinden vazgeçirme ümiti taşıyorlardı. Bir keresinde de 'Ey Muhammed! Şu gördüğün heykellere (putlara) el sürmenden ne çıkar?' teklifi gibi daha birçok teklifler öne sürüyorlardı. Asıl olarak herhangi bir puta dokunmak, ibadet veya tazim kastı olmadığı müddetçe küfür değil, ancak haram olan bir fiildir.

Bazı ayetlerden Rasûlullah'ın *(sav)*, müşriklerin bu söylediklerine kulak verdiği anlaşılmaktadır. Müşriklerin başka bir teklifi de şuydu: 'Bir yıl sen bizim ilahlarımıza ibadet et, bir yıl da biz senin Rabbine ibadet edelim. Böylece bizim ilahlarımızda hayır varsa sen bundan nasiplenmiş olursun. Eğer senin Rabbinde hayır varsa o halde biz de bu hayırdan faydalanmış oluruz.'

Sahabeden âmâ[65] Abdullah b. Ümmü Mektum *(r.a)* kıssası da meşhurdur. Rasûlullah *(sav)*, bazı Kureyş ileri gelenlerine İslam'ı anlatırken Abdullah b. Ümmü Mektum ondan kendisini aydınlatmasını istemiş fakat muhataplarını gücendirmek istemeyen Rasûlullah *(sav)* onunla ilgilenmemiş, İbni Ümmü Mektum'un ısrarından dolayı da biraz yüzünü ekşitmişti. İşte bu yüzden Abese suresinin başındaki ayetlerle tenkit ve ikaz edilmiştir.

"(Peygamber), âmânın kendisine gelmesinden ötürü yüzünü ekşitti ve geri döndü. (Resulüm! Onun halini) sana kim bildirdi!

---

65. *Gözleri görmeyen*

Belki o temizlenecek, yahut öğüt alacak da o öğüt ona fayda verecek."⁶⁶

Yukarıda zikrettiğimiz ilk tekliflerle ilgili olarak da yüce Allah, İsra suresinde şöyle buyurmaktadır:

"Müşrikler, sana vahyettiğimizden başka bir şeyi yalan yere bize isnat etmen için seni, neredeyse sana vahyettiğimizden saptıracaklar ve ancak o takdirde seni candan dost kabul edeceklerdi. Eğer seni sebatkâr kılmasaydık, gerçekten neredeyse onlara birazcık meyledecektin."⁶⁷

Rasûlullah'ı *(sav)* İbni Ümmü Mektum'la ilgilenmekten alıkoyan; Tevhid davetinin maslahatını gözetmek ve her biri kavminin ileri geleni olan müşriklerin bir an önce iman etmelerini istemekten başka bir şey olmadığı halde Abese suresinin ilk ayetlerinde uyarılmaktadır. Sonraki ayetlerde de bu uyarılar devam etmektedir.

"Ama ihtiyaç hissetmeyene gelince, sen ona teveccüh ediyorsun. Onun temizlenmesinden sana ne? Fakat koşarak ve (Allah'tan) korkarak sana gelenle ilgilenmiyorsun."⁶⁸

Burada üst düzey konum sahipleri de olsalar davet yapılırken tedriciliğin ve eldeki değerlerin korunmasının zarureti ile beraber sosyal konumu ne olursa olsun ayette belirttiği üzere "...koşarak ve Allah'tan korkarak gelenlere..." öncelik verilmesi gerektiği anlaşılmaktadır. Bu da kulun fıtratındaki aceleciliğin, tedriciliğe evrilmesi ve davette olağan merhalelerin atlatılmadan normal seyrinde idame ettirilmesini gerektirir. Niyet, amel, gaye ve netice ara-

---

66. 80/*Abese*, 1-4
67. 17/*İsra*, 73-74
68. 80/*Abese*, 5-7

sındaki çizgide kesinlik olmamalıdır. Aksi taktirde elde edilmesi umulan neticeye ulaşılmaz ve belki bundan dolayı bazı kayıplara dahi sebebiyet verilebilir.

Merhalelerin uygulanması ve tedricilikle ilgili şöyle bir örnek vermemiz yerinde olacaktır. Her ilim talebesinin gönlünde en yakın zamanda eğitimini bitirip alim olarak dinini yaşamak, tebliğ etmek ve belki de talebe yetiştirmek vardır. Böyle bir şeyi hedeflemesi çok güzel. Bunun için ilmin merhalelerini aşama aşama kat etmeye çalışmalıdır ki bu gayeye ulaşabilsin.

Misalen, fıkıh usülü ilmini tedris etmek isteyen bir talebenin evvela tarifleri ve tariflere birer örnek verebileceği bir kitabı hıfzetmesi gerekir. Bilahare bu alandaki alimlerin kaideler etrafındaki ihtilaflarını, bu ihtilafın furua nasıl yansıdığına dair bir kitap okuması gerekir. Bazı konuların tam olarak anlaşılabilmesi için hoca, gerektiği kadar örneklendirmelerle açıklamalarda bulunur. Eğer bir talebede adamlığı bozacak zayıf kalplilik ve sabırsızlık varsa işte bu süreçlerde hemen etkisini gösterir. Talebenin zayıflığından yararlanan şeytan ona, ilmin tamamına ulaşmasının önündeki en büyük engel olarak hocasını işaret eder.

Öyle ya, 'Hoca böyle gıdım gıdım öğreteceğine her gün daha fazla şeyler öğretmiş olsaydı belki de son bir yıldır ilmini tamamlamış olurdu' diye değişik kuruntu ve şüphelerle oyalanmaya başlar. Hatta hocasını 'ilmi tekeline almakla' suçlayacak dereceye gelir.

Böyle durumlarda iki türlü talebe karakteri ortaya çıkar. Birincisi; tüm işlerini geleceğe ertelemeye alıştırıp sabırdan yoksun olan talebedir ki hemen bırakıp gider. İlmin basamaklarını tek başına ve sıçrayarak atlamaya çalışır. Halbuki ilim terk edildiği anda biter.

O ana dek öğrendiklerini unutmakla elden kaçırır. Ayrıca yeni bir şeyler de öğrenemeyeceği için kaybı çok daha fazla olur. İlmin mertebeleri tamamlanmadan hayal ve temennilerle kitaplara yönelmek ilmi elde etmeye kifayet etmez.

Diğer talebe karakteri ise sabırla kuşanmış ve azimle bilenmiş öğrencidir. Bir ilim meclisinde bulunmanın, ilim mertebelerini kat etmek için olmazsa olmaz bir şart olduğunu bilir. Verilen bilgiyi alır, istenen cevabı verir. Gerektiğinde hocasına bilginin anahtarı olan güzel sorular sorar, güzel bir şekilde sessizce dinler, anlamaya çalışır. Verilen derslerden istenen kısımları ezberler ve seviye olarak kendisinden alt düzeyde olan öbür talebe kardeşlerine öğretir. İşte bu sabır, sebat ve kesbinin semeresi olan ilmiyle amel edip hudûduna da riayet eder.

Yapılacak işlerde tedricilik hayatın her alanında uygulanması gereken bir usûldür. Bu hususu Peygamberlerin davetinde de görüyoruz. Çocuklarını İslam terbiyesi üzere yetiştiren bir ebeveyn için de, alim, davetçi, mücahid, tüccar vs. için de bu kaide geçerlidir. Kısa yolculuk ve kestirmecilik kişi için mahrumiyet, dolayısıyla da zarar demektir.

Sabır yoksunluğu, insandaki aceleciliği daha da etkin bir şekilde davranışlarına hakim kılar. Kişiyi o anda bulunduğu merhalede hiçbir hayır olmadığı kuruntusuna sürükler. Tüm hayırların sonraki aşamalarda olduğu vehmine kaptırır. Böylece hem mevcut halinden memnuniyet duymaz hem de henüz gerçekleşmemiş bir sonraki merhaledeki ecrin beklentisiyle avunur. Yani sonuçta yine kayıp içinde olur.

Hakikat şudur ki kul, yaptığı amellerde manevi bir haz alamadığında belli bir süre sonra o ameller kendisi için adeta işkenceye dönüşür. İhlas zedelenir.

Mesela, kişi ilim talebesidir. Ümmet için en büyük ihtiyaç olan ilim tahsiliyle mükelleftir. Şeytan ise sürekli olarak dine hizmetin farklı alan ve aşamalarını hatırlatır. Davet yapmak, cihad etmek, infakta bulunmak, hayır hasenat organizasyonlarına katılmak, hasta ziyareti vs... Sanki o an yaptığı ilim tahsili ile kabahat işliyormuş gibi bir vesvese verir şeytan. Böyle bir vesvese ve telbisat o ilim talebesinin yaptığı işten hiçbir tat almamasına neden olabilir.

İlk aşamada yapılması gereken hizmetler küçümsenip de gözler sonraki merhalelere odaklandığında işlerde gevşemeler başlar. Kişi için artık başarı ve zafer ileriki merhalelerdedir. Sonraki merhaleler her derde devadır. Sorunların yegane çaresi oradadır. İleriki merhaleye ulaşsa Allah'ın (cc) sevgili kullarından olunur. Orada cennet muştusu vardır...

Bunların hepsi kulun amellerini ifsat edip ihlasını zedelemeye çalışan şeytanın ayartmalarıdır.

"...Amellerinizi boşa çıkarmayın."[69]

Amellerin boşa çıkması, sebatkâr olmamak ve sabrı terk etmekle olur. Aynı şekilde gevşemek de sabrın yokluğun-

---

69. 47/Muhammed, 33

dan ileri gelir. Mümin kul, içinde bulunduğu hangi hal ve aşama olursa olsun, tıpkı namaz kılanın son namazını kılıyormuşçasına bir şuur ve özenle namazını eda etmesi gibi, mükellef olduğu hizmet ve sorumluluğunu en güzel şekilde yerine getirmelidir.

Rasûlullah (sav) şöyle buyurmuştur:

"Kardeşinizi güler yüzle karşılamak olsa dahi hiçbir iyiliği küçük görmeyiniz."[70]

Demek ki iyiliğin küçüğü büyüğü, önemlisi ya da önemsizi olmaz. İyilik (maruf) her halükarda değerlidir. Başka türlüsünü düşündüren şey ise kalpteki aceleciliktir. Aceleciliğin kalpten gitmesi ancak ve ancak kalpte huzur ve sükunun doğru bir şekilde yerleşmesiyle olur. Böyle bir huzur ve sükun ise ancak bulunduğu halden razı olmasıyla mümkündür.

Bir kul, içerisinde bulunduğu her hal ve aşamada yüce Allah'a hakkıyla kulluk edebiliyorsa bu şuuru elde etmiş olur. Böyle bir kimse, ins ve cin şeytanların gazlamalarına da, tökezlemelerine de pabuç bırakmaz, etkilenmez. Zira o artık güzel bir kuldur. Cihada gönderilse güzel bir mücahid olur. İlim tedrisine yollansa iyi bir talebe olur, alim olur. Davete yöneltilse hilm ve hikmet üzere insanları hakka çağıran bir davetçi olur. Şayet yolu zindanlara düşse orada abid ve zahid olur. Rızkı genişleyip mal sahibi olsa muhtaçların hâmisi olur. Kendisine bir vazife verilse bunu en güzel bir şekilde yerine getirmeye çalışır. Çünkü onun derdi şudur: 'Allah'a nasıl daha iyi kullukta bulunabilirim?'

---

70. *Müslim*

Bu noktada yaşanan sabırsızlığın insanın kulluğuna ve İslami çalışmalara verdiği zarar izahtan varestedir. Benimde şahitlik ettiğim yaşanmış nice olay insanların sabırsızlıkla nasılda hayırlarda mahrum olduğunun şahididir.

Kardeşlerden biri iyi bir davet çalışmasının içindedir. İlim talebeleriyle ilgilenir, dersler yapar. Günün birinde sıkılmaya başlar. Kalbini tedavi etmek yerine, menheci, içinde bulunduğu merhaleyi sorgulamaya başlar. Artık şeytanın avucuna düşmüştür. Çünkü Allah'a aldatılıyordur. 'Ümmetin kadınlarına tecavüz ediliyor, çocuklar doğranıyor biz burada ilim peşindeyiz' diyerek görev bölgesini terk ediyor. Sözünde durmamış olmanın kalbî marazı, çalışma üzerinde olumsuz etkisi, gençlere aşıladığı ahlaki zaaf bir yana başka beldeye gidiyor. Heyecan, aşk, şevkle mazlumlara yardım ediyor. Şeytan pusuda bekliyor. Çok iyi iken her şey, bölgedeki sıkıntıları görmeye başlıyor. İnsanlar düzen bilmiyor, İslam ahlakı tam oturmadığından kardeşlikle alakalı sıkıntılar yaşanıyor. Şeytan o kardeşe yanaşıyor. Bu insanların iyi bir eğitime ve örnek alıp İslam ahlakını öğrenecekleri ortama ihtiyacı var.

Bulunduğu ortamdan sıkılmaya başlıyor. Eğitimin şart olduğuna inanıyor. Sabırsızlık örneği sergileyip geri dönüyor. Ne geriye kalanlar ona güvenip kucak açıyor ne de umduğunu buluyor. Öyle ya! Eski arkadaşları kucak açsa iki ay sonra tekrar sıkılıp, başka bir dala zıplamayacağını kim garanti edebilir?

Sonuçta kazanan iblis oluyor. İnsanın fıtratında olan aceleciliği, insanı Allah'a aldatıp aleyhine kullanmış oluyor.

Yolun uzunluğuna, merhalelerin zorluğuna ve kalbin aceleciliğine sabırla beraber hakkın taraftarlarının azlığına ve zayıflığına da sabretmek gerekir.

Peygamberlerin *(as.)* hayatından öğrendiğimiz bir hakikat var. Tevhid davetine tabi olanların sayısı, tarih boyunca hep az olagelmiştir. Allah *(cc)* tarafından gönderilen Peygamberlerin bir kısmı davetlerine icabet edilmediği için tek başlarına dar-ı bekaya irtihal eylemişlerdir. Bazı Peygamberlere bir ya da birkaç kişi tabi olmuştur. Şüphesiz ki bu hal Sünnetullah'ın bir gereğidir.

"Sen ne kadar istesen de, insanların çoğu iman edecek değildir."[71]

Fıtrî olan bu hususa değinmekte fayda vardır. İnsan, esas itibariyle yalnızlıktan hoşlanmaz. Sosyal bir varlık olması hasebiyle kendi inancını ve değerlerini paylaşan bir topluluk içerisinde bulunmak ister. Onlarla ünsiyet bulur, sevgi, dayanışma, yardımlaşma ve diğer beşeri ihtiyaç ve münasebetlerini ikmal ve idame ettirir.

Müslümanların sayısının azlığı hiçbir surette kişiyi ümitsizliğe sürüklememelidir. Çünkü bu şeytanın insanı aldatmaya çalıştığı bir duygudur. Kimi zayıf yaratılışlı insanların bu hususlarda sabır göstermemeleri sonucu kalpleri bıkkınlık girdabına kapılır ve başarısızlığa da mahkum olurlar. Bir süre sonra daveti insanlara ulaştırmaktan ziyade kendi davetçi kimlik ve misyonlarıyla yüzleşip hesaplaşmaya başlarlar. Bu durumu fırsat bilen şeytan da onun için sayısız mazeretler üretmeye çalışır. 'Yıllardır

---

71. *12/Yusuf,* 103

uğraşıyoruz, davet yapıyoruz fakat muvaffak olamıyor, sayımızı çoğaltamıyoruz.'

Doğrusu kişi herhangi bir çalışma alanında başarısız olduğuna inandığında o alandaki çalışmalarından hiçbir verim alamaz. Belki çalışmaya devam edebilir fakat verim alınacak nitelikte olmayacaktır.

Kaldı ki kişinin dünya ve ahiretini ilgilendiren dava, davet, cemaat, menhec gibi konularda sayıya endeksli başarısızlık veya bıkkınlık hissinin bu alanlardaki verimliliği ve kaliteyi olumsuz yönde etkileyeceği düşünülemez. Bu tür zaafiyetleri gösterme potansiyeli olan iki sınıf insan vardır.

1. İman ettiğini söylediği halde din ile izzet bulamayan kimseler,

2. Hakkın ölçüsüne riayet etmeyenler.

1. Aziz olan Allah (cc) İslam'ı da İslam'ın Peygamberlerini de aziz kılmıştır. İslam'a girip Rasûlullah'a (sav) tabi olan bir mümin, iman etmeden önceki cahili hayatını ateş çukuru gibi görüyorsa bu izzetten kendisinin de nasiplendiği anlamına gelir. Bundan ötürü yüce Allah'a hamd etmesi gerekir.

Bu durumdaki bir mümin; yanında, arkasında veyahut etrafında kaç bin insan olduğuna ya da olmadığına aldırış etmez. Artık onun için sayının hiçbir anlamı ve önemi bulunmamaktadır. Çünkü o izzeti dinden almıştır. İzzet ile sayılar arasında organik bir bağ kurmaz. Yalnız kalması ile binlerce insanın içinde bulunması arasında izzet ve üstünlük açısından herhangi bir fark yoktur onun için.

Kimi insanlar toplum içerisindeki yalnızlıklarını ya da dışlanmışlıklarının efkarını kalplerininin zarına kadar hissederler. Bu hal onlar için çok sarsıcıdır. Toplumda psikiyatrik hastalıkların tavana vurduğu istatistikler yayınlanmakta. En büyük sebeplerin başında da yalnızlık gelmektedir. Bu tip insanlardan bazıları ellerinde bulunan dünyevi imkanlarıyla; mal, mülk ve prestijli toplumsal konumlarıyla avunmaya çalışırlar. Zenginlikten veya üstün düzey bir makam sahibi olmaktan kendi değerlerine göre bir 'izzet, üstünlük' anlayışı üreterek bununla avunurlar. Bizzat kendi kafalarında kurgulayıp ürettikleri bu izzet elbette ki hakiki manada bir izzet değildir. İzzetin sanal ve kurmaca bir avuntusudur.

İnsanın tabiatı gereği çoklukla beraberlik kulun hoşuna gider. İslam'ın müntesibi ve dava eri olmak bu duyguların önüne geçer. Olması gerektiği gibi doğru istikamete kanalize eder. Dine girdiğini iddia etmekle beraber bu din ile izzet bulamayan, dünyevi emel, korku, sevgi ve bağlılıklardan gerektiği ölçüde sıyrılamayan bir kimsenin hakiki manada izzetli bir mümin olarak yaşamasına imkan yoktur. Zira izzeti bizzat dinde değil kendisi gibi inanan ve düşünen insanların sayısının çokluğunda aramaktadır. Bunu da bulamadığında bıkkınlık, gevşeme, tökezleme ve mağlubiyet hissine kapılır.

Hiç etbaı olmayan bir Peygamberle, Nuh (as.) gibi çok az insanın iman ettiği bir Peygamber ya da Musa (as.) ve Muhammed (sav) gibi yüz binlerin iman ettiği Peygamberler arasında izzet yönünden fark yoktur. Her biri El-Aziz olan Allah'a inanmış ve izzetlerini Rablerinden almıştır... Mümin de böyle olmalı izzetini Rabbinin El-Aziz isminden almalıdır.

2. Hakkın ölçüsüne riayet etmeyenlerin en ciddi yanılgılarından bir tanesi de sayı ile din arasında doğrudan bir ilişki kurmaya çalışmalarıdır. Oysa sayının çokluğu, kemiyet ve nicelik hiçbir zaman hakkın ölçüsü olamaz.

Böyle bir iddiada bulunanların nezdinde hakkın ölçüsü bozulmuştur. Eğer nitelik ve keyfiyet değil de nicelik ve kemiyet esas alınırsa Allah (cc) katında hiçbir delili bulunmayan vahim derecede yanlış neticeler elde edilecektir. Böyle bir iddiada bulunmak ancak şeytanın kuruntusu olabilir. Şeytan ise çok kötü bir yoldaştır. Şeytan ile buğday eken, ancak samanını alabilir.

Hakkın ölçüsü bizatihi hakkın kendisidir. Mümin kulun Kitap ve Sünnet'e ittibasıdır. Allah'ın (cc) indirdiklerine ve Rasûlullah'ın (sav) öğrettiklerine ne derecede uyulduğudur. Bunun aksine olan durumlarda kalplerde batılı duygular yeşerecek, 'Az olduğumuza ya da az kaldığımıza göre yanlış yerdeyiz/yanlış yoldayız' gibi Allah (cc) hakkında kötü zanlarda bulunulmuş olacaktır.

Yeryüzündeki insanların içinde tek başlarına oldukları halde hakka çağıran her bir Peygamber kendi devirlerinde en büyük cemaat idiler. Onlardan sonra gelen salihler de hakka ittibalarından dolayı yaşadıkları dönemin en seçkin imamları olmuşlar, hatta bu anlamda en büyük cemaat olarak vasıflandırılmışlardır. Bununla ilgili olarak şöyle bir misal verebiliriz.

Bir adam Abdullah bin Mübarek'e (r.h) sordu: 'En büyük cemaat kimdir?' İbni Mübarek (r.h) şöyle cevap verdi: 'Ebu Hamza Es-Sukkeri'dir.' Sonra İshak bin Rahâvey (r.h) şöyle dedi: 'Ebu Hamza Es-Sukkeri kendi döneminde en büyük cemaat idi.'

Şunu rahatlıkla söylemek mümkündür. Her kim hakka ittiba edip hak üzere sebat ediyorsa tek başına kalsa da en büyük cemaat odur.

Bu mesele davetin henüz başlarında çok da problemli olmayabilir. Fakat davet çalışmaları artıp yaygınlaştığı halde elde edilmesi umulan ilerlemeler ve semereler hasıl olmayınca yukarıda değindiğimiz iki sınıf insan başta olmak üzere kimi insanlarda durgun suyun yosun tutması gibi içten içe bir usanç ve bezginlik emaresi ortaya çıkar.

Önemli bir teferruatı da gözden kaçırmamak gerekir. Sayının çoğalması ve çokluğun niteliği de çok mühimdir. Hedeflenen çoklukta asıl gaye nedir?

Rasûlullah'ın (sav): "Sizler bir selin sürükleyip yığdığı, hiçbir ağırlığı olmayan çöpler durumunda olacaksınız."[72] diye tasvir edip kalplerinin dünya sevgisi ve ölüm korkusundan dolayı vehene (zaafa) uğratıldığı saman balyası gibi kalabalık sayılara ulaşmak mı amaçlanmaktadır? Stadyumları ve miting meydanlarını doldurarak yekvücut bir görüntü verdikleri halde, kalpleri paramparça olan cesim kalabalıklar mı hedefleniyor?

Yoksa tek başına bir ümmet olan Tevhid imamı İbrahim (as.) gibi en güzel vasıfları kendi şahsında toplamaya gayret eden sadık, sebatkâr, azimli, kararlı, hilm ve sabır deryası izzetli bir davetçi olmak mıdır hedef? Böyle bir davetçiyi Ashab-ı Kehf'in mağarada uyuyarak geçirdikleri

---

72. *Ebu Davud, İmam Ahmed*

süre kadar yaşayıp da davet yapsa ve halâ tek başına ise dahi yine de usanmaz, yılmaz, gevşemez, tökezlemez ve ümitsizliğe kapılmaz. Zira ondan çok daha hayırlı olanlar da bu yollardan geçtiler, bu ıstırapları yaşadılar.

Burada şu hadis-i şerif hatırlanmalıdır:

"...Onları yalnız bırakanlar veya kendilerine muhalefet edenler, Allah'ın emri gelinceye kadar onlara bir zarar veremezler ve onlar insanlara karşı muzaffer olacaklardır."[73]

Nuh'un (as.) dokuz yüz elli yıllık davetinin sonunda elde ettiği semerenin ne olduğuna tekrar bakılmalıdır.

İbrahim'in (as.) hanımına: "Bugün yeryüzünde ikimizden başka Müslüman olanı bilmiyorum." sözüne dikkat edilmelidir.

Uzun yıllar boyunca emek verip yetiştirdiği bazı sahabelerinin Uhud'da, Huneyn'de ve Tebuk'te Rasûlullah'ı (sav) yalnız bırakmalarını düşünmeli, değil mi? Rasûlullah'ın vefatından sonra dine girdikleri gibi fevc fevc irtidat edenlere rağmen Ebu Bekir'in (r.a) dirayetini daima hatırlamalı değil miyiz?

Davaya sadakatleri, en çetin zorluklar karşısında hak üzere sebat ve kararlılıklarının mukabilinde yüce Allah da onların izzetini ve derecelerini arttırıp ümmete ve insanlığa önderler kıldı.

Tarih boyunca Peygamberlerin (as.) davetine ilk icabet eden kimseler daima toplumun en alt sosyal sınıflarından

---

73. *Buhari, Müslim*

insanlar olmuştur. En çok ezilen, fakir ve zayıf bırakılmış, hakları gasp edilmiş ya da köleleştirilmiş insanlardır bunlar. Bu kesim insanların Tevhid davetine ilk anda icabet etmelerinin sebeplerinden birisi, yüce Allah'ın kulu olma noktasında kendilerine engel olabilecek mal, şöhret, makam, liderlik veya aristokrat/soylu bir sınıfa mensup olmak gibi güçlü direnç unsurlarının, bariyerlerinin bulunmamasıdır. Tevhid davetine icabet etmek demek kendi dönemlerindeki mevcut tüm toplumsal değerleri, yasaları ve putları reddetmekle eş anlamlıydı. Bunları reddetmeden tevhid davetini kabul ve icabet gerçekleşmeyeceğine göre kaybedecekleri bir şeyleri olmayan fakir ve mustazaf insanların çoğunlukla ilk tabiiler olmaları da gayet tabiidir. Zira tevhid demek çok büyük bir sorumluluk yüklenmeyi gerektirir. Kulun boyun eğmesidir. Sınırlarını ve çerçevesini yüce Allah'ın belirlemiş olduğu bir hayat yaşamayı kabul etmektir. Kulun istek ve arzularını meşru bir zeminde disipline etmesini gerektirir.

Tevhid davetine icabet eden bir kul bilir ki yüce Allah'tan başka ilah yoktur ve O'ndan başkasına asla ibadet edilmez.

Artık hiç kimse hevasını ilah edinmeyecektir. Bilginler, hahamlar ve rahipler rab edinilemeyecektir. Sınırsız özgürlük ve sorumsuz eşitlik gibi soyut putlar ihdas edilemeyecektir. Sermaye, belli bir zümre arasında dönüp dolaşan bir devlete dönüşemeyecektir. Şehvet imparatorluğu kurulup onlarca, yüzlerce kadın haremlerde esaret altında tutulamayacaktır. Güçlüler, zenginler, soylular ya da insanların çoğu böyle istiyor diye hakka mugayyer hükümler yürürlüğe sokulamayacaktır.

Son olarak saydıklarımızdan hoşnut olmayan her döneminin güçlüleri, zenginleri ve soyluları bu davetin önündeki en büyük engel olmuşlardır. Çünkü bu davet onların haksız saltanatlarını yıkmayı öncelikli hedefleri arasına almıştır. Bu kesim kendileriyle davet arasında büyük ve aşılması zor duvarlar örmüştür.

Bu tür insanların dine girmesi, zihinlerinde inşa ettikleri yüksek duvarlar ve kapıldıkları konforlu hayat standartlarından vazgeçmek mecburiyetinde kalacak olmalarından ötürü daha düşük bir ihtimaldir.

Toplumsal bir statü edinmek aslında herkesin elde etmek ve ulaşmak istediği bir amaç haline gelmiştir. Bunu bizzat gerçekleştiremeyenlerden kimisi, mesela bir kız babası; kızını etkili, yetkili ya da saygın bir sosyal sınıfa mensup biriyle evlendirmeyi arzular. Yahut ticari ortaklık yoluyla böyle bir şeye yönelir. Sonuç itibariyle etkin bir çevre edinme arzusu, mal sahibi, güç ve yetki sahibi olma hırsı insanları önü alınamayacak yanlış tercihlere sürükleyebilmektedir.

Peygamberlere tabi olan mustazaflar tüm o imkansızlıklar içerisinde dahi çelikleşmiş iradeleri, azim ve kararlılıklarıyla dava yolunda bizler için sabır ve sebat numuneleri olmuşlardır.

İnsan, esasen rahat ve konfora meyyaldir, hatta düşkündür. Bu her alanda böyledir.

İslami hayat çalışmalarında mahrumiyet ve imkansızlık içerisinde yapılan çalışmaların nitelik itibariyle daha kaliteli ve sonuç olarak da çok daha verimli olduğu aşikardır.

Çünkü o sıralarda sabır, tevekkül, ihlas ve samimiyet en yüksek değerlerde mevcuttur. Böyle bir hizmetin etkisi ve neticesi ne olursa olsun yüce Allah katındaki ecrinin çok büyük olduğu ümit edilir.

Bu tür mahrumiyetlere sabredemeyen cemaat ölçeğindeki bazı kesimler önce menhecî sonra da itikadî açıdan sapkın istikametlere yönelirler.

Bunların başlarında ve önlerinde bulunan şahsiyetlere sorulduğunda küfür anayasasını tasdik ve şirk sistemine intibak etmeleri dahi -sözde- İslami endişelerle izah etmeye çalışırlar. Tağutun askerliğine sözüm ona Allah'ın (cc) dinine yardım etme imkanı elde etmek için cevaz verdiklerini iddia ederler.

Onlara göre askeriyede Müslümanlar olmalıdır. Aynı şekilde müfredatı şirk ve küfür unsurları içeren özellikle de ilk ve orta dereceli okullara Müslümanların çocukları devam etmelidir. Diyanet teşkilatı gibi Hamanî ve Belamî bir yapıda bulunulmalıdır şeklindeki vehimlerini dillendirilmek adına da binbir dereden su getirirler. Hakikat şudur ki; İslam, bu sınıf insanların hem de İslam'ı referans kılarak ileri sürdükleri çirkin iddialarından beridir.

Bu hallere düşmelerinn sebebi de yukarıda izah ettiğimiz gibi merhalelere sabredememeleridir. Bazı imkan ve fırsatlara kavuşmak adına İslam'ın esaslarından vazgeçmişlerdir. Artık bidat ve haramlar onlar için teferruat hükmündedir. Zira üzerlerine şirkin kapıları açılmıştır. Böylelikle hem dünyalarını hem de ahiretlerini harap etmişlerdir.

Halbuki bu insanların bir çoğu İslam için gece-gündüz çalışıp koşturan, yeri geldiğinde bedeller ödemekten de geri durmayan insanlardır. Bu tür camialarda artık asıl olan şudur: Her ne surette olursa olsun varlığımızı devam ettirmeli ve daha çok kalabalıklar toplamalıyız.

Bu amaca ulaşmak için de fasit teviller yaparak nasları vakıaya değil de hevalarına uydurmaktan çekinmezler. Bunları da tek ve biricik hak olarak takdim ederler.

Geçmiş kavimlerin haktan nasıl saptıklarına ilişkin Kur'an-ı Kerim'de ve Nebevî haberlerde birçok ibretlik meseller vardır. Günümüzdeki benzer örnekler müşahade edilince tarihin tekerrür ettiği hakikatiyle bir kez daha karşı karşıya kalınmaktadır.

"O, bizlere yollarımızı dosdoğru gösterdiği halde, biz ne diye Allah'a güvenmeyelim ki? **Elbette biz, bize yaptığınız eziyetlere karşı sabredeceğiz. Onun için tevekkül edenler yalnızca Allah'a tevekkül etsinler.**"[74]

Diyebiliriz ki: Davanın çilesine, sayının azlığına, yolun engellerine, dostların dökülmesine sabırla direnemeyenlerin önce menheci daha sonra da itikadi olarak sapmaya mahkumdurlar.

4. Davette öncü neslin fazileti ve emire itaatte sabır

Peygamberlerin (as.) tevhid daveti ve özellikle de Rasûlullah'ın (sav) gizli ve açık davete ilk başladığı dönemler dikkatle incelendiğinde günümüzde de halen geçerli olan bir hakikatle karşılaşılmaktadır. O da şudur: Başarıya ula-

---

74. 14/İbrahim, 12

şan bir çalışma sürecinde dönemsel/konjonktürel olarak farklı sıkıntılar yaşansa da en büyük ve en şiddetli zorluklarla davetin başlangıç evresinde karşılaşıldığı görülecektir. Daveti büyük bir çark olarak düşündüğümüzde bu çarkın dönerek sağlıklı bir şekilde işleyebilmesi, ancak onun için güç üreten diğer çarkların çok daha hızlı dönmesiyle mümkündür. Bu durumda büyük çark da dönmeye, dolayısıyla o büyük davet mekanizması çalışmaya başlayacaktır.

Azlık, zayıflık, donanım ve deneyim eksikliğinden dolayı davetin ilk merhalesinde, sonrakilere nazaran daha çetin imtihanlara müptela olunur. Koşuşturma, feragat, yorgunluk, fedakarlık ve adeta feryat halinde yapılan çalışmaların yanında ilgili ilgisiz hemen hemen her kesimden gelen eleştiri, istihza, tahkir ve tahfif gibi tepkilere de katlanmak gerekmektedir. Tabi iş ciddi bir hüviyete büründükçe bu tepkilerin dozu ve şiddeti de artar. Artık tehditler, baskılar, takipler, dinlemeler, olur olmaz yer ve zamanlarda huzuru bozmaya dönük tacizler, gözaltılar, fiziki ve psikolojik işkenceler, işbirliği ve muhbirlik teklifleri, farklı ve toz pembe vaadler, sürgünler, ambargolar, toplumsal tecrid, dışlama, yaftalayarak marjinalize etme, zindan ve öldürmek şeklinde sıralanabilecek zulüm politikaları uygulanmaya başlanır.

Tüm bu tehdit, baskı ve işkencelere göğüs gererek davetin ilk gününden itibaren fevkalade bir direnç ve azimle yola devam eden öncü kadrolar, yüce Allah'ın da (cc) yardımıyla daveti toplumsal bir gerçek haline getirip, görünür ve etkin bir merhaleye ulaşıldığında artık birçok insan için bir çekim merkezi olur.

Bu süreçten sonra davete icabet edenler bazı istisnalar hariç olmak üzere ecir ve derece itibariyle öncü-kurucu nesilden daha geride olurlar.

"...Elbette içinizden, fetihten önce harcayan ve savaşanlar, daha sonra harcayıp savaşanlara eşit değildir. Onların derecesi sonradan infak eden ve savaşanlardan daha yüksektir. Bununla beraber Allah hepsine de en güzel olanı vadetmiştir. Allah'ın yaptıklarınızdan haberi vardır."[75]

Buna göre Mekke'nin fethinden önce özellikle de Hudeybiye'den önce harcayan ve savaşanlar, fetihten/Hudeybiye'den sonra savaşan ve harcayanlardan daha faziletlidirler.

Zira kutsal çağrının açıktan yapılmaya başlandığı dönem ile Hudeybiye arasında birçok önemli olaylar yaşanmıştır. O yıllarda müşriklerin Müslümanlara yönelik baskı ve işkenceleri nedeniyle Habeşistan'a yapılan iki hicret, zulüm belgesi ve genel boykot, Hatice (r.anha) validemiz ile Rasûlullah'ın (sav) hâmisi Ebu Talib'in vefatı, Taif hadisesi, Akabe biatı, Medine'ye hicret, Mescidin inşası, büyük Bedir Gazvesi, Uhud Gazvesi ve bazı Müslüman büyüklerinin şahadetleri, Raci' ve Maune Kuyusu faciaları, Ahzab savaşı ve arada yapılan birçok seriyye ve gazvelerin İslam ümmetinin omurgasını oluşturan öncü neslin oluşumunda kuvvetli bir etkisi ve katkısının olduğu şüphesizdir.

Bu süreçte Müslüman olup, davanın yükünü sırtlayanlar ile baştaki devenin Kızıldeniz sahilinde sondakinin ise Kahire'den çıktığı ganimet kervanlarının Medine'ye yöneldiği dönemde Müslüman olanların dereceleri ayetin

---

75. 57/Hadid, 10

de delaleti ile elbette bir olmaz. Bu konuyla ilintili olan bir hadis-i şerifi zikretmekte fayda vardır.

Ebu Derda (r.a) rivayet etmiştir:

"Rasûlullah'ın yanında oturuyordum. Baktım ki Ebu Bekir elbisesinin eteklerini dizleri görünecek kadar kaldırmış olarak geldi. Rasûlullah dedi ki:

— Bu arkadaşınız biriyle çekişmiş olmalı.

Ebu Bekir selam verdi ve şöyle dedi:

— Ömer'le aramızda bir şey geçti, üzerine yürüdüm, sonra pişman oldum. Kendisinden af diledim ancak kabul etmedi. Onun için koşup sana geldim.

Bunun üzerine tam üç kere:

— Ey Ebu Bekir, Allah seni bağışlasın, dedi.

Bilahare Ömer pişman olup (özür dilemek için) Ebu Bekir'in evine geldi. Dedi ki:

— Ebu Bekir evde mi?

— Hayır, dediler.

Bunun üzerine hemen Rasûlullah'a geldi. Rasûlullah'ın yüzü öfkeden dolayı iyi görünmüyordu. Bu hal Ömer'i korkuttu, hemen diz çöküp şöyle dedi:

— Ya Rasûlullah! Ben kalbimden iki kere vuruldum...

Bunun üzerine Rasûlullah (iki kere) şöyle buyurdu:

— Allah beni size Peygamber olarak gönderdi de başlangıçta

bana 'Sen yalancısın' dediniz. Ama Ebu Bekir 'O doğru söylemiştir' dedi ve gerek canı, gerekse malı ile bana yardımcı oldu. Bu arkadaşımı rahat bırakacak mısınız?

Allah Rasûlü'nün bu sözünden sonra ona artık hiç eziyet edilmedi."[76]

Rasûlullah (sav) İslam'a ilk olarak giren ve her halükarda kendisini ve getirdiklerini tasdik eden Ebu Bekir'i Ömer (r.anhuma) gibi bir sahabeye takdim etmekte, faziletli olduğunu beyan buyurmaktadır.

Buna benzer bir başka örnek de Aişe (r.anha) validemizden nakledilen şu hadistir:

"Rasûlullah'ın hanımlarından hiçbirisini Hatice kadar kıskanmadım. Aslında onu görmüş de değilim. Ama Rasûlullah durmadan onun adını anardı. Çoğu kez koyun kestiğinde, ondan bir parça kesip ayırır ve Hatice'nin dostlarına gönderirdi. Bazen ona şöyle derdim:

— Sanki dünyada Hatice'den başka kadın yok.

O da:

— Onun gibisi var mıydı? O şöyleydi, o böyleydi. Çocuklarım ondan olmuştur, derdi."[77]

Halid bin Velid ile Abdurrahman b. Avf (r.anhuma) arasında yaşanan bir münakaşanın akabinde Rasûlullah (sav) şöyle buyurur:

"Ashabıma kötü söz söylemeyin."[78]

---

76. *Buhari*
77. *Buhari, Müslim, Tirmizi*
78. *Buhari, Müslim*

Halid bin Velid'in (r.a) Hudeybiye'den sonra Müslüman olduğu hatırlandığında Rasûlullah'ın (sav) gösterdiği bu tavır daha iyi anlaşılacaktır.

Tevhid daveti açıkça yapılmaya başlandığı ilk dönemlerde bu kutlu çağrıya icabet edenlerin gönüllerindeki yeri ve değeri her daim müstesna olmuştur. Ömer (r.a) devrinde de bu örnekleri görmek mümkündür. Fetihten sonra Müslüman olmuş Mekke eşrafı da çocuklarıyla aynı mecliste bulunmaları halinde eskiden köle oldukları halde davete ilk olarak icabet ederek Müslüman olanları diğerlerine takdim etmiş ve onları kendine yakın tutmuştur. Yukarıda zikrettiğimiz ayet-i kerimede de[79] beyan buyrulduğu üzere Allah (cc) hepsine de cenneti vadetmiştir. Bununla beraber aralarındaki derece farkı da açıklanmıştır.

Şüphesiz ki sabır yolunda davetçi veya mücahid olarak cemaat fertlerinin karşılaştıkları en çetin merhalelerden birisi de başlarındaki emire itaat hususudur. Doğrusu bu mesele birçoklarının kalplerinin dönmesine ve ayaklarının kaymasına sebep olabilmektedir.

Esasen sabır türlerinden zor gibi göründüğü halde en kolay olanı, Allah için sabretmektir. Bu tür sabırda kulu güzel bir şekilde sabra yönelten etken, yüce Allah'a duyulan muhabbetin O'na daha fazla yakınlaşma isteği ve O'nun cemalinin arzulanmasıdır. Oysa nefsinin kuvvetini, dirayetini ve liyakatini ortaya koymaya çalışan ve hakkın övgüsüne layık olmayı isteyen müminlerin bir araya gelerek cemaatleştikleri sırada bir emirin tespit ve

---

79. 57/Hadid, 10

tayini ile kendisine itaat hususları, kulun nefsi için çetin bir imtihan vesilesi olur.

Ebu Hureyre'nin (r.a) naklettiği bir hadis-i şerifte Rasûlullah (sav) şöyle buyurmuştur:

"Kim bana itaat ederse, Allah'a itaat etmiştir. Kim bana isyan ederse, Allah'a isyan etmiştir. Kim emire itaat ederse, bana itaat etmiştir. Kim emire isyan ederse, bana isyan etmiştir."[80]

İslam'ın genel ahkamına bakıldığında meselelerin muhkem kılınırken çok sağlam temeller/asıllar üzere bina edildiği müşahade edilecektir. Mümin de olsalar, beşer olmaları hasebiyle insanların, kendileri gibi et, kemik, kan ve sinirden oluşan bir başka insana itaatte zorlanacağı veyahut buna isyan edeceğini yüce Allah (cc) bileceği için İslam'daki itaat mekanizmasını zincirleme olarak önce Rasûle, sonra da El-Aziz ve El-Celil olan Zatına bağlamıştır.

"Ey iman edenler! Allah'a itaat edin, Peygambere itaat edin ve sizden olan ulu'lemr'e de itaat edin..."[81]

Buradan Allah'a (cc) itaat ayrı, Rasûlü'ne (sav) itaat de ayrı olarak zikredilmiş; Emirlerle (yöneticilere) itaat ise atıf yoluyla bildirilmiştir. Bu da Allah'a ve Rasûlü'ne itaatin bizatihi vacip olduğunu, idarecilere ise itaatin, Allah'a itaat ve Rasûlü'ne ittibaları durumunda gerçekleşebileceğini göstermektedir.

Emire itaatten başlarsak; Allah'a ve Rasûlü'ne itaat ettiği

---

80. *Buhari, Müslim*
81. *4/Nisa, 59*

müddetçe emirlere itaat vaciptir. Bunda hiçbir şüphe ve tereddüt yoktur. Emire itaat hususu ve bu konuda sabır gösterilmesi gerektiği ile ilgili muhkem naslar vardır. Yukarıdaki ayet-i kerime de bunlardan birisidir.

Ebu Hureyre'den (r.a) Rasûlullah (sav) şöyle buyurmuştur:

"Zorlukta ve kolaylıkta, kederde ve kıvançta ve başkalarının kayırıldığı durumlarda emirin sözünü dinle, itaat et."[82]

Bir başka hadiste:

"...Sırtına vurup malını alsa da emirini dinle ve ona itaat et."[83]

İbni Abbas'tan (r.a) rivayetle Rasûlullah (sav) şöyle buyurmuştur:

"Kim emirinde hoşlanmadığı bir husus görürse sabretsin. Çünkü cemaatten bir karış olsun ayrılan cahiliye ölümü üzere ölür."[84]

Cahiliye ölümü üzere bir ölüm şekli bütün Müslümanların kaçınıp korunmaya çalışacakları bir akıbettir. Böyle bir ihtimal dahi, mümin kulun tüylerinin diken diken olmasına yeter. Zira tüm müminlerin dualarının başında 'Bizleri cahiliye karanlıklarından kurtarıp İslam üzere hidayete ulaştıran Allah'a hamdolsun' duası bulunur.

Emire itaatten ayrılmak öyle bir noktaya bağlanıyor ki aklı başında hiçbir müminin meşru sınırlarda kaldığı müddetçe itaatten ayrılmayı düşünmesi dahi mümkün

---
82. *Müslim*
83. *Müslim*
84. *Buhari, Müslim*

olmamaktadır. Çünkü hayır üzere kaldığı müddetçe emire itaat, Rasûl'e itaat demektir. Rasûl'e itaat de yüce Allah'a itaat etmek demektir.

Konunun başında da belirttiğimiz gibi kulun karşılaştığı hastalık, kaza, bela, sel veya yangın gibi musibetlere karşı sabrederken, sabrettirenin yüce Allah olduğu, sabra sevkettirenin ise kulun yüce Rabbine duyduğu muhabbetten kaynaklandığını belirtmiştik. Musibetin Allah'tan (cc) geldiğine inanılıyorsa katlanılması daha kolay gelir, insanlara.

'Bunda da bir hayır vardır, Allah beterinden korusun, günahlara keffarettir' diye teselli olunur ve genellikle ciddi bir sarsıntı olmadan hayat devam eder.

İslam tarihinde birçok menfi örnekler vardır. Yöneticiler, Müslüman oldukları ve şer'i hükümlerin yürürlükte olduğu bazı dönemlerde farklı zulüm uygulamaları yapılmıştır. Duraklama ve gerileme dönemlerinde fetihlerin olmaması, doğal olarak ganimet gelirlerinin azalması ya da hiç olmaması, harcamaların artması ve malî dengenin bozulması ve diğer sebeplerle tıpkı zimmiler gibi Müslümanlardan da bir tür vergi alınmaktaydı. Oysa, mali gücü olanlar zaten farz olan zekatlarını vermeye devam ediyorlardı.

Böylesi durumlarda da emire itaatten ayrılmamak hususundaki hadis-i şerifi yukarda zikretmiştik.

Şüphesiz ki bu tür uygulamalara maruz kalmakla beraber bu icraatları tatbik eden bir emire içten bir bağlılıkla itaat etmek büyük bir sabır gerektirir.

Öyle ya, böyle bir uygulamayla karşılaşacak bir Müslüman, karşıdan karşıya geçerken yaşayabileceği bir kaza karşısında göstereceği sabr-ı cemili gösteremeyebilir. Velev ki böyle bir uygulama karşısında sabretse dahi bu sabrını sonuna dek sürdürmeye güç yetiremeyebilir. Bu da kişinin ihlası, tevekkülü ve bazı iyi özellikleriyle alakalıdır.

İşi ve sözü doğru olan müminler, emire itaat konusunda şeriatın çizdiği çerçeve ihlal edilmediği yani masiyet emredilmediği müddetçe en güzel bir şekilde sabrederler. Emirlerine dua ederler. Zira bilirler ki Allah'ın (cc) hududunu muhafaza ettikleri müddetçe bu makama itaat esastır. Allah'a masiyeti ihtiva etmediği müddetçe sözleri dinlenir. Emire saygı gösterilmeli, sözleri dinlenmeli ve itaat edilmelidir ki diğer milletlerin nazarında da heybetli olsunlar.

Hudeybiye günü Urve bin Mesud'un Rasûlullah'ın (sav) ashabını gözlemleyip Mekke müşriklerine nasıl tasvir ettiğini hatırlamakta fayda var:

"Bu ne saygı! Vallahi o bir şey emredince ashabı anında emrini yerine getirmeye koşuyor. Bir şey söylerken, huzurunda ona seslerini kısarak cevap veriyorlar. Ona saygıdan yüzüne dahi dik ve dikkatli bakamıyorlar.

Ey insanlar! Vallahi ben vaktiyle birçok kralın huzuruna elçi olarak çıktım. Kayser'in, Kisra'nın ve Necaşi'nin de huzurlarına çıktım. Fakat bunların hiçbirinin adamlarının Muhammed'in ashabının Muhammed'e saygı gösterdikleri kadar krallarına saygı gösterdiklerini görmedim."[85]

Ehli Sünnet uleması (Müslüman) emire itaat hususunu

---

85. *Buhari*

itikad kitaplarında da konu etmişlerdir. Şer'an itaatin caiz olmadığı bir masiyeti emretmediği müddetçe emire itaat edilmesi gerektiğini belirtmişlerdir. Müslümanları tek bir ümmet olarak bir arada tutacak, küfre karşı caydırıcı bir güce ulaştıracak ve şeriatın hudûdunu ikame edecek emirlik otoritesine her halükarda ihtiyaç vardır. Müslümanların başında bir emirin bulunmamasının mefsedeti, Müslüman bir emirin (velev ki yapacak olsa dahi) bazı zulüm uygulamalarından çok daha büyük olacağında şüphe yoktur.

Vail b. Hucr'den (r.a) rivayetle:

"Bir adamın Rasûlullah'a şunu sorduğunu duydum:

— Başımıza hakkımızı vermeyip, haklarını bizden isteyen emirler geçerse nasıl davranalım?

Rasûlullah:

— Onları dinleyin, itaat edin! Onların işledikleri kendi üzerlerine, sizin işledikleriniz ise sizin üzerinize bir sorumluluktur, diye buyurdu."[86]

Her halükarda Müslüman bir emirin idaresi altında bulunmak, iktidarı ellerinde bulunduran müşrik önderlerin ve şirk düzenlerinin yönetimi altında bulunmaktan elbette daha makbul ve hayırlıdır. Velev ki Müslüman olan emir zulüm ediyor olsa dahi bu böyledir. Emirin zulmetmesi her ne kadar söz konusu ediliyorsa da bu genel bir kaide değil, istisnai bir durumdur. Müslüman olan emir, sahip olduğu güç ve imkanları İslam'ın ve ümmetin müdafaası için kullanır. Her türlü sosyal, iktisadi, medeni ve huku-

---

86. *Müslim, Tirmizi*

ki problemlerin çözümünde temel referansı Kur'an ve Sünnet olur.

Osmanlı'nın son döneminde yaşayan bazı Müslümanlar büyük bir bedbahtlık yaşadılar. İstanbul'daki hilafet yönetiminin İslam'ın özünden uzaklaştığını, halkın haklarına riayet etmediği ve artık hasta olduğunu iddia edenler cumhuriyet kadrolarının işbaşına gelmesi ile dünyanın farklı yerlerine kaçmak mecburiyetinde kaldılar. Zira bazı eksiklikleri ve yanlış uygulamaları da olsa ve dünyadaki Müslümanların halifeliği makamı artık sembolik bir anlam da taşısa halifenin yaptıkları ile irtidadını açıkça ilan eden batıcı cumhuriyet rejiminin icraatları birbirinden geceyle gündüz gibi farklıdır.

5. İlim ve cihad alanlarında bir arada bulunmanın doğuracağı sıkıntılara karşı sabır

Birçok ortak yaşam alanında olduğu gibi cihad meydanlarında da bulunan Müslümanların da kendi aralarındaki münasebetleri kardeşlik ve muhabbet esasları üzere tanzim edip idame ettirmeleri, emrolunan ve beklenen bir şeydir.

İslam'ın zirvesi olan cihad ibadeti ifa edilirken bilinmelidir ki sabır ve tahammül gerektiren eza ve sorunlar da, tabiri caizse zaman zaman zirve yapabilmektedir. Bunun birçok farklı sebebi olabilir. Hakikat şudur ki cihad meydanı dahi olsa insanların bulundukları yerlerde sıkıntı ve sorunların baş göstermesi kaçınılmazdır. Bunun aksi bir durum pek mümkün değildir.

Aynı ortamın paylaşıldığı kardeşlerden sadır olabilecek yanlışlıklara ve hatalara karşı affedici olmak bazı durumlarda bunları görmezden gelmek veyahut gerektiğinde haklı olduğu halde bu hakkından feragat edebilmek dile kolay fakat ihlas ve ihsan üzere amel edilmesi nefse zor geldiği için sabredilmesi gereken işlerdendir.

İnsan fıtraten daima kendi nefsini korumaya ve haklı görmeye eğilimlidir. İnsanlarla münasebetlerde ölçü muhafaza edilmediğinde, bu anlayış birçok problemin de kaynağı olur. Bu durum kişiyi hodbinlik/egoistlik gibi marazi hallere doğru sürükleyebilir. Bunun suhuletle ve salimen atlatılabilmesi ancak mücahede ile mümkündür. Daimi ve dikkatli bir bilinç ve kesintisiz bir otokontrol mekanizmasıyla böyle marazi hallerden uzak kalınabilir. Esasen kıyas-ı nefs, yani empati yapmanın da müsbet tesiri vardır. Denilmiştir ki: 'Kıyas-ı nefs, mizan-ı adalettir.'

"Rabbinizin bağışına ve takva sahipleri için hazırlanmış olup genişliği gökler ve yer kadar olan cennete koşun! O takva sahipleri ki, bollukta da darlıkta da Allah için harcarlar; öfkelerini yutarlar ve insanları affederler. Allah da güzel davranışta bulunanları sever."[87]

Buradaki "insanları affederler" ifadesindeki af, mutlak manada anlaşılmamalıdır. Zira yüce Allah'ın hudûtları ihlal edildiğinde Rasûlullah'ın (sav) öfkeden boyun damarlarının şiştiğini haber veren hadisler vardır. Oysa kendi şahsına yönelik kaba ve kırıcı söz ve davranışlar karşısında müsamahakâr ve halim bir tavır sergilemekteydi. Aişe (r.anha) annemiz:

"Allah Rasûlü nefsi için hiç intikam almadı. Ancak Allah'ın bir hududu çiğnenirse intikam alırdı."[88]

---

87. 3/Âl-i İmran, 133-134
88. Müslim

Bugün ise, bu Peygamberî tavır tam tersi bir şekilde uygulanmaktadır. Kendi şahsına yönelik eleştiri, iğneleyici bir söz veya hakaret karşısında yıldırımlar gibi parıldayıp gök gürültüsü gibi gümbür gümbür gümbürdeyenler, mesele yüce Allah'ın hudûtları olduğunda ise 'Beladan' kaçınmanın faziletleri üzerine eğilir, yüce Allah'ın El-Kahhar ve Şedidu'l İkab olduğunu hatırlayarak hiçbir mesuliyet hissetmezler.

Kafirlerden gelen eziyetlere sabredebilen bazı Müslümanlar aynı sabır ve tahammülü Müslüman kardeşlerinden gelebilecek sıkıntılar karşısında gösterememektedirler.

Mesela, sırf Müslüman kimliği ve İslami davet hizmetlerinden dolayı kendisini zulmen esaret altında tutan küfür düzeninin hizmetlileri, memurları ve işbirlikçilerine karşı mudârâtta bulunabilen bir Müslüman, aynı güler yüzü ve iyi davranışları beraberindeki kardeşlerinden esirgeyebilmektedir. Bu tavır kişinin kalbinin selim olmadığının işaretidir.

İnsanlarla toplu olarak yaşanan ortamlarda dikkat edilmesi gereken iki husus vardır. Bunların göz ardı edilmesi halinde birlikteliklerin kardeşlik ve muhabbet üzere sağlıklı bir biçimde sürdürülebilmesi zor, hatta mümkün olmayabilir. Bunlar;

1. Fıtrattan, ayrı kültürlerin etkisinde yetişmiş olmak ve değişik sosyal çevrelerden gelmiş olmaktan kaynaklanan farklılıkların dinen bir haramlık ihtiva etmediği müddetçe hoş karşılanması gerekir. İslam, totaliter ya da demokrat bir sistem değildir ki beşeri farklılıkları cebren yahut demokratik hileler yoluyla aynılaştırma yoluna gidilsin.

Meşruiyet çerçevesinde olduğu müddetçe herkes hayatını kendi kültürü, dili, gelenek ve örfüne göre sürdürebilmelidir. Şer'i şerif'in dairesi içerisinde kaldığı müddetçe bunlar Müslümanlar için güzelliktir, zenginliktir, ziynettir. Bir arada yaşayan Müslümanların bu hususlara çok dikkat etmesi gerekir. Aksi taktirde şeytanın istismar edebileceği çok basit ve lüzumsuz ihtilaf alanları olacaktır. Bir kere o karşılıklı hürmet ve muhabbet perdesi aralanıp eşik aşıldığında artık devenin tüyü ya da pirenin ayağı diyerek ihtilaf üzere ihtilaflar üretilip yaygınlaştırılacaktır. Muhabbetin bittiği yerde zorunlu tahammül devresi başlar ki bu tür bir tahammül eşiği de düşüktür.

2. Dinen haram olan söz ve amellerin işleniyor olması ya da güzel ahlak hususunda bazı eksik ve zafiyetlerin bulunması.

Bazı insanlar vardır, evet, Müslümandır, fakat kardeşinin hukukunu çiğneyebilmekte, gıybet yapmakta, hatta yalan dahi söyleyebilmektedir. Bu tür vakıalarla karşılaşıldığında ilk anda dışlamak yahut tecrit etmek yoluna tevessül edilmemelidir.

"Müminler ancak kardeştirler. Öyleyse kardeşlerinizin arasını düzeltin..."[89]

"...Onları ıslah et, bozguncuların yoluna uyma."[90]

Islah ederken tatbik edilecek usûl kişiden kişiye değişebilmektedir. Kimi Müslüman vardır, kalbi rakik ve yaratılışı da nazenindir. Mesela, yanlış ya da haram bir şey

---

89. *49/Hucurat, 10*
90. *7/Araf, 142*

söylediğinde veya yaptığında o andaki muhatabın sözlü ya da fiili hiçbir müdahalesine gerek kalmadan sadece hoşnutsuzluğunu gösterecek bir yüz ifadesi ve sükûtu dahi o Müslüman için ömrü boyunca unutamayacağı bir ders hüviyeti kazanır.

Kimi Müslüman da tabiatı gereği, kalpte nefret duygularını harekete geçiremeyecek ölçüde bir sertlik ile ancak ıslah edilebilir. İmam İbni Teymiye'nin (r.h) bu çerçevede vermiş olduğu harika bir örneği zikretmekte fayda vardır.

Islah edici Müslüman ile ıslah edilecek olanı bir vücudun ellerine benzetir. Ellerden birindeki inatçı kirleri temizlemek için diğer el tarafından kuvvetli bir şekilde bazen acıtıcı da olsa ovması zaruridir. Bu, bir elin diğer ele hıncı ya da düşmanlığından değil bilakis onun için hayrı dilemesi ve temizlemek istemesindendir. Islah yolunda sertlikten kasıt budur.

Kimi Müslüman hakkında artık vacip olan bir nasihat her ne kadar iyi niyet ve ihlas üzere yapılırsa yapılsın bu nasihatin pek de etki etmediği görülür. Bu tür insanlara nasihat edecek kimselerin, onlar nezdinde değerli ve sevdikleri kişilerden seçilmesine dikkat edilmelidir. Bu usulün onlar üzerinde etkili olduğu görülecektir.

Kimi insanlarda genel uygulamaların aksine yüz yüze, bire bir yapılacak uyarı ve nasihatlerden hoşlanmazlar.

Oysa tek başına iken verilecek nasihat kişi için hatalarıyla yüzleşmek adına daha faydalıdır. Burada İmam Şafii'nin (r.h) divanında konuyla ilgili bir alıntı yapmak faydalı olacaktır.

'Tek başıma iken bana nasihatleri bol bol ver,

Topluluk içerisinde ise bana öğüt vermekten uzak dur;

Çünkü insanlar arasında öğüt vermek bir çeşididir azarın,

Böyle bir şeyi işitmek ise hoşuna gitmez adamın.'

Islah maksadıyla yapılan nasihatler hususunda Nebevî bir usûl de şöyleydi. Rasûlullah (sav) ashabından herhangi bir kimsede ıslah edilmesi gereken bir söz veya davranışa vakıf olduğunda, bunu aynı anda ve bizzat uyarmak suretiyle değil de mescidin minberine çıkıp hutbe îrad ettiği esnada genel ifadelerle dile getirirdi.

"...Size ne oluyor ki aranızda şöyle şöyle yapanlar var..."

Kimi Müslüman da umumî mânada yapılan nasihatlerden istifade edebilecek özellikte veya belki de kapasitede olmadığı için kendisinden sadır olacak hatalara anında müdahale edilmesini ve bizzat uyarılmayı istemekte ve beklemektedir.

Asıl maksat ıslah olduğu için takip edilecek usûllerin fıtrata, sünnete ve tecrübeler ışığında şahsi özelliklere münasip olması, verimli ve hayırlı neticelerin elde edilmesine vesile olacaktır (Biiznillah). Şüphesiz ki bu da emr-i bi'l maruf ve nehy-i ani'l münkerin fıkhındandır.

Farklı milliyetlerden, farklı coğrafyalardan ve farklı kültürlerden gelen Müslümanların bir arada bulundukları davet yahut cihad ortamında, kişi kendi kapasitesini görme imkanına kavuşur. Belki de farkında bile olmadığı potansiyeli ortaya çıkar. Mümin, müminin aynasıdır. Müminler bir arada iken aslında herkes bir anlamda ölçüsünü, ağırlığını ve hacmini de öğrenme fırsatı elde eder. Bu değerler tespit edildikten sonra davet veya cihad yolunda davaya daha etkin ve verimli katkılarda bulunmak da mümkün olacaktır.

İnsanda fıtrî olan özelliklerle beraber sonradan öğrenilmiş/edinilmiş bazı karakter özellikleri bulunur. İlkini yüce Allah (cc) Kur'an-ı Kerim'de bize bildirmiştir. Bu konuya daha önce temas etmiştik.

Kişinin yetiştiği ortam, eğitimi ve sosyal çevresi onun bazı fıtrî özelliklerinin değişmesine ya da gelişmesine neden olabilmektedir.

Mesela, sorumluluk bilincinin diri olduğu bir ailede yetişen çocuk hangi ortamda bulunursa bulunsun bu özelliği ile temayüz eder. Sabır konusunda da örnek olmaya namzettir.

Mal düşkünü kapitalist bir aile ve çevrede yetişmiş olan bir insan, ulaştığı her yerde alışkın olduğu rahat ve konforu arayacaktır. Hep menfaat odaklı düşünecektir.

Baskıcı olmayan, şer'i şerifin dairesinde rahat ve özgür bir ortamda yetişen bir kimse emsallerine göre daha büyük bir özgüvene sahip olacak, duygusallıktan çok mantıklı olmaya çalışacaktır. Bulunduğu ortamlarda problemlerin çözümüne katkıda bulunma potansiyeliyle öne çıkacaktır.

İnsanı tanımanın ilk ve en önemli kaynağı Kur'an-ı Kerim'dir. Ondan sonrası kişinin kendisini tanıma süreci başlar ki bu da bir topluluk içerisinde yaşamasıyla mümkün olur. Böylece mevcut kapasitesini görecek ve belki de geliştirebilecek ve potansiyeli de ortaya çıkacaktır. Bununla beraber kendisini Allah'a (cc) yöneltip yaklaştıracak özellikler ile fücura sevkedebilecek zaafiyetlerini de daha net bir şekilde görmesi mümkün olacaktır.

Müslümanların topluluğunda bulunup da bilerek ya da bilgisizce onları davet ve cihaddan soğutmak isteyen marazî karakterlerin sebep olacakları tahribat hakkında da uyanık olunmalıdır. Hayırlardan alıkoyucu sözlerine inandırıcılık katabilmek için kendilerince geçerli olan bazı mazeretler ileri sürerek kalbi zayıf bazı Müslümanlar üzerinde etkili olabilmeyi umarlar.

Bu kimseler: ilim, davet ve cihaddan alıkoyma maksadıyla değil de gözlemleyip şahit oldukları bazı hata ve eksikleri yapıcı bir üslup ve Rabbanî endişelerle dile getiriyor; Bununla beraber tüm sorululuklarını da ifa eden samimi Müslümanlardan iseler şüphesiz ki bu sevinilmesi gereken bir şeydir.

Hadis-i şerifte belirtildiği üzere hangi sürüye katılacağını bir türlü kestiremeyen, iki sürü arasındaki şaşkın koyun gibi olan münafık tiynetlilerin ağzında ise daima 'hata, yanlış ve eksik' sakızı çiğnenir.

Bunların eleştirileri yapıcı değil yıkıcıdır. Ayrıca ne istediklerini kendileri de tam anlamıyla bilmezler. Hayal ettikleri toplum hayal ürünü, sanal vakıayla ilgisi olmayan bir toplumdur. Beşer üstü, hiç hata işlemeyen sorunsuz bir toplum istemektedirler. En hayırlı nesillerde dahi örneği görülmemiş bu toplum modeli olmadığı için de çalışmaları eleştirir, olmamasının olmasından daha hayırlı olduğunu iddia ederler.

Oysa başta Peygamberlerin *(as.)* olmak üzere Rasûlullah'ın *(sav)* ve ashabının *(r.anhum)* hayatlarına baktığımızda yaşayışlarının da, davetlerinin de, ibadetlerinin de ve bütün beşeri münasebetlerinin de tabii mecrasında sürdüğünü görmekteyiz. Beşere has özellikleri daima baskın olmuştur.

Mesela, Yunus'un *(as.)* kavmi onun davetini inkar edince onlara kızarak aralarından ayrıldı.

Musa *(as.)* kendisinden yardım isteyen bir hemşerisine yardım etmek isterken onun hasmına vurduğu yumruk sonucu adamın ölümüne sebebiyet vermiştir.

Adem *(as.)*, yaklaşmamakla emrolunduğu yasaklanmış ağacın meyvesinden yediği için cennetten çıkarıldı.

Rasûlullah *(sav)* bir hutbesinde şöyle buyurmuştur:

"Sizden birine öfke halinde kötü bir şey söylemiş, Allah'ın rahmetinden uzak olmasını istemiş olabilirim. Ben de ancak bir insan oğluyum. Sizin öfkelendiniz gibi ben de öfkelenebilirim. Yüce Allah beni sırf alemlere rahmet olarak gönderdi. Allah'ın bana verdiği rahmet özelliğini kıyamet gününde onlar hakkında kullanacağım."[91]

Rasûlullah'ın *(sav)* hanımları birbirlerini kıskanmış ve çekişmişlerdir. Hatta Rasûlullah *(sav)* eşlerini, kendisini veya dünya metaını seçmeleri hususunda muhayyer bırakmıştır: "Eğer istiyorsanız, sizi güzel bir şekilde boşayayım." buyurmuştur.

Sahabe-i kiram *(r.anhum)* arasında birçok anlaşmazlıklar ve hatta ileriki dönemlerde savaşlar yaşanmıştır.

---

91. *Müslim*

Bazı sahabeler, Rasûlullah'ın *(sav)* hanımı, müminlerin annesi Aişe *(r.anha)* validemiz hakkında iftirada bulunma cürmünü işlemişlerdir. Bu iftirayı bütün Medine'de yaymışlardır. Bu, Medine-i Münevvere'de gerçekleşmiş bir hadisedir. İftirayı yayanlar arasında bazı gözde sahabeler de bulunmaktadır.

Kur'an-ı Kerim'de hadleri bildiren ayeti kerimelerin sebeb-i nüzûlüne bakıldığında her bir hadisenin içerisinde sahabe vardır. Zina, içki, hırsızlık, cinayet, gasp ve daha birçok suçla ilgili hükümler yaşanan hadiselerle ilgili olarak nazil olan ayetlerle sabit olmuştur.

Tüm bu hakikatleri bir yana bırakarak zihinlerde kurgulanan bir dünya inşa edip insanı tabii mecrası dışında bazı istikametlere yöneltmek kuruntudan başka bir şey değildir. Müslümanlar arasında ümitsizlik, gevşeklik veya güvensizlik gibi son derece zararlı 'virüs'leri yaymaya çalışan münafık karakterlerin varlığı, propaganda ve bu tür dedikoduları Müslümanların asli vazifelerini ifa etmekten asla geri bırakmamalıdır. Nitekim yukarıda verdiğimiz örneklerdeki onca olumsuzluklara karşın sahabe-i kiramın *(r.anhum)* ilimde, davette, ibadetlerde ve cihadda hiçbir zaman gevşeklik göstermedikleri müşahade edilmektedir.

Ashab-ı Kiram'ın *(r.anhum)* bu tavrı günümüz Müslümanları için de örnektir. Onlar kendi içlerinden çıkan bu tür insanları evvela ıslah etme yoluna gittiler. Böylesi çirkin amellerinde ısrar edenler ve İslam toplumuna zarar verme noktasına gelenleri ise Müslümanlardan uzaklaştırdılar.

İslam cemaatinin içerisinde bulunan bazı kimselerin yaptıkları hatalar diğer Müslümanların sorumlulukları-

nı yerine getirme konusunda herhangi bir isteksizliğe, ertelemeye veya davet ve cihad gibi asli vazifelerden geri durmaya sebep olmamalıdır. Böyle bir durum şer'an caiz ve meşru değildir. Esasen en büyük maslahat dini maslahatların korunmasıdır.

İlim tahsil ederken ders arkadaşının veya cihad alanındaki müfreze içerisinde huyundan, ahlakından hoşlanmadığın birilerinin olması senin o farzları terk etmen için meşru bir mazeret olamaz. Eğer böyle bir kapı açılacak olsa ümmet ilimden mahrumiyetle beraber cehalete mahkum olacak ve cihadi kuvvetlerin zayıflamasıyla da zillete ve esarete duçar olmak tehlikesiyle ciddi anlamda yüz yüze kalabilecektir.

Tüm bunlara en güzel şekilde sabrederek ıslah mekanizmasını en etkin bir biçimde aktifleştirmek mecburiyeti hasıl olmaktadır. Yapılan kötülüğe karşı sabretmek övgüye değer bir tavır ise Müslüman kardeşinden sadır olacak bir hata ve kusuru affederek iyilikle savmak daha büyük bir mertebedir. Bu faziletli davranış Adn cennetlerini hak eden Müslümanların özelliklerindendir.

"Yine onlar, Rablerinin rızasını isteyerek sabreden, namazı dosdoğru kılan, kendilerine verdiğimiz rızıklardan gizli ve açık olarak (Allah yolunda) harcayan ve kötülüğü iyilikle savan kimselerdir. İşte dünya yurdunun güzel sonu sadece onlara mahsustur."[92]

"Sen, kötülüğü en güzel bir tutumla sav..."[93]

---

92. *13/Ra'd, 22*
93. *23/Müminun, 96*

Kötülüğün iyilikle giderilmesinin neticesi kalplerin yumuşaması, hataların anlaşılması, zararların giderilmesi ve muhabbet ve dostluk kapılarının açılması olacaktır.

Kötülüğü iyilikle savma kalenderliğini gösterebilmek Allah'ın izniyle her halükarda hayırlı ve güzel sonuçlar verecektir. Bu usûl ıslah çalışmalarında müspet ve verimli neticeler elde etmenin garanti olduğu Rabbanî bir metoddur.

Bir damla sudan yaratmış olduğu insanın hasım kesilip O'na şirk koşmasına rağmen El-Aziz ve El-Celil olan Allah (cc) belirli bir güne kadar bu kimseyi ve tabii onun gibi milyonlarca insanı en güzel bir şekilde rızıklandırmaktadır. Kendilerini, saymaya kalksalar dahi sayamayacakları çoklukta nimetlerle nimetlendirmekte ve bununla beraber ebedi esenlik yurdu cennete ulaşmalarının yolunu da göstermektedir.

Bu metodun tatbiki hakikaten kuvvetli bir irade ve sabır gerektirir. Bunun elde edilebilmesi için mücahede şarttır. Onun için şöyle denilmiştir: 'İyiliğe karşı iyilik her kişinin, kötülüğe karşı iyilik ise er kişinin kârıdır.'

Bu mertebeye ulaşmak sabırdan daha üstündür. Yüce Allah'tan (cc) muvaffakiyetler dileriz.

Güvenilir Olmak

Müslümanın Güvenilir Olması ve Emanetin Ehil Olana Verilmesi

Dünya varoldukça değişmeyecek bir hakikat şudur: Talebe, davetçi, muallim yahut mücahid; konumu ve sıfatı her ne olursa olsun bütün Müslümanların güvenilir olması, İslami kimliğin bir gereğidir.

Rasûlullah (sav), Müslümanın özelliklerini açıkladığı ve Ebu Hureyre'nin (r.a) naklettiği bir hadis-i şeriflerinde şöyle buyurmuştur:

"Müslüman, diğer Müslümanların elinden ve dilinden selâmette olduğu kişidir. Mümin de kanları ve malları konusunda diğer insanları güvende kılan kişidir."[1]

Müslümanın güvenilir olmasının ölçüsü ve örneği nedir?

---

1. *Tirmizi, Nesai*

Faziletinden dolayı Haceru'l Esved'i yerine yerleştirmek için neredeyse savaşın eşiğine gelmiş olan Kureyşlilerin kendisini gördüklerinde, onu hakem tayin edecek kadar güvendikleri Rasûlullah (sav) gibi, bir Müslüman da içinde bulunduğu topluma güven vermelidir. Güvenilir olmak hususunda toplumun niteliği, yaşanılan mekan veya dönem mutlak belirleyici olmamalıdır. Zira güvenirlik meselesi Müslümanın her hâlükârda olması gereken ayırıcı bir özelliğidir.

İnsanların en güvenilir ve vefalısı olan Efendimiz (sav):

" 'Sizin en hayırlı ve en şerli olanınızı bildireyim mi?' diye ashabın dikkatlerini celbeden sualden sonra şöyle buyurur: 'En hayırlınız o kimsedir ki (kendisinden) hayır umulandır. En şerliniz de şerrinden korkulandır.' "[2]

El-Aziz ve El-Celil olan Rabbimiz Kur'an-ı Kerim'de müminlerin vasıflarını beyan ederken şöyle buyurur:

"Yine onlar (o müminler) ki, emanetlerine ve ahidlerine riayet ederler."[3]

"Gerçekten müminler kurtuluşa ermiştir."[4]

Evet! Bu özellik, beraberinde büyük bir müjdeyi de ihtiva etmektedir: 'Kurtuluşa eren müminler!'

Kurtuluşa eren müminlerin bir vasfı da emanetlerine ve ahidlerine riayet eden güvenilir mümin olmalarıdır.

---

2. *Tirmizi*
3. *23/Mü'minun, 8*
4. *23/Mü'minun, 1*

Güvenilirlik ise üç şekilde olur:

1. İnsanlar, Müslümanın elinden emindir. Haksız yere ve haddi aşarak hiç kimsenin canına ve malına taarruz etmez. Üstlendiği bir işi en güzel şekilde yapar ve neticelendirir. İnsanlar arasında hiçbir fitnenin başlatıcısı, tetikleyicisi, yaygınlaştırıcısı ve istismarcısı olmaz. Allah'ın rızası ve hoşnutluğunu gözeterek münkeratı elleriyle düzeltmeye çalışır. Allah *(cc)* yolunda bilfiil cihad ederek fitnenin, küfür, şirk ve tuğyanın ortadan kaldırılması için mücadele eder.

2. İnsanlar, Müslüman'ın dilinden emindir. Müslüman yalan konuşmaz. Başkalarının dedikodusunu yaparak nefsine zulmetmez. (Mubah olan gıybet dışında) Gıybet ve fitne kıvılcımlarının marazî kalplere sıçramasına neden olmaz ve amellerini de heba etmez. Kendilerinin hazır olmadığı topluluklarda hak etmediği halde hakkında kötü sözler konuşulan Müslüman kardeşinin şerefini ve hukukunu müdafaa eder. Kendisinin hoşlanmayacağı sözleri başkalarına söylemez. Şer'an sabit olan neseplere dil uzatmaz. Verdiği sözden ve yaptığı sözleşmeden dönmez. Bir iyilik yaptığında bunu asla başa kakmaz. Bilakis böyle bir iyilik yapma imkan ve kudretini bahşettiği için El-Vehhab olan Allah'a hamd eder. Kasten yalan yere yemin etmez ve ağır bir haram olan yalancı şahitlikte bulunmaz.

3. İnsanlar, Müslümanların iyi niyetinden emindir. Müslüman, İslam'a düşmanlıkları aşikar olan kafir ve müşrikler haricindeki insanlarla beşeri münasebetlerde su-i zan esası üzere hareket etmez. Müslümanın kardeşi hakkında su-i zanda bulunmaması ise çok daha öncelik-

lidir. Çünkü zan, Müslümanları yalanla itham etmektir. Bunun yeri de kalptir.

Müslümanları değerlendirmede, aksi sabit olmadıkça esas olan adalettir. Şer'i hükümlerde her türlü hukuki münasebetler zanna değil, kesin delile dayanır. Kişi bu ölçüyü korumadığında Müslüman kardeşinin hukukunu gıyabında ihlal eder. Bu da Müslümanın kardeşine olan itimadını sarsacak işlerdendir.

Emanetleri Korumanın Önemi

Emanetin geniş bir manası olmakla beraber burada üzerinde duracağımız husus, daha ziyade güvenilir olmak ve kendi görüşüne göre önemli ya da önemsiz ayrımı yapmadan Müslümanlarla ilgili bilgileri ne şekilde olursa olsun başkalarına ifşa etmemek çerçevesinde olacaktır. Yani sırların, ferdi ya da teşkilatı ilgilendiren bilgileri/ emanetler hususunda güvenilir olmak. Bu konumda asrı saadette yaşanan bir örneği inceleyelim.

Medine'de bir Yahudi kabilesi olan Kurayzaoğulları Hendek (Ahzab) savaşında her zaman âdetleri olduğu üzere Peygamber (sav) ile daha önce yaptıkları anlaşmayı bozarak müttefik müşrik ordularına yardım ettiler. Müşrik Arap orduları çekilip gittikten sonra Rasûlullah (sav) onların kalelerini kuşattı. İhanetlerinden sonra yaptıkları barış isteklerini de reddetti. Yalnız Müslümanlar arasından seçecekleri bir hakemin vereceği hükme razı olacağını bildirdi. Yahudiler de daha önce müttefik oldukları Evslilerin lideri Sa'd bin Muaz'ı (r.a) hakem olarak seçtiler. Sonra Sa'd'ın vereceği hüküm hakkında bir fikir edinmek üzere Ebu Lubabe bin Abdülmunzir (r.a) ile konuşmak istediler. Ebu Lubabe gitti. Sa'd'ın hükmünün ne olacağını sordular.

O da Yahudilerin boyunlarının vurulacağını işaret etti.

Ebu Lubabe'nin (r.a) bu davranışından sonra şu ayet-i kerime nazil oldu:

"Ey iman edenler! Allah'a ve Peygambere hainlik etmeyin; (sonra) bile bile kendi emanetlerinize ihanet etmiş olursunuz."[5]

Vahyin nüzulüne bizzat şahitlik eden sahabe bu hitaba muhatap olmanın sarsıcı şiddetini iliklerine kadar hissetti. Allah'a ve Rasûlü'ne ihanet etmekten sakındıran böyle bir hitaptan sonra Ebu Lubabe, kendisini mescidin direğine bağlayıp, ölünceye ya da Allah (cc) tarafından affedilinceye kadar yiyip içmeyeceğine dair yemin etti.

Bu mühim kıssa, her devirdeki Müslümana Sahabe-i Kiram'ın güvenilirlik duygusu ve emanetlere riayetteki hassasiyetinin nasıl yüksek düzeyde olduğunu göstermesi açısından çok çarpıcı ve öğreticidir.

Bu meseleyi önemsemeyen ve umursamayan birisi olsa, bir işaretle dahi olsa yaptığı bu ifşâattan dolayı hiçbir rahatsızlık duymaz ve hiçbir şey olmamış gibi hayatına devam ederdi. 'Adamlar birkaç saat içinde ölecekler. Bir işaret yaptım diye kıyamet mi koptu? Hem zaten kaçabilecekleri bir yer de yok' gibi mazeretlere de sığınabilirdi.

Ebu Lubabe (r.a) böyle basit mazeretleri ileri sürerek nefsini temize çıkarmaya tevessül etmedi. Yaptığı hatanın ne denli ciddi neticeler doğurabileceğini idrak etmişti ve bundan dolayı kendisini cezalandırmak için mescidin direğine bağlamıştı. Böylece Müslümanın güvenilir olmasının ve

---

5. 8/Enfal, 27

emaneti koruma hususundaki hassasiyetin önemini kalıcı bir şekilde tüm Müslümanlara göstermiş oldu.

Urve bin Zubeyr anlatıyor:

"Rasûlullah Kabe'nin Hicr'inde (Hatim olarak da adlandırılan yarım daire şeklindeki kısmında) namaz kılarken Ukbe bin Ebi Mu'ayt geldi. Elbisesini boynuna doladı. Boynunu şiddetli bir şekilde sıktı. Derken Ebu Bekir gelip omuzundan tutarak Rasûlullah'ın yanından uzaklaştırdı ve şöyle söyledi: 'Bir adam 'Rabbim Allah'tır' dediğinden dolayı, onu öldürüyor musunuz?' "[6]

Ebu Bekir (r.a), katresi bir çok Müslümana yetecek olan o sadakatiyle kendisini Rasûlullah'a (sav) siper etmenin bedelini orada bulunan müşrikler tarafından bayılıncaya kadar darp edilmekle ödedi. Baygın halde evine götürüldü. Ayılır ayılmaz 'Ah kemiklerim!' diye inlemedi.

"— Rasûlullah nasıl, diye sordu.

Annesi ona:

— Sen kendi haline bak, ne yapacaksın Muhammed'i, dedi.

O ise:

— Hayır, vallahi onun durumundan haber almadan olmaz, diyerek annesini Ümmü Cemile'nin yanına, Rasûlullah'tan haber almak için gönderdi. Ebu Bekir'in annesi Ümmu'l Hayr Selma binti Sahr hemen Ümmü Cemile'nin yanına gelip oğlunun durumunu anlatarak Rasûlullah'ın akıbetini sordu. Ümmü Cemile ise hem Rasûlullah'ı hem de Ebu Bekir'i tanımamazlıktan gelerek:

— Muhammed'i de Ebu Bekir'i de tanımam. Fakat eğer ister-

---
6. Buhari

sen seninle beraber gelir, oğlunu tanıyıp tanımadığımdan emin olurum, diye çok akıllıca bir teklifte bulundu.

Birlikte Ebu Bekir'in evine gittiler. Ebu Bekir, Ümmü Cemile'yi görür görmez hemen Rasûlullah'ı sordu. Ümmü Cemile ise annesini işaret ederek Rasûlullah'tan söz etmekten çekindi. Ebu Bekir:

— Korkma, annemden bir zarar gelmez, dedikten sonra Ümmü Cemile Rasûlullah'ın sağlık durumundan haber verdi.

— Endişe etmene gerek yok. Rasûlullah iyidir, dedi.

Sonuçta Ebu Bekir:

— Ben Rasûlullah'ı görmeden rahat edemem, diyerek Ümmü Cemile'yle beraber Rasûlullah'ın yanına gitti."[7]

Müslüman bir kadının emaneti koruma (sır saklama) ve güvenilir olma konusunda ümmetin erkekleri için dahi ders niteliğindeki bu hassasiyetine ve sağlam duruşuna bugün de çok ihtiyaç vardır.

Ebu Zer'i (r.a) Rasûlullah'a (sav) götürürken en iyimser ihtimalle henüz onlu yaşlarda olan Ali'nin (r.a) gösterdiği yüksek hassasiyet, emniyet ve güvenilir olmak konusunda ashabın seçkin özelliklerini gözler önüne serer. Henüz küçük yaşlarda bir çocuk olan Ali (r.a), Ebu Zer'i bir kaç gecedir kaldığı Kabe'den Rasûlullah'ın (sav) yanına götürürken Ebu Zer'e şöyle der:

"Eğer yolda hakkında endişeleneceğim bir durum görürsem,

---

7. *Müslim*

su döküyormuş gibi yaparım; geçip gittiğimde ise beni takip edersin, nihayet gittiğim eve girersin."[8]

Bir Müslümanın, emiri nezdinde güvenilir olmasının ve emaneti korumadaki azami duyarlılığının bir başka çarpıcı örneği de Abdullah bin Cahş El-Esedi ve komutanı olarak atandığı müfrezedeki diğer sahabelerdir.

Rasûlullah (sav), kâtibi Ubey bin Ka'b El-Ensari'ye yazdırdığı mektubu Abdullah'a vererek şöyle buyurur:

"Seni bu birliğe emir olarak atadım. Bu mektubu alıp, onlarla beraber Mekke yoluna çık. İki gece yol aldıktan sonra mektubu aç ve içindeki talimatları uygula!"[9]

Bu olay sahabenin ne denli güvenilir ve itaatkâr olduklarını göstermesi açısından örnek bir tablodur.

'Şuracıkta açıversem ne olacak ki? Mektup zaten bana yazılmış...' demiyor, Abdullah bin Cahş (r.a). Tam iki gece yol alarak İbni Dumeyre kuyusu denilen mıntıkaya vardıktan sonra mektubu açıp okuyor.

Rasûlullah'ın (sav) ashabını seçkin ve saygıdeğer kılan üstün ahlakından derslerle dolu bu hadisedeki adanmışlık, güvenilirlik, sır saklama, itaat, gizlilik ve emaneti korumada ortaya konan tavra, günümüz Müslümanlarının da çok ihtiyacı olduğu kuşkusuzdur.

Rasûlullah (sav), bir savaşa niyet ettiği zaman kapalı ifadeler kullanarak ilk anda asıl hedefini belli etmezdi. Fakat Tebuk gazvesinde öyle yapmadı. Rasûlullah (sav) sıcak bir

---

8. *Buhari, Müslim, özetle.*
9. *İbni Hişam*

mevsimde, uzak bir yerde, kalabalık bir orduyla karşılaşmak için savaşa çıkacaktı.

Bu durumu Müslümanlara açıkladı ve tam manasıyla savaş için hazırlanmalarını emretti. Bu gazve zor şartlarda yapılması nedeniyle 'Usra/Zorluk Gazvesi' olarak da anılır.

Bu istisnai durum dışında Rasûlullah (sav) genel olarak gizlilik prensibini en üst düzeyde uygulamıştır. Bu da Rasûlullah'ın (sav), o seçkin ashabı nezdinde de ne kadar emin ve güvenilir olduğunun işaretidir. İslam Ordusu, Peygamber komutanlarının hikmetli tutumu, doğru görüşü ile sevk ve idaredeki yetkinliğine tüm kalbiyle yakinen inanmaktadır.

Rasûlullah (sav) şöyle buyurmuştur:

"İnsanın (dini ve dünyası bakımından) kendisini ilgilendirmeyen şeyleri terk etmesi onun Müslümanlığının güzelliklerindendir."[10]

Müslüman, bulunduğu görevi ve konumu gereği yahut içinde bulunduğu camiaya yakın olmaktan ötürü vâkıf olduğu sır niteliğindeki bilgi ve görgüsünü ilgisiz ve yetkisiz kimselerle asla paylaşmamalıdır. Bilinmelidir ki Müslümanların bulunduğu bazı ortamlarda uhdelerinde emanet olarak bulunan bilgi, görgü ve duyumlarını, cihad bölgelerindeki hatıralarını paylaşan insanlar kapalı bir mekânda biraz yüksekçe bir yerde oturarak hikayeler anlatan meddahlar gibidir. Ve o emanetlere ihanet etmektedirler. Şüphesiz ki bu durum kendileri açısından olmasa da hasbelkader temas ve iletişimde bulundukları

---

10. *Tirmizi, İmam Ahmed, İbni Mace*

mücahidler, yolcular ve ensar için potansiyel bir tehlike arz etmektedir.

'Şunu anlatmanın ne zararı olabilir ki?' diye kendince çok basit ve önemsiz bazı meseleler, küfür güçlerinin istihbarat, analiz ve değerlendirme departmanlarında ısrarla tamamlanması beklenen bütünün kritik bir parçası olabilir. Bu türden kişisel zafiyetler cihad bölgelerindeki mücahidlerin üzerine çevrilecek güdümlü füzelerin, ateşleme emrindeki koordinatların tamamlayıcı bir cüzü olarak değerlendirilmesi ihtimali dahi, Müslümanların böyle malayâni şeylerden uzak kalmalarını zorunlu kılar. Unutulmamalıdır ki her temas iz bırakır. Her söz de mecrasını bulur.

O halde Müslüman, cihada teşvik eden, mücahidlere dua ve yardım için çaba gösteren olmakla beraber mücahidler için gizlilik arz eden bilgileri paylaşmaktan şiddetle kaçınmalıdır. Müslümanlara düşmanlık eden kafirlerin hayati öneme sahip birçok bilgiyi çok konuşan geveze hainler vasıtasıyla elde ettiği unutulmamalıdır.

Milyon dolarlar harcanarak yapılan istihbari çalışmalar netice vermezken geveze hainlerin geyik muhabbetleri kafirlerin yüzünü güldürmekte, tamamlanmayı bekleyen analizleri tamamlamaktadır. Dininde hassas Müslümanların kardeşlerine dair her bilginin emanet olduğunu bilmesi ve emanete hiyanetin münafıkların özelliği olduğu hassasiyetiyle hareket etmesi gerekir.

Diğer bir husus da emanetin ehline verilmesidir. Yani Müslümanların işlerini görecek ve onları temsil edecek yöneticilerin yetkin kimseler olması gerekmektedir.

"Allah size, mutlaka emanetleri ehil olanlara vermenizi ve

insanlar arasında hükmettiğiniz zaman adaletle hükmetmenizi emreder."[11]

Ayetin emanet ve adalete riayeti emri, ebedi ve genel bir düsturdur. Kişinin, üzerinde eda etmesi gereken her vazife ve mesuliyet, emanetin kapsamına girer. Sonradan alınmak üzere korunması için kendisine bırakılan herhangi bir şey, sır olarak verilen bir söz, ümmetin işlerini yürütebilecek liyakatte olan önder şahsiyetlere yetki ve görev verilmesi vb. hususlar da bu çerçevede değerlendirilir. Zayıf senetle rivayet edilen bir hadiste "Emanet her şeydir." buyrulur.

---

011. *4/Nisa, 58*

İslam Adına Sorumluluk Almak 'Emanettir'

Emanetin zikredildiği yerde iki kavram belirir... Eda ve hıyanet. İslam için, Müslümanların maslahatı adına sorumluluk almak Allah'ın (cc) lütfudur... İnsanın kendini ilgilendirmeyen işlerle uğraşması, hayra muvaffak olamaması Allah'ın (cc) ondan yüz çevirdiğinin alameti olduğu gibi; İslam'a hizmetle şereflendirmesi, bu aziz dava adına sorumluluk yüklemesi ise Allah'ın kulu için hayır dilediğini gösterir. Rahman olan Allah, kulu için hayır diledi mi, ona hayrın yollarını kolaylaştırır. İslami çalışmalarda yer almak, hizmette bulunmak bu babtandır.

Ancak her nimette olduğu gibi, sorumluluk ve hizmet nimetinde de bazı kayıtlar vardır. Kişi Allah'ın (cc) lütfettiği bu nimeti, Allah'ın (cc) dilediği gibi yaşar ve şükrünü sözlü-fiili eda ederse muvaffak kılındığı nimet, hayırla neticelenir. Bu, insanın elinde olan bir şeydir.

Allah Rasûlü (sav) sahabesine dünyanın zararlarını ve dünyalık hususunda onlar adına korktuğunu anlatıyordu.

Bir adam şöyle sordu:

" 'Hayır şerle beraber gelir mi?', Allah Rasûlü cevaben: 'Hayır, ancak hayırla gelir. Dünya malı tatlı ve yeşildir. Baharın bitirdiği her ot yiyip şişeni ya öldürür ya da perişan eder. Usulünce yiyen müstesna... Bu mal tatlıdır, kim onu hakkıyla alır ve yerli yerinde kullanırsa ne güzel yardımcıdır. Kim de hakkıyla elde etmezse yiyip de doymayan gibidir.' "[12]

Allah Rasûlü'nün (sav) anlatmak istediği şudur:

Allah (cc) malı, bahar mevsiminde çıkan otlar misali nimet olarak vermiştir. Hayvanlardan ara vermeden yiyen ya şişip patlar veya helak olmaya yakın bir hale gelir. Otları usulünce yiyen, acele etmeyen, yediğini vücuttan atıp yenisine yönelen ise bahar boyunca ziyafetini sürdürür. Birine ziyafet sofrası olan bahar mevsimi, bir diğerine azap olur. Oysa yedikleri şeyler aynıdır. Bu örnekten dünya malına geçer. Allah (cc) dünya malını insanlara nimet olarak yaratmıştır. Bu yönüyle hayırdır onlar için. Kimi insan onu usulünce elde eder ve Rabbi'nin razı olduğu şekilde kullanır. O mal ona yardımcı olur. Dünya hayatını kolaylaştırdığı gibi ahiret hayatını da kolaylaştırır. Onu haksız yolla elde eden ve Rabbi'nin razı olmadığı yerde harcayan ise yiyip de doymayan, şişerek patlayan hayvan gibidir.

Vermek istediğimiz sonuç da budur. Allah (cc) El-Muhsin'dir, kullarına nimetlerle ihsan etmeyi sever. Sürekli O'na yönelip, O'na kulluk edeceklere kapılar açar. Çünkü El-Fettah'tır... Kul haketmese de karşılıksız lütfundan ve rahmet hazinelerinden bahşeder; çünkü El-Vahhab'tır.

---

12. *Muttefekun Aleyh, Ebu Said El-Hudri.*

İslam davasına hizmet fırsatı da bu nimetlerdendir. Kim onu hakkıyla alır ve Rabbi'ni razı etmek için kullanırsa, onun için dünya ve ahiret hayatını güzelleştiren bir nimet ve yardımcı olur. Kim de bu nimetle şereflendikten sonra hakkını vermezse, bu nimetle dünya ve ahiretini heder eden bir müflis olur. Allah'a (cc) sığınırız.

İslam davası adına sorumluluk almak aynı zaman da emanet almaktır.

Bu nimetin ahiret nimetine dönüşmesi için; emanetin hakkı verilmeli, hainlerden olmaktan şiddetle sakınılmalıdır. Zira ismi dahi selim kalpleri nefret ettirip kaçırmaya yeter. Hıyanet...

Ebu Zer (r.a) anlatıyor:

" 'Bana görev vermez misin ey Allah Rasûlü?' dedim, elleriyle omuzuma vurdu ve şöyle dedi: 'Ey Ebu Zer; sen zayıfsın, istediğin şey emanettir. Kıyamet gününde ise pişmanlık ve rezalettir. Onu hakkıyla alan ve sorumluluğunu hakkıyla ifa edenler müstesna.' "[13]

Bu nimetle şereflenmiş Müslümanların dikkatlice düşünmeleri gerekir. Ebu Zer (r.a) kimdir? Sahabenin en takvalılarından ve Allah yolunda bedellerin en çetinini ödemiş yiğitlerden bir yiğit... O, Allah Rasûlü'nden görev talep ediyor, Allah Rasûlü (sav) İslam adına alınan her sorumluluğun emanet olduğunu söyleyerek, Ebu Zer'in bunun hakkını vermeyeceğinden korktuğu için onu (r.a) men ediyor... Bu, ismine 'emanet' lafzı laf olsun diye ıtlak edilen görevlerden değildir. Öyle bir emanettir ki; kıyamet

---

13. *Müslim*

günü pişmanlığa ve insanın küçük düşüp, rezil olmasına neden olur.

Sorumluluklar derken kastımızı yineliyoruz; küçük-büyük, kadın-erkek, yaşlı veya genç... Bir insandan veya cemaat lideri olup birçok insanın ilmî, siyasî, ahlakî veya sosyal gelişiminden sorumlu olan, Allah'ın (cc) dini uğruna taşın altına elini sokan herkestir. İslam davasına hizmetle şereflenmiş bu kardeşlerimizi, muhasebeye davet ediyoruz. Bize tevdî edilen emanete vefa ve eda ehlinden miyiz, hıyanet ve nankörlük ehlinden mi? Konunun hassasiyetinin ne kadar farkındayız? Kendimize ve kardeşlerimize bu noktayı sıkça hatırlatıyor muyuz? Şeytan bizleri hıyanet ehli yapıp, bu nimeti helak vesilesi kılmak için elinden geleni yapıyorken, bizler kendimizi sakındırıyor muyuz?

Yukarıda verdiğimiz örneği tekrar ederek konunun Allah ve Rasûlü yanındaki önemini yeniden ifade edelim:

Beni Kurayza Yahudileri Allah Rasûlü'ne (sav) hıyanet etmiş, ahitlerini bozmuşlardı. Onlar Allah Rasûlü (sav) adına Sa'd bin Muaz'ın (r.a) hükmüne razı oldular. Sa'd (r.a) erkeklerin katline, kadın ve çocukların esir edilmesine hükmetmişti. Bu hükmü duyanlardan biri de Ebu Lubabe bin Abdulmunzir (r.a) idi. Yahudiler ona yönelmiş, kadınlar ağlamaya başlamıştı. Bu durumdan etkilenen Ebu Lubabe eliyle boğazını göstermiş ve kesileceklerini işaret etmişti. Gerisini Ebu Lubabe'den dinleyelim:

"Vallahi ayaklarım yerinden oynamadan Allah'a ve Rasûlü'ne hıyanet ettiğimi anladım."

Ve kendini mescitte bulunan direklerden birine bağlamıştı.

"Allah yaptığımdan dolayı tevbemi kabul etmedikçe bu mekandan ayrılmam. Allah'a söz veriyorum ki bir daha Ben-i Kurayza'nın yaşadığı yere adım atmam ve kimse beni Allah ve Rasûlü'ne hainlik ettiğim o topraklarda göremez."

Bu olay üzerine şu ayetler inmişti:

"Ey iman edenler, Allah'a ve Rasûlü'ne hainlik etmeyin, bile bile emanetlere de hainlik etmeyin."[14]

Evet, Ebu Lubabe (r.a) bir mecliste bulunup hükme şahitlik ediyor. Ve bunu sadece el işaretiyle gösterip ifşa ediyor. Yaptığı şey çok kısa bir süre sonra hayata geçecek. Yani ilelebet gizli kalması gereken bir sırrı açığa çıkarmıyor. O işaret etse de, etmese de, hüküm Yahudiler üzerinde uygulanacak. Vahiy bu noktada öyle bir işlemiş ki kalbine, adımını atmadan hainlik ettiğine kanaat getiriyor... Mazeret, yalan, ama, lakin yok. Hemen Rabbi'ne yöneliyor. Ve tüm insanların göreceği şekilde bağlıyor kendini. Semadan tevbesinin kabulü inmeden mekanı terk etmiyor. Öyle bir tevbe ki; hıyaneti işlediği topraklara bir daha basmamaya yemin ediyor. İşte İslam davasında emanet kavramı böyle ele alınmalıdır. Sahabenin bu hassasiyeti, Allah ve Rasûlü'nün bu konudaki hassasiyetinden kaynaklanıyor.

Kalbi ölmüş veya nifakla mühürlenmiş kişi dışında kimse bu lakaba razı olmaz nefsi için. **Allah'a, Rasûlü'ne, davaya ihanet...**

Ebu Lubabe'nin (r.a) bu hassasiyeti sıdkın; emanetlere ihanet ise nifağın alametidir.

---

14. *8/Enfal, 27; Bkz. Taberi Tefsiri, İbni Kesir Tefsiri, Siyret İbni Hişam.*

"Münafığın alameti üçtür. Konuştuğunda yalan söyler, sözünde durmaz, emanete hainlik yapar."[15]

"Dört şey vardır ki, kimde bulunursa o saf münafıktır. Kimde o dört hasletten biri bulunursa onu bırakıncaya dek, onda münafıklıktan bir haslet vardır. Emanete hıyanet eder. Konuştuğunda yalan söyler. Söz verdiğinde bozar. Düşmanlıkta haddi aşar."[16]

Müminlerin emanetler hususundaki hassasiyetleri Allah'a (cc) ve ahiret gününe olan imanlarındandır. El-Mümin ve Es-Selam olan Rabbleri, bu iki sıfatına aykırı olsa da hainliği cezasız bırakmayacaktır. O kullarını en sevdiği hasletler olduğu için, mümin ve Müslüman diye isimlendirmiştir. O'nu (cc) en iyi anlayan ve anlatan Rasûlü (sav) bu iki kelimeyi:

"Müslüman, elinden ve dilinden selamette olunandır."[17]

"Mümin, insanların mallarında ve canlarında kendinden emin olduklarıdır."[18] şeklinde tefsir etmiştir.

Münafıklar bu manalardan yoksun oldukları için haindirler. Onların kalplerinde Allah'a (cc) ve O'nun yanında olanlara dair bir rağbet yoktur. Hesap şuurundan mahrumdurlar. İslam davası için tehlikeli olmaları hatta 'asıl düşman' diye isimlendirilmeleri bundandır. Nerede ve nasıl hainlik yapacakları belli değildir.

"Asıl düşman onlardır. Sakın onlardan..."[19]

---

15. *Buhari, Müslim; Ebu Hureyre.*
16. *Buhari, Müslim; Abdullah bin Amr.*
17. *Buhari, Müslim*
18. *İbni Hibban*
19. *63/Münafikun, 4*

Allah (cc) insanlara yüklediği kulluk sorumluluğunu 'emanet' diye isimlendirmiştir.

"Gerçek şu ki, Biz emanetleri göklere, yere ve dağlara sunduk da onlar bunu yüklenmekten kaçındılar ve ondan korkuya kapıldılar; onu insan yüklendi. Çünkü o, çok zalim, çok cahildir."[20]

Allah Rasûlü (sav) kulların kalbine indirilene emanet demiştir. Huzeyfe (r.a):

"Muhakkak emanet ilk olarak insanların kalplerinin membaına indirildi. Sonra Kur'an ve sünneti öğrendiler. Sonra kişi uyur ve emanet kabzedilir (kalbinden alınır). Öyle olur ki insanlar alışveriş yapar, nerdeyse bir kişi dahi emanetin hakkını vermez ve denir ki: 'Falanca kabilede 'emin' bir insan vardır.' Bir insana ne akıllı, güçlü, zarif denir de, onun kalbinde hardal tanesi kadar iman yoktur."[21]

Hayrın başlangıcı emanet; şerrin ve fesadın başlangıcı 'emanetin' insanlardan alınmasıdır. Öyle bir hal alır ki emin olan insanlar isimleriyle bilinir olur. Kulluk ve teklifin dahi 'emanet' olarak isimlendirilmesi bizleri muhasebeye sevk etmelidir. Özelde İslam davasında üstlendiğimiz sorumluluklar, genel olarak da hayatımızda bize 'emanet' olarak verilenler üzerinde düşünmeliyiz. Bizler bu emanetlerin neresindeyiz? Hayatımızda 'emanet' olan herşey beraberinde bize üçüncüsü olmayan iki sıfattan birini getirir: Hain ve Emin. Allah, Rasûlü ve müminlerin omuzlarımızdaki emanetinde hangi durumundayız?

Bu konuda düşünmek için önümüzde zaman var. Bu süre zarfında hayatımızda bulunan emanetleri ve bu noktadaki hassasiyetimizi kontrol etmeliyiz.

---

20. *33/Ahzab, 72*
21. *Buhari, Müslim özetle.*

Taşın Altına Elini Sokanlar, Taşın Altında Kalma Tehlikesi ile Karşı Karşıyadır

Sorumluluk sahibi olan insanlar, zor bir zamanda yaşıyor olduğumuzun şuurunda olmalıdır. Öyle bir zaman ki sık sık 'Hüznüm ve sıkıntımı Allah'a şikayet ediyorum' demekten kendini alamamalıdır. İstircâ (inna lillahi ve inna ileyhi raciun), musibet anı için vaaz edilmişken, o, bunu vird edinerek gece-gündüz tekrarlamalıdır... Şirkin yaygınlığı kelimelerle ifade edilemez, o ancak Allah'ın (cc) ayetlerinde betimlediği lafızlarla izah edilebilir. Koyu bir karanlık, hatta karanlıklar karanlık üstüne... Hiçbir şey görünmüyor. Rüzgarın savurup, havada parçaladığı insanlar, çığlıklar, göğüs darlığı, razı edilesi birçok efendi arasında bitmiş tükenmiş insanlar. Kendi için yaşayan yığınlar, hiçbir değere ve ideale sahip olmayan hayvan misali, bilakis daha aşağı canlılar. Hayatı yatak, hela ve sofra arasında geçen yığınlar. Hevasını ilah edinmiş ve sapkınlığından haberi olmayan ve önüne konan komik neşriyatla mutlu olduğunu zanneden maskeliler...

Ve umut... Bütün bu çirkefin ve kirin arasında pak

bir ışık. Selim fıtratların kendiyle hayat bulduğu tevhidi mücadele... Zifiri karanlıkta şaşkın ve yolunu kaybetmiş insanlara umut ve sevinç kaynağı olan kandil misali...

Sorumluluk sahibi olan insan! İşte sen busun... Kendi kıymetini bilmesen de, senin değerinin farkında olup, bu umudu ve ışığı söndürmek isteyen insi ve cinni şeytanlar cirit atıyor etrafında. Allah Rasûlü (sav) şöyle buyurdu:

"Şeytan insana ait tüm yollara oturur. Önce İslam yoluna oturdu ve insana: 'Müslüman olup atalarının dinini mi terk ediyorsun?' dedi. İnsan ona isyan edip Müslüman oldu. Sonra hicret yoluna oturdu. 'Sen yurdunu bırakıp hicret mi ediyorsun? Hicret edenin misali bağlanmış ve bağından kopmayan at gibidir' insan ona isyan edip hicret edip gitti. Sonra cihad yoluna oturdu... 'Sen savaşıp, ölüp gideceksin. Hanımını başkası nikahlayacak, malın taksim edilecek...' "[1]

Kulun hayra doğru adım attığı her yerde şeytan bıkmadan, usanmadan, her fırsatı değerlendiriyor. İslam oldu diye hicrette, hicreti başardı diye cihad yolunda ona sokuluyor. Kendi haline terk etmiyor.

İşte senin durumun budur... İslam olduğunda yoluna oturdu. Sen Rabbi'nin hidayetiyle ona isyan ettin ve İslam'la şereflendin. Sonra hicret ve cihad ve bunun teminatı olan cemaat ve hareket... Sen bu merhalede de onu alt edip Rabbi'nin yardım ve muvaffak kılmasıyla bir adım daha attın. Sonra sorun olmak değil çözüm olmaya, dert olmak değil derman olmaya aday oldun. Kendinden korkulan değil, emir sahiplerine güven veren bir şerefi tercih ettin. 'Nefsim yok, malım yok, ailem yok...', 'Tek gerçek

---

1. *Ahmed, Nesai, İbni Hibban*

Allah için yapılan çalışma ve benden isteneni yerine getirmek' dedin. Sen zor zamanda geldin, zora talip oldun ve zora 'bismillah' dedin.

Sence şeytan seni bırakır mı? Henüz hayrın başındayken, her yola oturup seni alıkoyan ve asla ayrılmayan bir düşman, sen hayrın ve şerefin içinde ve merkezindeyken seni, sana terk eder mi?

Allah Rasûlü (sav) şöyle buyurdu:

"... Kim kardeşinin yardımında olursa, Allah da onun yardımındadır. Kim kardeşinin herhangi bir sıkıntısını giderirse, Allah da onun kıyamet sıkıntılarından birini giderir. Kim Müslüman kardeşinin ayıbını örterse, Allah da onun ayıbını örter."[2]

Bu hadisi seninle beraber düşünelim. Kardeşine yardım eden veya onun herhangi bir sıkıntısını gideren ve ayıbını örten insanlar... Allah (cc) bu amellerinin karşılığında onları yardımı, sıkıntılarını gidermesi ve ayıplarını örtmesi ile mükafatlandırıyor... Bu, bir Müslümana yapılan hasenenin karşılığıdır. Şimdi, cemaat yapısını ve İslami hareketi düşünelim. Onlarca, yüzlerce, binlerce insan... Ve sen bunlara yardım ediyor, sıkıntılarını gideriyor, hatalarında nasihat etmek suretiyle ayıplarını örtüyorsun. Diri olan bir kalbi bundan daha güzel ne motive edebilir?

Ve şeytan... İblis ve onun insi ve cinni avaneleri seni bu büyük lütufla baş başa bırakırlar mı? İster bir Müslümandan, ister on, ister bin kişiden sorumlu ol. Adın emir, abi, hoca, sorumlu veya yönetici olsun. Çok büyük bir hayır içerisindesin. Ve seni helak etmeye yeminli düşmanlar var,

---

2. *Taberani*

senden öncekileri de helak etmeye yeminliydi. Sonuç mu dersin, Allah Rasûlü'nden dinleyelim:

"Allah der ki: 'Ey Adem... Ateş topluluğunu çıkar', Adem: 'Ateş topluluğu nedir?' diye sorunca, '**Her bin kişiden dokuz yüz doksan dokuzu...**' "³

İşte şeytanın yemininin sonucu budur. Bin insandan bir kişi kurtulacak, Kur'an'ın her mücadele sonunda ve çoğunda çoğunluğu dalalete, azınlığı hidayete nispet etmesi bundandır.

Hayrın merkezinde olarak en çok dikkatli olması gereken sensin. Üzülerek belirtmeliyim ki, yoğunluk ve yorgunluk illetini bahane ederek bu konuda en gevşek olanda sensin. Kadın, erkek, büyük farketmez, Müslümanların işlerinde sorumluluk almış herkesin bu konuda hassasiyet göstermesi gerekir. Sorumluluk alanı hiç önemli değildir. Çay dağıtıp temizlik yapan da, ders verip hocalık yapan da, sosyal faaliyetler tertip edip yapılara emirlik yapan da, söylenen her sözün muhatabı olarak kendini görmelidir.

Emirlik Beklentisi İnsanı Helak Eder

Allah Rasûlü (sav) şöyle buyurdu:

"Ey Abdurrahman b. Semure emriliği isteme, şayet istediğin halde sana emirlik verilirse ona havale olursun. İstemediğin halde verilirse onun için yardım olunursun."⁴

Allah Rasûlü sahabesini uyarıyor: "...Sakın emir olmayı talep etme, Allah seni onunla imtihan eder ve baş başa bırakır,

---

3. *Buhari, Müslim*
4. *Muttefekun Aleyh*

sana yardım etmez" onu madem istedin hakkını ver öyleyse. Sen onu istemediğin halde Allah (cc) seni layık görüp verirse, sana yardım eder.

Düşünün... Bizler Allah'ın yardımı olmadan hiçbir hareketin olmayacağına inanmış ve bunu vird edinmiş bir ümmetiz (la havle vela kuvvete illa billah).

Bir noktada Allah (cc) bizi aciz, nankör, zalim ve unutkan nefsimize terk ediyor, 'ne halin varsa gör' diyor. Emirliği istemenin bundan başka cezası olmasa dahi, kişiye hüsran olarak yeter.

Emirlik isteme meselesi nefsin en tehlikeli hallerindendir. Çünkü yeme-içme gibi şeyler insanın bedeni ihtiyacı olduğu gibi; kabul edilme, itibar görme de ruhsal ve psikolojik ihtiyaçlardandır. Yöneticilik insana statü kazandırıp, sözünü dinlenir kıldığı için insan nefsi ona meyyaldir. Tabi bu işin dünyevi boyutudur, uhrevi boyutu için de aynı şeyi söylemek mümkün değildir. Allah Rasûlü (sav):

"Sizler bu emirliği istiyorsunuz, ancak o kıyamet günü pişmanlık olacaktır."[5] buyuruyor.

Bu talep, insanı Allah'a kul yapan tevazu ve Rabbi'ne karşı zillet duygusundan ziyade; yeryüzünde üstünlük taslama ve kibir duygusunun insanda olduğunu gösterir. Emirliği isteyen, kendini ona layık görür. Akranlarından daha üstün olduğunu zımnen kabul etmiştir. Bu duygular rahmani olmadığı gibi, insanı helaka götüren, kalbi öldüren duyguların temelidir.

---

5. *Buhari*

İçimizden bu hastalığa müptela olanlarımız, tedavi için acele etmelidir. Allah Rasûlü'nün (sav) haber verdiği gibi kıyamet günü dönüşü olmayan pişmanlığı yaşamadan Allah'a yönelip, ehliyet sahibi insanlardan yardım almalıdır.

Emirlik Beklentisinin İnsanda Olmasının Alametleri

Gereksiz ve yıkıcı eleştiri: Eleştiren insan lisanı haliyle daha iyisini bildiğini söylüyordur. Bunun iç ses şeklinde olması veya sesli dillendirilmesi arasında fark yoktur. 'Bu böyle mi olur?', 'Ben olmuş olsam şöyle yapardım' gibi cümleler bu duyguları ele veren düşünce ve sözlerdir.

Buna insanın künhünü, öncesini ve sonrasını bilmediği meseleleri eleştirmesi de dahildir. Çünkü bu ahlak, meselenin ıslah değil salt eleştirme isteği olduğunu gösterir. Nasıl olmasın ki! Bilmediği, sırrına vakıf olmadığı meselelerde bırakalım eleştiriyi, düşünmek dahi zan, yalan gibi günahların mukaddimesidir. Bir de bunu hüküm haline getirmek ve eleştiri şeklinde yansıtmak asıl eleştirilesi durumdur.

Emirlere karşı buğz beslemek: Allah'a isyan etmeyen, haramla itaati salık vermeyen emir sahiplerine buğz hastalık alametidir. Çünkü buğz Allah için olduğunda imanın en sağlam kulpuyken, nefsi sebeplerden olduğunda nifakın sağlam kulplarından olur.

Kendisine şer'i olarak buğz edilecek bir sebep bulunmayan sorumlumuza karşı buğz besliyorsak, tehlike çanları çalmaya başlamış demektir. Bedeni hastalıklar ağrı, sızı, iltihaplanma şeklinde sinyal verdiği gibi, kalbi hastalıklar da sinyal verir. Zamanında tedbiri alınmayan hastalıklar müzmin hastalıklara dönüşmeye mahkumdur.

Kardeşlerimize yönelik nefsi buğzun birçok sebebi olabilir. Kıskançlık, kibir, ahlak uyuşmazlığı... Ancak emirlere yönelik şer'i olmayıp nefsi olan buğzun nedeni genelde kıskançlıktır. Nefsini iyi muhasebe eden bir Müslüman, o makama kendinin daha layık olduğunu düşündüğünü görecektir. Tüm emir ve memur ilişkisinde böyle olmakla beraber, pratik bir örnekle konuyu izah edelim...

İslami hareket bünyesinde bir ders çalışmasını ele alalım. Gruptan sorumlu arkadaşımız akidevi, ahlaki ve menheci olarak elinden geleni yapıyor. Bizleri bir araya topladığı gibi, ilmi ilerlememize, kulluğumuza olumlu yönde katkıda bulunuyor. Böyle bir ortamda içimizde bir rahatsızlık baş gösteriyor. Anlam veremediğimiz bir buğz ve isteksizlik hali oluşuyor. Bu duygu bize karşımızdakinin hatasını aramaya, onu eleştirmeye, yaptıklarını sorgulamaya itiyor. İster bunu dillendirmiş olalım, ister içimizden geçirelim. Acaba neden? Bu duygular Allah'tan yardım istenerek muhasebe edildiğinde kıskançlıktan kaynaklandığı görülecektir. Müslümanın şer'i olmayan bir buğzu nefsinde öylece bırakması, üzerine gitmemesi düşünülemez. Bu olsa olsa o kalbin hastalandığını ve artık yaralarından sıkıntı duymadığını gösterir. Bu da kalbin ölümü demektir.

Kendi sorumluluk aldığında sıkıntı yaşamak: Müslüman ve kalbi selim insan Allah'a kuldur. O'nun için yaptığı işin statüsü değil, şer'i boyutu önemlidir. O, her ortamda Rabbi'ne kulluk edecek bir yön bulur. Amirken Rabbi'ne kul olduğu gibi, memurken de Rabbi'ne kuldur.

Allah Rasûlü'nün ashabı gibi. Onlar her dönemin ve her ortamın adamıydılar. Çünkü onları yücelten ihlaslarıydı. İhlas, Allah için amel yapmaktır. Riya ise Allah dışında makam, mevki veya övgü gibi saiklerle amel etmektir. İhlas sahibinin gönlü Allah'a bağlıdır. Allah ise her ortam ve şartta mevcut, baki, beraber olandır. Amel sebebi Allah'ın rızası olanı, şartların ve şahısların değişmesi, makam ve mevki değişmesi etkilemez. Çünkü o, en sağlam sebebe dayanmıştır. Riya sahibinin ise amel sebebi Allah dışındaki şeylerdir. O örümcek ağı misali zayıf sebeplere dayanmıştır. Sebepler, şartlar, konumlar değişti mi onu amele teşvik edecek unsur ortadan kalkmıştır, nefsiyle baş başa kalır. Artık düşüncesi şer, ameli şer, sözleri şerdir...

Allah Rasûlü'nden (sav) bir rivayetle durumu anlatalım:

"Dinarın kulu helak oldu, dirhemin kulu helak oldu, kumaşın kulu helak oldu... Kendisine ondan verilince razı olur, verilmediğinde kızar. Helak oldu ve baş aşağı çevrildi. Ayağına diken batsa çıkaracak kimse bulamaz. Müjdeler olsun o kula ki, atının yularından tutmuş Allah yolundadır. Saçları dağınık, ayakları tozlanmış vaziyettedir. Nöbet işinde oldu mu onun hakkını verir, develeri sürme işinde onun hakkını verir. İzin istese izin verilmez, aracı olsa aracılığı kabul edilmez..."[6]

Rasûl (sav), iki sınıf insanı aynı hadiste anlatıyor. Biri Allah Rasûlü'nün hakkını haber verdiği veya helak olması için beddua ettiği insan. O dinara, dirheme, kadifeye, ipeğe kul olmuştur. Ona secde etmemiş, rükûda bulunmamıştır. Sıkıştığında dinara, dirheme dua da etmemiştir. Ancak onunla mutlu olur. O varsa rahat ve razıdır, yoksa sıkıntılı ve mutsuz, sinirli ve gergin... Hadisin orjinalinde

---

6. *Buhari*

geçen 'Suht' kelimesinin ifade ettiği anlam, rıza halinin dışındaki tüm halleri kapsar.

Diğer tarafta Allah Rasûlü'nün (sav) müjdesine nail olmuş bahtiyar insan... Hangi görevde olsa onun hakkını veren, nöbetçiyken iyi bir nöbetçi, develeri sürdü mü iyi bir sürücü...

Emirlik ve yöneticiliğe kul olmuş insan da böyledir. Ona yöneticilik verildi mi mutludur, elinden alındı mı da gergin ve sinirli. Rıza göstermez. Emirlikte gösterdiği performansı, memurlukta gösteremez...

Rabbi'ne kul olmuş ve yaptığı işi cennete ve rıza-i ilahiye aracı gören Müslüman ise, emirken görevini en güzel şekilde temsil eder. Memurken de öyledir. Emir olduğunda hayırda esen rüzgar gibidir. Memur olduğunda kendine emirlik yapanların kolu kanadıdır adeta... Onun bulunduğu ortam güvenlidir. Ne yapacağını, nasıl yapacağını öğrenmiştir. Emirliğin zorluğunu yaşadığı için, emirlerine dua eder, onların işlerini kolaylaştırmak için elinden geleni yapar. Ne mutlu o insana ki, Allah Rasûlü'nün müjdesine mazhar olmuştur.

Haketmediği halde saygı görmekten hoşlanmak: Müslümanlar emirlerine ve yöneticilerine saygıyı, Allah Rasûlü (sav) ve onun ashabından öğrenmiştir.

Müslüman, emirine İslam'ın ona bahşettiği şereften dolayı saygı duyar. Emirlik hastalığı olan insan, nefsini en iyi bilendir. Bu saygıyı hak etmediğini, Müslümanların hüsn-ü zannına layık olmadığını bilir. En basitinden mahcubiyet duyması ve bu durumun onun ıslahına vesile olması gerekir.

Gözlerin kendini görmediği yerde, fıskın her türlüsüne müptela insanların bununla beraber saygı ve hürmet beklemesi, dini olmadığı gibi akli de değildir.

Çünkü emirlik ve yöneticilik hastalığına tutulmuş insanlar, imani ve ameli yönden zayıftır. Bunu en iyi bilen de kendileridir. Buna rağmen beklentileri ve halleri birbiriyle uyuşmaz.

Tecrübeyle sabittir ki, hak etmediği halde saygıdan hoşlanan, saygınlık getiren makamlara mübtela insanlar, saygı konusunda problem yaşarlar. Kendilerinin saygı göstermesi gereken yerde ya göstermezler ya da göstermelik saygıyla kendilerini kandırırlar. Mazeretleri de hazırdır: Şer'i ölçüleri aşmamak... Allah'a sığınırız.

Evet, taşın altına elini atan insanlar, taşın altında ezilme tehlikesiyle karşı karşıyadırlar. Şeytan onları asla rahat bırakmaz. Hayrın merkezinde oturup, kantarlarla ecir almalarına müsaade etmesi düşünülemez. Onun varlık sebebi bu duruma müsaade etmez.

Biliyoruz ki, bu anlatılanlar iç meselelerdir. Dışarıdan anlaşılması zor olup, insanın yalnızca kendinin haberdar olduğu kalbî durumlardır. Onun için her birimizin kendi nefsimizi masaya yatırıp, halimizi kontrol ve muhasebe etmemiz gerekiyor.

Allah'ın (cc) bizlere Müslümanlara hizmet görevini bahşetmesi, bizim için lütuftur. Şeytan, lütfu aleyhimize çevirip cehennem merdiveni kılmadan, Allah'tan yardım isteyerek tedaviye başlamalıyız. Bu özellikler yoksa Allah'a hamd etmeli, sebat istemeli, bunlardan biri veya birkaçı varsa Allah'a aciziyetle yalvarıp yardım istemeli, bu konuda ehliyet sahibi insanlardan tedavi için yol talep etmeliyiz.

Hastalık hangi boyutta olursa olsun Allah'ın (cc) şifasıyla beraber hiçbir hastalık barınamaz...

Kalpler ne derece hayattan yoksun olursa olsun, El-Hayy olan hayat verdi mi hiçbir katılık O'nun canlandırmasına direnemez.[7]

---

7. Bu yazılar ('Taşın Altına Elini Sokanlar, Taşın Altında Kalma Tehlikesi ile Karşı Karşıyadır' ve 'İslam Adına Sorumluluk Almak 'Emanettir' ') konuyla direkt alakalı olması nedeniyle Tevhid Dergisinde yayınlanan Kardeşimle Hasbihal bölümünden alıntılanmıştır.

İhsan

Kullukta İhsan Mertebesi ve İstikamet

İhsan, lugat manası itibariyle bağışlama, bağışta bulunma, bağışta bulunulan şey, lütuf, kerem ve iyilik anlamındadır.

Üzerinde duracağımız manası ise ıstılahi olanıdır.

Rasûlullah'ın (sav) hadis-i şeriflerinde:

"İhsan, Allah'ı görüyormuşcasına Allah'a kulluk etmendir. Şayet sen O'nu görmesen bile O'nun seni gördüğünü bilmendir."[1]

Başka bir ifadeyle ihsan, Müslümanın işini en güzel şekilde yapmasıdır. Yaptığı amel Rabbinin haklarındansa onu en güzel, eksiksiz ve Allah'ın şanına yakışır şekilde yapmasıdır. İslam'a hizmet ediyorsa, hizmetini yapılabilecek en güzel şekilde yapmasıdır.

---

1. *Buhari, Müslim*

Bir Müslümanın ihsanın zıddı olan baştan savmacılık, yarımyamalak iş yapma ahlakından kurtulmasının ve ihsana muvaffak olmasının yolu hadiste ifade edilen manayı anlamasından geçer.

İslami sahada çalışan Müslümanların ihlastan sonra en çok ihtiyaç duydukları şey ihsandır.

Yani, kendisi için, rızasına ulaşmak için hizmet ve amel ettikleri Allah'ın (cc) şanına yakışır şekilde amel ortaya koymak.

Daha öncede belirttiğimiz gibi insan acelecidir. Acelecilik sabra münafi olduğu gibi ihsana da münafidir. Bir Müslümanın kulluğunu ve davaya hizmetini en güzel şekilde yapabilmesi için tabiatında bulunan acelecilikle mücadele etmesi gerekir. Ve yine sabır da dediğimiz gibi; ihsan kesbidir. İnsanın onu talep etmesi, önemine dair bilgi sahibi olması ve elde etmek için çabalaması neticesinde ihsanı elde eder.

İhsan Sahibi Olmanın Yolları
1. Dua

İhtiyacımız olan her hayrın hazinesi Allah'ın (cc) yanındadır. O El-Ğaniy, bizler ise O'nun bize indireceği hayra muhtaç fakir ve aciz kullarız.

Rabbimizin isimlerinden biri El-Muhsin'dir. Yani ihsan sahibi, iyilikler yapan, yaptığı, yarattığı ve takdir ettiklerini en güzel şekilde yapan Allah...

Öyleyse Rabbimizin El-Muhsin ismiyle dilimizi ıslak tutup ondan ihsanı isteyeceğiz.

'Ey Celal ve ikram sahibi Rabbim. Sen El-Muhsin'sin. Üzerimizdeki ihsanın ve nimetlerin sayısızdır. Sen her şeyin en güzel ve mükemmel olanını yaratırsın. Başta nefsim olmak üzere tüm kainat senin mükemmel sanatının eseridir. Senden; sana olan kulluğunda müminlere ve İslam davasına yaptığım hizmetlerde ihsan talep ediyorum. Beni sevdiğin, beraber olduğun, rahmetimin yakın eylediğin muhsin kullarından kıl.'

2. Hadiste zikredilen manayı tefekkür

İhsanın özü insanın Allah (cc) tarafından görülüp, işitildiğini bilmesidir. Aslında bu bilgi Müslümanlar arasında ortak kabuldür. Tevhid ehli olupta hatta Ebu Cehilvari müşrik olupta Allah'ın (cc) her halde bizi görüp, işittiğini inkar eden yoktur.

Peki, herkes ihsanın temeli olan bilgiyi kabul ediyor ve nefsinde taşıyor olmasına rağmen neden ihsan ehli azınlıkta?

Bunun cevabı tefekkürdedir.

Bir bilgiyi bilmek sadece beyinde yer işgal etmektir. Çekmecede saklı bir aletin eve değiştirici/dönüştürücü bir etkisi olmadığı gibi, beyin çekmecelerinde saklı bir bilgi de insan üzerinde olumlu ve dönüştürücü etkisi olmaz.

O bilginin tefekkür edilmesi, üzerinde çalışmak, onun tatbikini dert edinmek; insanı bilmekten idrak etmek, şuur sahibi olma seviyesine çıkarır. İdrak ve şuur ise bilginin insanı dönüştürmesi, olumlu etkisini hayata yansıtması demektir.

Sürekli bunu vird haline getirip tefekkür etmeliyiz. 'Rabbim benim bu amelimi görüyor. Konuşmalarımı işitiyor...'

Bu şuuru canlı tutmalıyız. Bu şuurla ümmete su dağıtıp, hela temizleyen bir Müslümanla, ümmete halifelik yapan arasında fark yoktur.

İşin ismi, getirisi değil kime yapıldığı önemlidir.

İnsanın ihsanı elde etmek için tefekkür edeceği bu bilgi onu aynı zamanda ihlasa ve istikamete de götürecektir. Muayyen bir amel veya hizmet için ihsanı elde etmeye çalışırken, ihsanın temeli olan Allah'ın (cc) görmesi insanı ihlas ve istikamete götürmesi kaçınılmazdır.

Bu halin bir ileri mertebesi amellerin Allah'a arzını düşünmektir. Yaptığımız her salih amelin, davaya hizmetin o an Allah'a (cc) arz edildiği ve O'nun huzurunda olduğunu bilmek kalplere ihsanı yerleştirir. Allah Rasûlü (sav):

"Kul temiz olandan infak ettiğinde -ki Allah Et-Tayyib'tir, sadece temiz olanı kabul eder- Allah onu sağ eliyle kabul eder ve çoğaltır..."[2]

Bu infakın Allah'a arzı ve Allah'ın (cc) mübarek şanına yakışır elinde vaki olmasıdır.

Bunun gibi her amelin muayyen olarak Allah'a (cc) arz edildiğini tefekkür etmek, 'Bu falan kulunuzun amelidir' diye meleklerin takdimini hatırda canlı tutmak insanın amellerini en güzel şekilde yapmasına yardımcı olur.

3. Allah ve Rasûlü'nün sünnetini öğrenme

Kullukta ve hizmette ihsanın öncü ve örneği Allah Rasûlü'dür. O (sav) Rabbimizi en iyi tanıyan, O'nun (cc)

---

2. *Buhari*

rızasını en iyi bilen kuldur. Sünnete ittiba hususunda titizlik insanı ihsan mertebesine yakınlaştırır.

Yapılacak işlerde sünnete bakma, Allah Rasûlü'nü (sav) taklit ihsanı kazanmanın yollarındandır.

4. Yapılacak işe dair bilgi edinme

Her işin teknik bir takım bilgileri vardır. Yapılmış denenmiş ve hayırlı neticeler alınmış metotlar vardır.

Özellikle İslam cemaatinde bulunan Müslümanların kendilerinden önce bu işi yapmış ve tecrübe sahibi Müslümanlardan istifade etmesi gerekir. Aslında bu otoritenin işidir. Hizmet içi, eğitim İslam cemaatinin kontrol ve düzenlenmesiyle olmalıdır. Bu, o cemaatin menhec sahibi, ne yaptığını bilen ve ileriye dönük hizmet gayesi güden, günü kurtarma peşinde olmadığını gösterir.

İslam cemaati yapılacak işlerde 'Allah'ın davasına en güzel şekilde hizmet' şuuruyla görev verdiği kardeşleri görev konusunda eğitmelidir.

Bununla beraber günü kurtarmak için bir araya gelen, bir şeyler yapıyor olmak için toplanan daha çirkini başkalarının varlığını kendilerinde varlık sebebi kabul edip zıtlık üzerinden var olmaya çalışan yapılar vardır. Bu tip yapılarda işler 'saldım çayıra' mantığıyla yürür. Buralarda bulunan ve mesleğinin bu çirkin boyutlarını bilmeyen, görevler konusunda eğitilmeyen Müslümanların kendi çabalarıyla eğitim alması, yapacakları işe dair teknik ve tecrübeye dayalı bilgileri sorarak, okuyup araştırarak öğrenmeleri onları ihsana yaklaştırır.

Rabbimizin bir adım atana on adım attığını unutmamalıyız. Bizim O'na *(cc)* kulluğumuzda ihsan üzere olma çabamız: Rabbimizin bereketiyle birimiz on olacaktır.

5. Amellerde ayrım yapmama

Bu ihsanı elde etmek için mücadele ve nefsi terbiye aşamasıdır. Süreçlerden en zor ve nefse meşakkatli geleni budur. Müslüman bu konuda sürekli bir biçimde nefsini kontrol etmelidir.

Nefse bırakıldığı takdirde; elbette emirlik vazifesiyle su dağıtıcılığını konforlu bir odadaki temsiliyet göreviyle, sahada mazlumlara yemek dağıtmayı, abilik payesi olan bir işle hela temizlemeyi aynı kefeye koymaz. İnsan tabiatı başkaları tarafından takdir, beğenilme üzere yaratılmıştır. Kendisine verilen işlerin bu güdüyü besleyen, toplumda değer çıtası yüksek işlerden olmasını ister.

Bu noktada muhasebe/oto kontrol sistemi devreye girmeli ve nefis terbiye edilmelidir.

'Hayır ey Nefsim! Allah'tan kork. Sen makam için değil genişliği yer ve gök kadar olan cennetleri elde etmek için bu işe talip oldun. Allah'ı razı ettiğin takdirde ülke idare etmiş olmakla, su dağıtmak, ayakkabı dizmek arasında fark yoktur. Ameli amel yapan, Allah katında sahibine değer katan şey dünyadaki ismi değil, Allah'ın yanında nasıl karşılandığıdır.'

Mescidi süpüren ve bu basit işi(!) en güzel yapan kadın Allah'ın rızasına nail oldu... Allah onu Nebisine hatırlattı ve 1400 yıldır ümmet o kadını ve amelini konuşuyor.

Ebu Hureyre *(r.a)* rivayet ediyor:

"Siyahi bir kadın mescidin kayyumluk hizmetini yürütüyor

(süpürüp temizliyor)du. Rasûlullah bir ara onu göremez oldu. Kadın hakkında (ne oldu? niye) bilgi sordu.

— O öldü! dediler.

Bunun üzerine:

— Bana niye haber vermediniz? buyurdular.

Ashab sanki kadıncağızın ölümünü (mühim addetmeyip) küçümsemişlerdi. Rasûlullah:

— Kabrini bana gösterin! diye emrettiler.

Kabir gösterildi. Rasûlullah kadının kabri üzerine cenaze namazı kıldı. Sonra:

— Bu kabirler, sahiplerine karanlıkla doludur. Allah, onlar için kıldığınız namazla kabirleri onlara aydınlatır, buyurdular."[3]

Nice canını, malını bu dava için verenler, ülke yönetenler, büyük savaşları idare edenlerse ye lanet ediliyor ya da unutulup gittiler.

Demek ki, ameller dünyada da ahirette de onları çepeçevre kuşatan ihlas ve ihsana göre değerlendiriliyor. Allah *(cc)* katında ateşten bir gömlek olacak yöneticilik ya da leylalı görevlerdense, dünya ve ahirette kabul görmüş mescid temizlemek daha evladır.

Bu nasihatler nefse yapılmalı, kendine çekidüzen vermesi için sık aralıklarla tekrarlanmalıdır.

Allah Rasûlü *(sav)* ne güzel buyurdu:

---

3. *Buhari, Cenaiz/67, Salât/72, 74; Müslim, Cenaiz/71, 956; Ebu Davud, Cenaiz/67, 3203.*

"Dinarın kulu, dirhemin kulu, elbisenin kulu helak oldu. Helak oldu ve ters döndü. Ayağına diken batsa çıkarmasın o kişi... Ona (dinar-dirhem) verildiğinde razıdır. Verilmeyince öfkelenir. Müjdeler olsun o kula ki atının yularından tutar ve Allah yolundadır. Ona nöbet verilse onu en güzel şekilde yapar, ona su dağıtıcılığı (ya da ordunun arkasından gelme) tevdi edilse onu en güzel şekilde yapar."[4]

Burada Allah Rasûlü bir insana beddua edip onu kötüler, bir başkasını övüp müjdeler.

Beddua ettiği veya helak olduğunu haber verdiği insan. Dinarın, dirhemin, elbisenin kuludur. İlginç bir benzetme. Peki ne olmuştur da sayılanlara kul olmuştur. Verildiğinde razı olur, verilmeyince öfkelerdir.

Yani huzuru, mutluluğu, güveni bunlarda bulur.

Kalbi o derece bunlara bağlanmıştır ki bunları elde etti mi razıdır. Bunları alamadı mı suyunu, gıdasını yitirmiş insan gibi daralır, bunalır, tasalanır ve öfkelenir.

Siz dinarın dirhemin yerinde görev/emirlik kelimesini koysanız da olur. 'Görevinin kulu helak oldu, emirliğin kulu helak oldu' sorun olmaz. Çünkü karşısında müjdelediği insanı görev üzerinden müjdelenmiştir.

Müjdeler olsun o kula. O kul ki Allah (cc) yoluna çıkmıştır. Ancak onun hedefi Rabbinin rızasıdır. Onun için hangi görev verilirse onun hakkını en güzel şekilde verir. Ayrım yapmaz.

Bu hadis nefsini terbiye eden mücahid ve davetçiler

---

4. *Buhari*

için serlevha olmalıdır. 'Acaba ben görevimin kulu muyum. Allah'a mı kulluk ediyorum, Bana verilen göreve mi? Bu görev benden alınıp çok sıradan bir görev verilse aynı hassasiyeti gösterecek miyim?'

6. Nasihate/yapıcı eleştiriye açık olma

Yaptığı işte kardeşleri tarafından eleştirilmeyi göze alanlar, göğsünü geniş tutanlar her geçen gün daha iyiye giderler. Nasihat ve yapıcı eleştiriler onların amellerinde eksik olan yanları tamamlamasını sağlar.

Nasihate/yapıcı eleştiriye kapalı olmak, insanı helak eden en tehlikeli maraz olan kibir ve nifakın alametidir. Nifak ehli kendilerine 'Allah'tan kork' denmesinden hoşlanmazlar. Bu cümleyi duymaları onların kalplerini allak-bullak eder, izzet bürür, damarları şişer ve öfke nöbetleri geçirmeye başlarlar.

"Böylesine 'Allah'tan kork!' denilince benlik ve gurur kendisini günaha sevkeder. (Ceza ve azap olarak) ona cehennem yeter. O ne kötü yerdir!"[5]

Allah Rasûlü (sav):

"Kalbinde Zere-i miskal kibir olan cennete girmeyecektir... Sahabe sordu:

— Ey Allah'ın Rasûlü bir adamın elbise ve ayakkabısı güzeldir, bu mudur kibir?

— Hayır! Allah El-Cemildir, güzel olanı sever. Kibir, **hakka karşı büyüklenmek** ve insanları küçük görmektir."[6]

---

5. *2/Bakara, 206*
6. *Müslim*

Hak kendisine söylendiğinde büyüklenen, nefsini hakarete uğramış hisseden insanlar mütekebbirlerdir.

Doğal olarak, nasihate kapalı olmak, nifak ve kibir gibi iki çirkin hasletin habercisi olduğu gibi, amellerde var olan eksiklerin kalıcı olmasına ve ıslahın gerçekleşmemesine sebebiyet verir.

Özellikle bahanecilik hastalığı insanın nasihate açık olmasının önündeki en tehlikeli engeldir. Zahiren kibir ve nifak alameti yoktur, yapılan nasihat ve eleştirileri alıyorsunuzdur. Fakat mutlaka nefsinizi temize çıkarıp alttan alta nasihati elinizin tersiyle ittiğiniz bir bahaneniz vardır.

Medine İslam toplumu bir nasihat toplumuydu. İnen ayetler, cuma hutbeleri, Nebiye sorulan sorular... Her biri bir nasihat aracıydı. Buna açık olanlar yeryüzünün en seçkin insanları oldular.

Her geçen gün, bir öncekine göre onları amel yönünden daha sağlam ve kaliteli kıldı. Örneğin Uhud'da yaşananlar, Hendeğe yansımadı asla. Uhud'un nasihatlerine kulak kabartanlar bırakın izinsiz iş yapmayı, emre itaatsizliği; evlerine giderken, hela için dahi Nebi'den izin alıyorlardı artık. Bu hassasiyeti nerede kazandılar? Elbette Uhud nasihatlerine gönüllerine açtılar. Ve şu ayetler Hendek gününde indi.

"Müminler, ancak Allah'a ve Rasûlü'ne gönülden inanmış kimselerdir. Onlar, o Peygamber ile ortak bir iş üzerindeyken ondan izin istemedikçe bırakıp gitmezler. (Resulüm!) Şu senden izin isteyenler, hakikaten Allah'a ve Rasûlü'ne iman etmiş kimselerdir. Öyle ise, bazı işleri için senden izin istediklerinde, sen de onlardan dilediğine izin ver; onlar için Allah'tan bağış dile; Allah mağfiret edicidir, merhametlidir."[7]

Uhud'un bahanecileri vardı. 'Bizi dinlese bir yenilgi olmazdı', 'Medine'nin efendilerini dinlemedi, gençlere uyup meydana indi', 'Savaş bilsek size tabi olurduk' diyenler bahaneleri sebebiyle Uhud ertesi nasihatlere kulak vermeyenler, Hendek'te aynı tıyneti gösterdiler. Hiçbir nasihatten istifade etmedikleri gibi Uhud'da ortaya koydukları problemlere yenilerini eklediler. Ve şu ayetlere muhatap oldular.

"İşte orada iman sahipleri imtihandan geçirilmiş ve şiddetli bir sarsıntıya uğratılmışlardı. Ve o zaman, münafıklar ile kalplerinde hastalık (iman zayıflığı) bulunanlar: 'Meğer Allah ve Rasûlü bize sadece kuru vaatlerde bulunmuşlar!' diyorlardı. Onlardan bir grup da demişti ki: 'Ey Yesribliler (Medineliler)! Artık sizin için durmanın sırası değil, haydi dönün!' İçlerinden bir kısmı ise: 'Gerçekten evlerimiz emniyette değil', diyerek Peygamber'den izin istiyordu; oysa evleri tehlikede değildi, sadece kaçmayı arzuluyorlardı. Medine'nin her yanından üzerlerine saldırılsaydı da, o zaman savaşmaları istenseydi, şüphesiz hemen savaşa katılırlar ve evlerinde pek eğlenmezlerdi. Andolsun ki daha önce onlar, sırt çevirip kaçmayacaklarına dair Allah'a söz vermişlerdi. Allah'a verilen söz mesuliyeti gerektirir!

(Rasûlüm!) De ki: 'Eğer ölümden veya öldürülmekten kaçıyorsanız, kaçmanın size asla faydası olmaz! (Eceliniz gelmemiş ise) o takdirde de, yaşatılacağınız süre çok değildir.'

De ki: 'Allah size bir kötülük dilerse, O'na karşı sizi kim korur; ya da size rahmet dilerse (size kim zarar verebilir)? Onlar, kendilerine Allah'tan başka ne bir dost bulurlar ne de bir yardımcı.'

---

7. 24/Nur, 62

Allah, içinizden (savaştan) alıkoyanları ve yandaşlarına: 'Bize katılın' diyenleri gerçekten biliyor. Zaten bunların pek azı savaşa gelir. (Gelseler de) size karşı pek hasistirler. Hele korku gelip çattı mı, üzerine ölüm baygınlığı çökmüş gibi gözleri dönerek sana baktıklarını görürsün. Korku gidince ise, mala düşkünlük göstererek sizi sivri dilleri ile incitirler. Onlar iman etmiş değillerdir; bunun için Allah onların yaptıklarını boşa çıkarmıştır. Bu, Allah'a göre kolaydır. Bunlar, düşman birliklerinin bozulup gitmedikleri evhamı içindedirler. Müttefikler ordusu yine gelecek olsa, isterler ki, çölde göçebe Araplar içinde bulunsunlar da, sizin haberlerinizi (uzaktan) sorsunlar. Zaten içinizde bulunsalardı dahi pek savaşacak değillerdi."[8]

Uhud'da sadece bırakıp kaçma cürmünü işleyenler nasihate bahaneyle mukabele edince nifaklarını, zararlarını ve amelde çirkinliklerini arttırdıklarını görüyoruz.

7. İhsanın faziletini ve kişiye manevi katkısını bilmek

Allah (cc) ihsan ehlini sever, "Şüphesiz Allah muhsinleri sever."[9]

Allah'ın bir kulu sevmesi demek özel beraberliği, yardımı ve inayeti demektir.

"Her kim benim velilerimden/dostlarımdan bir veliye düşmanlık ederse, şüphesiz ben ona harp ilan ederim. Kulum kendisine farz kıldığım şeylerden daha sevgili hiçbir şeyle bana yakınlık kazanamaz. Farzlara ilaveten bir de kulumun sürekli yapmaya devam ettiği nafileler vardır ki bunlarla bana yaklaşır ve nihayet öyle bir hale gelir ki artık ben onu sevmişim demektir. Bir kere de sevdim mi artık onun işiten kulağı, gören gözü, tutan eli ve

---
8. 33/Ahzab, 11-20
9. 2/Bakara, 195

yürüyen ayağı olurum. Böylesi bir kul benden bir şey isterse istediğini muhakkak ona veririm. Bana sığınırsa onu özel korumam altına alırım."[10]

Allah (cc) sevdiği kulu başta sema ehline sonrada yer ehline sevdirir.

"Allah bir kulu sevdi mi Cibril'i çağırır:

— Ben falancayı seviyorum sen de onu sev, der.

Cibril onu sever. Cibril meleklere:

— Allah falancayı seviyor, siz de onu sevin, der.

Onlar da onu sever. Ta ki o kişi için yeryüzünde kalplere kabul/sevgi kılınır..."[11]

Allah (cc) ihsan ehlinin amellerini arttırır, amele bereket kıllar.

"Biz muhsinlere arttıracağız."[12]

Çalışmalarda mevcut en ciddi sıkıntı olan bereket yani Allah'ın (cc) arttırması ihsanla aşılabilir.

Allah'ın rahmeti muhsin olanlara yakındır. İnsanın en çok ihtiyaç duyduğu rahmet ihsan ehline özel olarak yakınlaştırılmıştır.

"Islah edilmesinden sonra yeryüzünde bozgunculuk yapmayın. Allah'a korkarak ve (rahmetini) umarak dua edin. Muhakkak

---

10. *Buhari, Rikak, 38.*
11. *Buhari, 3209; Müslim, 2638.*
12. *2/Bakara, 58*

ki iyilik edenlere Allah'ın rahmeti çok yakındır."[13]

Allah (cc) ihsan ehlinin amellerini zayi etmez. Bugün olmasa yarın, dünyada olmasa ahirette mutlaka o amelle ihsan ehlinin gönlünü ve gözünü aydın kılar.

"Biz muhsinlerin amelini zayi etmeyiz."[14]

İhsan Ehli Kitap'ın ve sünnetin öğütlerinden istifade edip, hidayet ve rehber edinirler.

"Bu apaçık kitabın ayetleridir. Muhsinler için hidayet ve rahmettir."[15]

Birçok insan Kur'an ve sünneti talim eder. Ancak herkes ondan istifade edemez. Kur'an mutlak olarak hidayet değildir. Kiminin azgınlık şekavetini, kalbinde bulunan hastalığı, hüsranını attırır. Muttakiler, gönülden inananlar, gaypta Allah'tan korkanlar ondan istifade ederler, bu sınıflardan biride ihsan ehlidir.

Musa (a.s) şahsında Allah (cc) şöyle buyurdu:

"Musa yiğitlik çağına erip olgunlaşınca, biz ona hikmet ve ilim verdik. İşte güzel davrananları biz böylece mükafatlandırırız."[16]

Allah (cc) Musa'ya (a.s) ilim ve hikmet verdiği gibi, kulluğunda muhsin olmaya çalışan her bir Müslümanı da Allah (cc) ilim ve hikmetle donatacaktır.

Bunların hepsinden önemli olanıysa, yorguniukların

---

13. 7/Araf, 56
14. 9/Tevbe, 120
15. 31/Lokman, 3
16. 28/Kasas, 14

son bulduğu, teklifin ağır yükünün kalktığı, gözlerin ve gönüllerin aydın olduğu ahirette ihsan ehli ihsanlarına karşılık sayısız nimet ve mükafata sahip olurlar.

"Şüphesiz (o gün) takva sahipleri, gölgeliklerde ve pınar başlarında, canlarının çektiği çeşit çeşit meyveler arasındadırlar. (Kendilerine:) 'İşlediklerinizin karşılığı olarak şimdi afiyetle yeyin, için (denir).' İşte, biz iyilik yapanları böyle mükafatlandırırız."[17]

"Onlar için Rableri yanında diledikleri her şey vardır. İşte bu, iyilik edenlerin mükafatıdır."[18]

"Güzel davrananlara daha güzel karşılık, bir de fazlası vardır. Onların yüzlerine ne bir toz (kara leke) bulaşır ne de bir horluk (gelir). İşte onlar cennet ehlidirler. Ve onlar orada ebedi kalacaklardır."[19]

Bu ayeti Allah Rasûlü, "Allah'ı görmek"[20] olarak tefsir eder. Amellerinde muhsin olanlar en güzel şekilde yapmaya çalışanların mükafatı tüm güzellikleri kendinde toplayan Allah'ın (cc) vechine nazar etmektir.

Rabbim bizleri sana olan kulluğumuz, müminlere ve İslam davasına olan hizmetimiz ve bize emanet edilen görevlerde ihsan üzere kıl...

---

17. 77/Murselat, 41-44
18. 39/Zümer, 34
19. 10/Yunus, 26
20. Müslim

Kişinin Allah ile Münasebetlerinde Doğruluk

Doğruluk; kişinin söz, eylem ve niyetinde kalbinde olanla dışa yansıyanın aynı olması, zahir ve batında mutabakattır. Söylenen söz kalpte olanla aynıysa ve vakıaya da uygunsa buna 'sözde sıdk' diyoruz.

Yapılan amel, insanın iddiaları ve kabulleriyle uyuşuyorsa buna 'amelde sıdk' diyoruz.

Kişinin inancı sözlerine ve amellerine yansıyor ve onun gerekleriyle amel ediyorsa buna 'itikadda sıdk' diyoruz.

Örneğin, Allah'ın günahları bağışlayan olduğuna itikad eden bir Müslüman işlediği günahlarda Allah'a iltica ediyor ve rahmetinden ümit kesmiyorsa bu, itikad ve amelinde sadık bir kuldur. Aksi durumda bu kabulünde yalancı duruma düşer. Yeryüzünün şirk ve bidatlerle dolduğunu tespit eden, insanların ahireti unutup dünyayı öncelediklerini anlatan bir Müslüman bununla beraber her insan gibi sabah işe, akşam evine dönüyor; toplumun cuma namazıyla kul olduklarını zannettikleri gibi haftada bir derslere katılmayla görevini icra ettiğini düşünüyorsa, bu, tespitlerinde sadık olsa da amellerinde öyle olduğunu söylemek mümkün değildir. İslami çalışmanın cihad ve davetin ağır bir yük olduğunu ikrar edip bu yükü taşımak için gerekli manevi azıkla azıklanmayan bir kardeşimizin bu noktada, sadık olduğu pek söylenemez. Müslümanın söz, amel ve niyetinde sadıklardan olmaya çalışması bir erdem olmaktan ziyade zorunluluk ve farizadır. Çünkü İslam sıdkı mümin olmayla, yalanı nifak ehli ile eşleştirmiştir. Kıyamet günü her şey ve herkes Allah'ın huzuruna hakikatiyle vardığında getirdiklerinin kendilerine fayda sağladığı insanlar sıdk ehli olan insanlardır.

"Bu, doğrulara, doğruluklarının fayda vereceği gündür. Onlara, içinde ebedi kalacakları, zemininden ırmaklar akan cennetler vardır."[1]

Evet, sıdk müminin Allah'a kulluğunda ve mümin kardeşleriyle ilişkisinde temel sorumluluklarındandır. Ve her Müslüman bu ahlakla ahlaklanmak için çaba sarf etmelidir. Kişi dindeki sıdkı oranında mertebesini yüceltir, Rabbinin ikramlarına mazhar olur. Bundan olsa gerek Peygamberlerden sonra en üstün mertebe sıddık olanların mertebesidir.

"Kim Allah'a ve Rasûl'e itaat ederse işte onlar, Allah'ın kendilerine lütuflarda bulunduğu Peygamberler, sıddıklar, şehidler ve salih kişilerle beraberdir. Bunlar ne güzel arkadaştır!"[2]

---

1. 5/Maide, 119
2. 4/Nisa, 69

Müslüman bilmelidir ki sıdk; tüm hayırların anahtarı ve tetikleyicisi, yalan da kötülük ve şerrin anahtarıdır.

"Doğruluk iyiliğe götürür; iyilik cennete ulaştırır. Kişi doğrulukta devam eder durur, sonunda Allah katında sıddık olarak yazılır. Yalan fücura götürür; fücur ise ateşe götürür. Kişi yalan söylemeye devam eder, sonunda Allah katında yalancı olarak yazılır."[3]

Bizim doğrulardan olmak için gösterdiğimiz her çaba aynı zamanda Allah'ın razı olacağı daha büyük hayırlara bizi sevk eder. Bunun nedeni sıdkın Allah'ın yanındaki değeridir. Allah (cc) sözünde, vaadinde ve fiillerinde sadık olduğu gibi kullarından da bu sıfata sahip olanları sever. Sevdiği kullarına hayrın yollarını kolaylaştırır. Onları kendi yardımıyla muvaffak kılar hayırlara. Sonucu cennet olan bir hayırlar silsilesiyle onları mükafatlandırır.

Yalan ise Allah'ın münezzeh olduğu ve kullarında çirkin gördüğü en çok buğz ettiği münafıkların hasletidir. Allah (cc) yalancıdan yardımını çeker, onu habis nefsiyle baş başa bırakır. Ve insanın tabiatında var olan fucura meyil insana hükmetmeye başlar. Her yalan Allah'tan (cc) biraz daha uzaklaşma buna bağlı olarak onun yardım ve dostluğundan mahrum olmadır.

Kulun Rabbine Karşı Sadık Olması

Dünyaya geldiğimiz andan son nefesimize kadar her şey Allah'ın (cc) rızasına uygun olmalı, bu yolda çaba göstermeliyiz. Kulluk dediğimiz şey de budur. Kulun köleleşerek özgürlüğü tatması fanilerin kulluğundan azade olup alemlerin Rabbine kul olmasıdır. Allah'la aramızdaki

---

3. *Buhari, Müslim, Ebu Davud, Tirmizi*

hukuka kulluk diyoruz. Allah'ın bizlerden istediği kulluğu sıdk üzere yapmak sadıklarla beraber olmak ve sıdk üzere onunla karşılaşmaktır.

Allah'a Verilen Sözlerde Sıdk

İnsan hayrı temenni eder, hayrı sevme fıtratıyla yaratılmıştır. Ancak nefis dünyaya meyyal ve onun süsünü elde etme noktasında tamahkârdır.

Bu durum insanı nefsinin ihtiyaçlarını öncelemeye Allah'a kulluğunun gereklerini ertelemeye sevk eder. Yapmak istediği hayırları, ertelediği sorumlulukları ise Allah'a sözler vererek kendince garanti altına alır. 'Çocuklar büyüsün vallahi vaktimin çoğunu İslam davasına adayacağım...', 'Allah (cc) bana imkan ve genişlik verirse malımın şu kadarını düzenli infak edeceğim.', 'Rabbim yolunda cihad etmeyi nasip etsin gözümü kırpmadan kendimi feda edeceğim.', 'Allah (cc) boş zaman ihsan ederse ibadetlerime ve manevi hayatıma azami dikkat göstereceğim.'

Sözler, sözler, sözler...

İnsan bilmez ki kendi unutkan olsa da Rabbi hiçbir şeyi unutmaz ve iddia sahiplerini mutlaka iddialarında sınar. Ta ki doğruluk ehliyle yalancı olanlar birbirlerinden ayrılsınlar.

"Elif. Lam. Mim. İnsanlar, imtihandan geçirilmeden, sadece 'İman ettik' demeleriyle bırakılıvereceklerini mi sandılar? Andolsun ki, biz onlardan öncekileri de imtihandan geçirmişizdir. Elbette Allah, doğruları ortaya çıkaracak, yalancıları da mutlaka ortaya koyacaktır."[4]

---

4. 29/Ankebut, 1-3

Müslüman Rabbine verdiği sözlerde dikkatli olmalıdır. Bir söz vermişse bunu hayatına serlevha etmeli, sözünün eri olmak için elinden geleni yapmalıdır. Allah *(cc)* yalanla aldatılacak, oyalanacak bir varlık değildir.

O El-Aziz'dir, El-Mütekebbir'dir. O'nun sıfatlarından biri, gazaba gelmektedir. Kulun dünya ve ahiret saadeti, O'nun rahmeti, affı, keremi olduğu gibi dünya ve ahiret bedbahtlığı, O'nun kula olan gazabıdır. Allah *(cc)* kullarından en sevdikleri ona verdikleri sözlerde sadık olanlardır. Bu sebepten sıdk mertebesini Rasûllerden sonra ikinci mertebe kılmıştır. O'nun *(cc)* en çok gazab ettikleri O'nu hakkıyla tazim etmeyen, O'nu önemsemeyen kullarıdır. Bu sebeple sözlerinde durmayanları dünya ve ahirette azabın çetin olanıyla korkutmuştur.

Allah'a verdiği sözde duran yiğit Enes bin Nadır *(r.a)* Bedir savaşına katılamadı ve "Allah müşriklerle karşılaşmayı nasip ederse insanlar benim neler yapacağımı görecekler" dedi. Allah ona Uhud'a katılmayı nasip etti.

"Uhud savaşında, Rasûlullah'ın öldürüldüğüne dair şayialar yayılıp da İslam ordusu dağılmaya başladığı sıralarda ensar ve muhacirlerden bazı sahabeler beraber silahlarını atıp oturmuşlardı. Enes b. Nadr onlara:

— Niçin oturuyorsunuz? diye sordu.

Onlar da:

— Oturmayıp da ne yapalım? Rasûlullah vurulmuştur, artık ne yapabiliriz? dediler.

Enes:

— Rasûlullah öldükten sonra siz yaşayıp ne yapacaksınız? Kalkın, o hangi yolda öldürülmüşse siz de o yolda ölün. Vallahi şu anda cennetin kokusunu alıyorum, dedi ve düşmana doğru ilerleyerek şehit oluncaya kadar savaştı."[5]

Cesedi bulunduğunda kılıç darbelerinden dolayı parçalandığı için kardeşi onu ancak parmaklarından tanıyabiliyor. Bu olaydan sonra:

"Müminler içinde Allah'a verdikleri sözde duran nice erler vardır..."[6] nazil oluyor.

Enes (r.a): "Biz bu ayetin Enes bin Nadr ve benzerleri hakkında indiğini düşünürdük." demiştir.

Allah'a verdiği sözde sadık olan bu yiğit ve onun 1400 yıldır Kur'an ile tasdik edilmiş sıdkı...

Öte yandan Allah'a verdikleri sözde durmayanların acı misalleri vardır.

"Allah bize mal verseydi biz de infak ederdik." diyen sahabeler vardı. Allah (cc) bu iddialarında onları imtihan etmek için mal verdi ve şu ayetlerin inmesine neden oldular.

"Onlardan kimi de, Eğer Allah lütuf ve kereminden bize verirse, mutlaka sadaka vereceğiz ve elbette biz salihlerden olacağız! diye Allah'a and içti. Fakat Allah lütfundan onlara (zenginlik) verince, onda cimrilik edip (Allah'ın emrinden) yüz çevirerek sözlerinden döndüler. Nihayet, Allah'a verdikleri sözden dön-

---

5. *Buhari, Müslim*
6. *33/Ahzab, 23*

düklerinden ve yalan söylediklerinden ötürü Allah, kendisiyle karşılaşacakları güne kadar onların kalbine nifak (iki yüzlülük) soktu."⁷

Evet, bu insanlar mala kavuştu ancak sözlerini unuttular. Ayetteki ifadeye dikkat edelim:

"...Sözlerinden döndüklerinden ve yalan söylemelerinden ötürü..." illet budur.

Bu sebeple kıyamete kadar kalplerinde yer eden bir nifakla cezalandırılırlar. "Allah, kendisiyle karşılaşacakları güne kadar.." yani Allah (cc) tevbe etmelerini de müsaade etmeyecektir. Bu hal yani münafıklıkla Allah'la (cc) karşılaşacaklardır.

Her birimizin Allah'a verdiği sözleri hatırlama zamanı gelmedi mi?

İmtihanlarda Sıdk

Allah (cc) temiz ile murdarı, doğruyla yalancıyı ayırt etmeden insanları kendi halleri üzere terk etmez.

"Allah, müminleri (şu) bulunduğunuz durumda bırakacak değildir; sonunda murdarı temizden ayıracaktır. Bununla beraber Allah, size gaybı da bildirecek değildir. Fakat Allah, elçilerinden dilediğini ayırt eder. O halde Allah'a ve Peygamberlerine iman edin. Eğer iman eder, takva sahibi olursanız sizin için de çok büyük bir ecir vardır."⁸

"Elif. Lam. Mim. İnsanlar, imtihandan geçirilmeden, sadece 'İman ettik' demeleriyle bırakılıvereceklerini mi sandılar? An-

---

7. 9/Tevbe, 75-77
8. 3/Âl-i İmran, 179

dolsun ki, biz onlardan öncekileri de imtihandan geçirmişizdir. Elbette Allah, doğruları ortaya çıkaracak, yalancıları da mutlaka ortaya koyacaktır."[9]

Aslında Allah (cc) İslam'a girmek isteyenlerden bu sözü almıştır. Önce kendi yanında bulunan cenneti müminlere arz etmiştir. Onlar bu cennete talip olunca, 'Cennet karşılığında can ve mallarını sizden satın aldım'[10], demiştir. Müminler ikrar edince en mübarek alışveriş gerçekleşmiştir.

"Allah müminlerden, mallarını ve canlarını, kendilerine (verilecek) cennet karşılığında satın almıştır. Çünkü onlar Allah yolunda savaşırlar, öldürürler, ölürler. (Bu), Tevrat'ta, İncil'de ve Kur'an'da Allah üzerine hak bir vaaddir. Allah'tan daha çok sözünü yerine getiren kim vardır! O halde O'nunla yapmış olduğunuz bu alış verişinizden dolayı sevinin. İşte bu, (gerçekten) büyük kazançtır."[11]

Aslında sadıklar için ayet açıktır. Allah (cc) dilediği gibi onların can ve mallarında tasarruf edebilir. Dilerse onları Yusuf (as.) misali saraylara sultan, dilerse Ashab-ı Uhdud gibi ateş çukurlarıyla imtihan eder. Dilerse onlara Süleyman (as.) misali mülk, dilerse Muhammed (sav) gibi üç yılı yokluk, açlık ve boykota düçar eder. Satılmış malın pazarlığı olmaz. Ancak insan nankör ve unutkan olduğundan Allah (cc) Tevbe suresi 111. ayete konu olan alışverişi biraz daha açmış ve cennetin bedelini netleştirmiştir.

"(Ey müminler!) Yoksa siz, sizden önce gelip geçenlerin başına gelenler size de gelmeden cennete gireceğinizi mi sandınız? Yok-

---

9. 29/Ankebut, 1-3
10. 9/Tevbe, 111
11. 9/Tevbe, 111

sulluk ve sıkıntı onlara öylesine dokunmuş ve öyle sarsılmışlardı ki, nihayet Peygamber ve beraberindeki müminler: 'Allah'ın yardımı ne zaman!' dediler. Bilesiniz ki Allah'ın yardımı yakındır." [12]

Evet, Allah (cc) kullarını bu sözleri ve satın aldıkları cennet karşılığında imtihan edecektir. Sünnetten öğrendiğimiz demir testerelerle ikiye bölünmek, demir taraklarla derinin yüzülmesi dahi imtihanın her türlüsüyle karşılaşabiliriz.

Yolların ayrılış noktası imtihandır.

İmtihan vaki oldu mu insanlar ikiye ayrılır.

Bir yanda sözünün eri sadıklar vardır, diğer yanda sözünü unutan ve vaveylayı basan yalancılar, münafıklar...

Sadıklar;

"Andolsun ki sizi biraz korku ve açlık; mallardan, canlardan ve ürünlerden biraz azaltma (fakirlik) ile deneriz. (Ey Peygamber!) Sabredenleri müjdele! O sabredenler, kendilerine bir bela geldiği zaman: 'Biz Allah'ın kullarıyız ve biz O'na döneceğiz', derler. İşte Rabblerinden bağışlamalar ve rahmet hep onlaradır. Ve doğru yolu bulanlar da onlardır." [13]

Yalancılar;

"İnsanlardan kimi vardır ki: 'Allah'a inandık' der; fakat Allah uğrunda eziyete uğratıldığı zaman, insanların işkencesini Allah'ın azabı gibi tutar. Halbuki Rabbinden bir nusret gelecek olsa, mutlaka, 'Doğrusu biz de sizinle beraberdik' derler. İyi de, Allah, herkesin kalbindekileri en iyi bilen değil midir? Allah,

---

12. *2/Bakara, 214*
13. *2/Bakara, 155-157*

elbette (O'na gönülden) iman edenleri de bilir, iki yüzlüleri de bilir (ortaya çıkaracaktır)."¹⁴

Sadıklar;

"Müminler ise, düşman birliklerini gördüklerinde: 'İşte Allah ve Rasûlü'nün bize vadettiği! Allah ve Rasûlü doğru söylemiştir', dediler. Bu (orduların gelişi), onların ancak imanlarını ve Allah'a bağlılıklarını arttırdı."¹⁵

Yalancılar;

"Ve o zaman, münafıklar ile kalplerinde hastalık (iman zayıflığı) bulunanlar: Meğer Allah ve Rasûlü bize sadece kuru vaadlerde bulunmuşlar! diyorlardı. Onlardan bir grup da demişti ki: 'Ey Yesribliler (Medineliler)! Artık sizin için durmanın sırası değil, haydi dönün!' İçlerinden bir kısmı ise: 'Gerçekten evlerimiz emniyette değil', diyerek Peygamber'den izin istiyordu; oysa evleri tehlikede değildi, sadece kaçmayı arzuluyorlardı."¹⁶

Hayatın her anı ayrı bir imkan. Ve Müslüman imtihanlarda sadık olmaya çalışmalıdır. Başına hoşnut olmadığı yokluk, hastalık, zindan, yargılama, hicret vb. ithamlar geldi mi önce düşünmelidir. Bu sadece ve sadece cennet karşılığı Allah'a verilen sözün gereğidir. Kimseyi suçlamaya 'keşke' putuyla kadere itiraz etmeye yeltenmemelidir. Bilmelidir ki hiçbir yalancı/münafık imtihan vaki olunca 'Ben yalancılardanım, ben imtihana sabredemiyorum.' demez. 'Evim avrettir, çoluk-çocuğumu düşünüyorum, falanca şöyle yapmasaydı böyle olmazdı.' gibi bahaneleri vardır.

Yalancılardan olmaktan Allah'a (cc) sığınırız.

---

14. 29/Ankebut, 10-11
15. 33/Ahzab, 22
16. 33/Ahzab, 12-13

Günahtan Sonra Sıdk/Tevbede Sıdk

Günah insanoğlu için vardır. İslam'ın idealize ettiği toplum günahsız bir toplum değildir. Günahını bilen, bundan tevbe eden insan İslam'ın ideal Müslümanıdır. Sahabe günahsızlık temennisinde bulununca Allah Rasulü *(sav)* onları şöyle uyardı:

> "Siz günah işlemeyecek olsanız Allah sizi götürür günah işleyip istiğfarda bulunan ve kendilerini affettiği topluluklar getirirdi."[17]

İnsanoğlunun hikayesi de bir günahla başlamıyor mu? İnsanın kısası günahın kıssasıdır.

Allah *(cc)*, Adem *(as.)* ve şeytanın kıssasını Kur'an'ın girişine almıştır. Adeta İslam'ı öğrenmek isteyen kişi günah meselesiyle öğrenmeye başlar.

Bu kıssadan alınacak derslerden biri de günahta sıdk ve yalancılıktır. Şeytan da Adem de *(as.)* Allah'a isyan etmiştir. Biri Allah'ın lütfuna mazhar olmuş bağışlanmış ve cennet vaadi ile yeryüzüne indirilmiştir. Ötekiyse kovulmuş, taşlanmış, lanetlenmiş, o ve tabileri ebedi azapla cezalandırılmıştır.

İki günah ve iki netice...

İkisi de Rabbine itaat etmemesine rağmen sonuçlar bu denli farklı.

Aslında cevabı günahta değil günahın sonrasında gizlidir.

---

17. *Müslim*

Adem (as.) hatasını ikrar etmiş Rabbine iltica etmiş ve günahın kendi nefsinden kaynaklandığını itiraf etmiştir.

"(Adem ile eşi) dediler ki: 'Ey Rabbimiz! Biz kendimize zulmettik. Eğer bizi bağışlamaz ve bize acımazsan mutlaka ziyan edenlerden oluruz.' "[18]

Şeytan ise yaptığına bahane ararmış, başkalarını suçlamıştır.

"Allah buyurdu: 'Ben sana emretmişken seni secde etmekten alıkoyan nedir?' (İblis): 'Ben ondan daha üstünüm. Çünkü beni ateşten yarattın, onu çamurdan yarattın, dedi.' "[19]

"İblis dedi ki: 'Öyle ise beni azdırmana karşılık, and içerim ki, ben de onları saptırmak için senin doğru yolunun üstüne oturacağım.' "[20]

İnsanlar her günah işlediklerinde Adem'in (as.) etbaı olan sadıklar ve şeytanın etbaı olan yalancılar olarak ikiyeye ayrılırlar. Bir yanda hatayı kendinden bilen, Allah'a yönelen, nefsinin zalimliğini itiraf eden ve sadık bir tevbe ile Allah'a iltica edenler...

Öte yandan bahanesi olduğu için nefsine pay biçemeyen ve başkalarını suçlayan yalancılar...

Sahabe döneminde yaşanan bazı örnekler de tevbede sıdk hususunu aydınlatacaktır.

Kendisi ile Rabbi arasındaki sıdkı bozduğunu düşüne-

---

18. 7/Araf, 23
19. 7/Araf, 12
20. 7/Araf, 16

rek bundan dolayı tevbe eden veyahut Rasûlullah'a *(sav)* gelerek temizleme arzusunu ileten birçok sahabe örneği vardır. Bunlardan bir tanesi de:

"Eslem kabilesinden Maiz b. Malik adında bir adam ile Ğamid kabilesinden bir kadındır. Bunlar zina ettikten sonra Rasûlullah'a müracaat ederler. Normalde gizli olarak yaptıkları bu çirkin amelden insanlar haberdar değiller. Ancak Allah ile aralarındaki sıdkı bozmalarından ötürü bunun cezasını çekip temizlenmek için Rasûlullah'a gelirler. Adam kendi aleyhinde dört kez, kendisine haram olan bir kadınla zina ettiğini itiraf edip şehadette bulunur. Rasûlullah kendisine bu cürümün mahiyeti ve gerçekten işleyip işlemediğinin ortaya çıkması hakkında başka sorular yöneltir. Rasûlullah onu birkaç kez geri çevirir. Sonra onun yakınlarına sordurur. Onlar da: 'Biz onda bir delilik hali görmüyoruz. Fakat bir suç işlemiş ve şer'i ceza ile temizlenmek istiyor' dediler. Bunun üzerine Rasûlullah recmedilmesini emretti ve recmedildi. Ğamidiyeli kadın ise hamile olduğu için çocuğunu doğurup emzirerek yürüme çağına getirdikten sonra recmedildi."[21]

Maiz recmedildikten sonra bazı kimseler kendi aralarında şöyle konuştular:

"— Allah kendisini örttüğü halde bile bile kendisini tehlikeye atıp köpek taşlanır gibi taşlandı.

Rasûlullah bunu duyunca şöyle buyurdu:

— O, öyle bir tevbe etti ki; tevbesi tüm ümmet arasında taksim edilecek olsaydı hepsine yeterdi."

'O helâk oldu; günahları onu çepeçevre sarmıştır...' gibi kötüleme sözleri karşısında Rasûlullah *(sav)* sahabeyi bundan

---

21. *Müslim, Ebu Davud*

men etmektedir. Bir başka rivayette de şöyle buyurur: "Canım elinde bulunan Allah'a yemin ederim ki şimdi o cennet nehirleri içinde dalıp dalıp çıkmaktadır."

Yine bunun örneklerinden biri Tebuk gazvesinde yaşananlardır. Birçok insan bu gazveden geri kalmıştı. Yol uzundu, hava sıcaktı ve bahçelerde meyveler olgunlaşmıştı.

Allah Rasûlü (sav) geri döndüğünde savaştan geri kalanlar iki topluluk oldular. Birinci grup bahanelerini sıraladı ve çoğunluğu oluşturuyorlardı. Allah Rasûlü (sav) yalan söylediklerini bilmesine rağmen hiçbir şey olmamış gibi davrandı. Özürlerini kabul etti.

Sayıları üç kişiden ibaret olan ikinci grup geldi. Malın, bahçenin, kadının yani dünyanın çekiciliğine kandıklarını savaştan geri kaldıklarını itiraf ettiler ve tevbe ettiler. Allah Rasûlü (sav) doğru söylemelerine rağmen onlara tavır aldı. Müslümanların onlarla konuşmamasını, hanımlarının evi terk etmesini emretti.

Ancak 50 günün sonunda müjde indi. Allah (cc) tevbelerini kabul ettiği ve Kur'an olarak onların durumunu müminlerin hayatına kaydetti ve şu ayetler indi.

"Ve (seferden) geri bırakılan üç kişinin de (tevbelerini kabul etti). Yeryüzü, genişliğine rağmen onlara dar gelmiş, vicdanları kendilerini sıktıkça sıkmıştı. Nihayet Allah'tan (O'nun azabından) yine Allah'a sığınmaktan başka çare olmadığını anlamışlardı. Sonra (eski hallerine) dönmeleri için Allah onların tevbesini kabul etti. Çünkü Allah tevbeyi çok kabul eden, pek esirgeyendir."[22]

---

22. 9/Tevbe, 118

Bir doğruluk, pür mükâfat!

Ashaptan geri kalan üç kişinin mükâfatı, ortaya koydukları sıdk ve sadakatin yüce Allah katında ne kadar azim bir karşılık bulduğunu göstermesi açısından çok öğreticidir. Aynı zamanda kalpleri, lisanları ve sair uzuvları sıdk üzere sebat etmeye teşvik eden coşturucu bir manzaradır. Burada da beşer olmaktan kaynaklı bazı özellikler nedeniyle samimi Müslümanların da hayırlardan geri kalabilecekleri veyahut türlü yanlışlara sapabilecekleri görülmektedir. Kul için bunun yegâne telafisi ise ancak doğruluktur. Sıdk üzere istikamet sahibi olmaktır. Bundan dolayı denilmiştir ki: 'Sıdkın hakikati, seni ancak yalanın kurtaracağı yerlerde dahi doğruyu söylemendir.'

Sıdk sahibi bir kul, Rabbiyle kendisi arasındaki doğruluğa halel getirdiğinde, yaptığı o yanlış da, günahtan dolayı yüreğinde yakıcı bir ateşin çıktığını hisseder. Bu halden selamet ve serinliğe ulaşmanın tek çaresinin doğruluk olduğunu da bilmiş olur.

Geçen bölümde sözünü ettiğimiz Ebu Lubabe'yi (r.a) mescidin direğine kendi kendisini bağlatan bu sıdk ve samimiyetin ta kendisidir.

Maiz b. Malik ile Ğamidiyeli kadını çarptırılacakları her türlü cezaya rıza göstererek Rasûlullah'ın (sav) huzuruna çıkartanda buydu.

Kab b. Malik ve arkadaşlarına hurma bahçeleriyle gölgelikleri ateş çukuruna dönüştüren o halet-i ruhiyelerinin asıl nedeni işte bu doğruluklarıydı. Çünkü o temiz fıtratları ve Rasûlullah'tan (sav) edinilmiş yüksek terbiyeleri sıdkı/doğruluğu bozacak söz ve amellere geçit vermiyordu. Nitekim vermedi de. Bunun karşılığını ise, kendileri de dahil hiç kimsenin ummadığı ölçüde aldılar. Bu hususlarda tüm ümmete kıyamete dek örnek oldular.

Kulun, herhangi sıradan biri olarak ya da güç ve yetki sahibi olarak Allah'a (cc) karşı doğru olması sahih bir itikadla beraber temiz fıtrat ve sağlam bir karakter de gerektirir.

"Gerçek müminler ancak Allah'a ve Rasûlü'ne iman eden ondan sonra asla şüpheye düşmeyen, Allah yolunda mallarıyla ve canlarıyla savaşanlardır. İşte doğrular ancak onlardır."[23]

Bizler kibir çağında yaşıyoruz. İnsanlar işledikleri hatalardan sonra sıdkı bilmiyorlar. Hata ve günahta sıdkın olması kibrin olmamasına bağlıdır. Kibir sahibi insanlar hatalarda şeytanın yolunu izler hataları başkalarına mâl etmemek için başkalarını suçlamayı, bahaneler uydurmayı tercih ederler. Hali böyle olan insanların kul hakkında özür dilemeleri, Rablerinin hukukunda samimi bir şekilde tevbe etmeleri mümkün değildir.

Kişinin Kendisi ile Diğer İnsanlar Arasındaki Münasebetlerinde Doğruluk

Kulun arınması ve nefis tezkiyesi sürecinde vücut azalarının birbirinden bağımsız olmadığı bilinen bir husustur. Arınma ve bu arınmanın korunarak sürdürebilmesi sürecinde diğer organlar üzerindeki etkisi itibariyle dil en başta gelir.

Bundan önceki bölümde zikrettiğimiz[24] hadis-i şerifi

---

23. *49/Hucurat, 15*
24. *Abdullah b. Mesud'un rivayet ettiği*

esas olarak aldığımızda doğruluk kademe kademe sıdk derecelerinin kapısını açan bir anahtar gibidir. Doğruluk; sadık, saduk ve nihayet sıddık olmaya götürür.

"Doğruluk iyiliğe götürür; iyilik cennete ulaştırır. Kişi doğrulukta devam eder durur, sonunda Allah katında sıddık olarak yazılır. Yalan fücura götürür; fücur ise ateşe götürür. Kişi yalan söylemeye devam eder, sonunda Allah katında yalancı olarak yazılır."[25]

Zira doğruluk iyiliğe götürür. İyilikler ise ancak Rabbine, nefsine ve insanlara karşı doğru olanlardan sadır olur. Bu tür iyiliklerde yüce Allah'ın lütuf ve keremiyle cennete ulaştıracaktır. Sıdk ehli sıdkından dolayı dünya ve ahirette arzulamış olduğu desteklenme, yardım, zafer ve kurtuluşu elde eder.

Dilin ve sair organların amelleri doğruluk üzere yapıldığında, sıdkın gerçekleşmesi yolunda büyük bir mesafe kat edilmiş olur.

Rasûlullah'tan (sav) sonra Müslümanlar için özellikle de sıdk konusunda Ebu Bekir'in (r.a) sıddıklığını hatırlatmakta fayda vardır. Söylediği sözler ve yaptığı amelleri ihlas üzere dosdoğru bir şekilde yapmış olmasından dolayı Ebu Bekir (r.a) 'Sıddık' olarak vasıflandırılmış, sıdkın zirvesine çıkmış ve Rasûlullah'ın (sav) hem hayattayken hem de vefatından sonra ilk halifesi olması hasebiyle en yakını ve tabilerinin en önde geleni olmuştur.

Ebu Bekir (r.a) örnekliğindeki sıdkın odağında dil ile beraber kalp vardır. Zira kalp; tüm azalarıyla ve duygularıyla

---

25. *Buhari, Müslim, Ebu Davud, Tirmizi*

vücudu hem takva hem de fücur istikametine yöneltebilecek güç ve kudrete sahip bir komutan gibidir. Komutan, 'ehli silm' olursa tabiri caiz ise de ordunun (vücudun) diğer uzuvları da barış, güvenlik, saadet ve iyiliğin sağlayıcısı ve koruyucusu olurlar. Vücudun 'komutanı' hükmündeki kalp, 'ehli ifsat' ise ordunun geri kalan unsurları da yalan, riya, fesat ve bozgunun müsebbibi ve kaybedeni olurlar. Kalp fücura yönelmiş, günahlarla kararmış ve bozguna uğramış iken bu halden rahatsızlık dahi duymaz. Tıpkı Moskova seferinde çok ağır bir hezimete uğrayan küfür önderlerinden Napolyon'un kendi ordusundan binlerce askerin yanmış ve parçalanmış cesedinin üst üste yığılı olduğu savaş meydanını 'Görkemli bir manzara' olarak tasvir etmesi gibi... Bu pişkinlik ve umursamaz tavır kalbin en marazî halidir.

Kalp, vücut azaları ve duygular üzerinde etkin olduğu gibi, vücudun azalarından sadır olan ameller de kalp üzerinde müessirdir. Kalbin arınması, nurlanması veya kararıp katılaşması ifadelerinde esasen bu hakikat vardır.

"Bilesiniz ki kalpler ancak Allah'ı anmakla mutmain olur."[26]

"Allah kimin kalbini İslam'a açmışsa o, Rabbinden bir nur üzere değil midir?..."[27]

"Sözlerini bozdukları için... Kalplerini katılaştırdık..."[28]

"İman edenlerin Allah'ı anma ve O'ndan inen Kur'an sebebiyle kalplerinin ürpermesi zamanı daha gelmedi mi? Onlar daha önce kendilerine kitap verilenler gibi olmasınlar. Onların

---

26. 13/Ra'd, 28
27. 39/Zümer, 22
28. 5/Maide, 13

üzerinden uzun zaman geçti de kalpleri katılaştı. Onların birçoğu yoldan çıkmış kimselerdir."[29]

Amellerin kalp üzerindeki kesin etkisi hem yukarıda kaydettiğimiz naslarla hem de tecrübî olarak sabittir.

Kalbin kararması; gözlerin harama bakışıyla, ellerin haramlara bulaşmasıyla, kulakların gıybet, dedikodu, müzik gibi haramları dinlemesiyle ve aleyhte olmak üzere dil ile kazanılan günahlarla gerçekleşmektedir. İnsana iki göz, iki kulak, iki dudak, iki el ve iki ayak verildiği gibi ona doğruluk ve eğrilik olmak üzere iki de yol gösterilmiştir.

Takva ve fücur.

Bunlar kalbe aynı yoldan, aynı sözler, düşünüşler veya amellerle ulaşmaz. Oluklar çifttir. Bunlardan birinden hayırlı ve güzel amellerle kalbe nur akar... Diğer oluk ile de çirkin ve kötü söz ve ameller sebebiyle kararmışlık ve katılık ulaşır kalbe.

Gün içerisinde insanın en çok kullandığı organlarından birisi dildir. Mümin kul, bu hareketli organı öyle bir şekilde kullanmalıdır ki dilinden dökülen sözlerin her bir harfi, kulun hayal sınırlarının dışında olan azim bir semereyle karşılaşmak ümidiyle en az bire yedi yüz nisbetinde verimliliği olan çok kaliteli bir tohum tanesi gibi olmalıdır. O dilini olta veya ağ olarak kullanıp bir avcı gibi türlü hayırları elde etmeye vesile kılabilmelidir.

Kul doğru konuşup, doğruların meclisinde bulunmaya devam ettikçe bu doğruluğun kalp üzerindeki müspet

---

29. 57/Hadid, 16

tesirini çok geçmeden müşahede edecektir. Doğru söz, hemen o anda kişiyi takvaya, ihlasa yahut sıddık makamına ulaştırmaz. Doğruluk evvela kalbe tesir eder. Şayet doğruluk dilinin kalbin takvasına müspet tesiri yoksa o halde niyetteki doğruluk henüz gerçekleşmemiştir. Niyetteki doğruluk gerçekleşmiş olsa bunun müspet etkisi zincirleme bir şekilde lisanda, fikirde, amelde ve nihayet kalbin takvaya doğru yönelmesinde müşahede edilecektir. Olumlu etkilerinden birisi de yapılan hayırlı amellerin bir sonraki hayırlı amele vesile olup yol açmasıdır. Çünkü doğruluk, insanı iyiliğe götürür.

Kalp günlük olarak ihtiyaç duyduğu manevî takviyeyi alamadıysa karşılaşacağı masiyeti engelleme namına herhangi bir mukavemet gösteremeyecektir. Bunun gibi, yapması veya söylemesi gereken hayırlı söz ve amelleri ifa etmede de zayıf kalacaktır.

Gözleri, kulakları, dili ve sair organları daimi olarak hayırlara alışmış bir insan, fısk ve fücura götüren söz ve amellerden olabildiğince uzaklaşır. Kimi insanların pantolon paçalarına necaset sıçramasın diye gösterdikleri hassasiyetten çok daha büyük bir duyarlılık, dikkat ve özen gösterir. Zira kalbe arz olunan günahların dünya ve ahiretteki kötü sonuçlarının farkındadır. Tertemiz, bembeyaz ve pırıl pırıl bir gömleğin üzerindeki iş lekesi nasıl rahatsız edici derecede göze batıyorsa, kalbin takvasına halel getirecek söz ve amellerde mümin kulu ziyadesiyle rahatsız eder. Dilini ve sair organlarını, fücura götürecek yalan, riya ve benzeri günahlardan korumakla beraber kalbini de manevî olarak takviye eder. Günahlar onun için herhangi bir söz veya amel değildir artık.

Doğruluğun insanı iyiliklere ve sıddıklığa ulaştırması gibi yalan da kişiyi fücura ve nifağa götürür.

"Doğruluk iyiliğe götürür; iyilik cennete ulaştırır. Kişi doğrulukta devam eder durur, sonunda Allah katında sıddık olarak yazılır. Yalan fücura götürür; fücur ise ateşe götürür. Kişi yalan söylemeye devam eder, sonunda Allah katında yalancı olarak yazılır."[30]

Ebu Hureyre'den (r.a):

"Rasûlullah şöyle buyurmuştur: 'Münafıklığın üç alameti vardır: Konuştuğu zaman yalan söyler, söz verdiği zaman sözünde durmaz ve kendisine bir şey emanet edildiğinde hiyanet eder.' "[31]

Esasen her üç amelin de temelindeki ahlak, yalandır. Verilen emanete karşı sadık olmamak, o emanete karşı yalancı olmak demektir. Emaneti koruyan kimse için 'Emanete sadık' ifadesi kullanılır.

Safvan b. Süleym (r.a) anlatıyor:

"Dedik ki:

— Ey Allah'ın Rasûlü! Mümin korkak olur mu?

— Evet, olabilir, buyurdu.

Şöyle denildi:

— Peki mümin cimri olur mu?

— Evet, olabilir, buyurdu.

---

30. *Buhari, Müslim, Ebu Davud, Tirmizi*
31. *Buhari, Müslim*

— Mümin yalancı olabilir mi?

— Hayır, asla! buyurdu."[32]

Korkaklık veyahut cimrilik fıtrî özelliklerdendir. Korkaklık, kahramanlığın sınırının eksilmesiyle meydana gelen bir zaafiyettir. Korkaklık, insanlar arasında sevimsizliğe neden olsa da sırf korkak olduğundan dolayı kimse günahkâr olmaz. Nihayet kahramanlık gerektiren alanlarda bu tür kimselerden istifade edilmez. Cimrilik de cömertliğin zıddıdır. Mal sevgisinin ve kanaatkar olmamanın sonucu olarak cömertlik sınırının kişinin aleyhinde ihlalidir. Bu haslet kınanmış ve yerilmiş olmakla beraber kişide bulunması tabiî karşılanan hallerdendir.

"İhanet ve yalan dışında müminde her türlü (kötü) huy bulunabilir."[33]

Peki ya yalan?

Büyük günahlardan olan böyle çirkin bir amelin müminlerde mevcut olması mümkün değildir. Çünkü yalan kötülüğe, kötülük fücura, fücur nifaka, nifak da ateşe götürür. Öyle ki kul yalan söyleye söyleye Allah (cc) katında artık yalancı sıfatıyla anılır olur.

Yalan gibi kötü ve çirkin bir ahlakın fıtrî olduğu iddia ediliyorsa hiç şüphesiz bu iddiada büyük bir yalandır. Çünkü yalan, sonradan öğrenilmiş kötü bir ahlaki davranış biçimidir. Kişi bu günahı doğup büyüdüğü aile ortamında, fesat mekanları olan okullarda ve lanetli medyanın

---

32. *Muvatta*
33. *Terhib ve Terğib*

etkisinde kalarak, arkadaş çevresinden ve sokaktan öğrenir. Öğrenilmiş olan bu davranışa ileriki yaşlarda daha mahirane bir surette menfaatlerin celbi ile zararların def'i için devam edilmekte ve adeta o kimsenin hayatının bir parçası haline gelmektedir.

Münafıklara has olan ve onların özelliklerinden birisi olan yalanın, kişinin hayatında yer edinip yayınlaşarak bir 'kişilik özelliği' haline gelmesinin birçok nedeni olmakla beraber aynı zamanda bir karakter problemidir. Bu özelliğin kişide ortaya çıkması, genellikle erken dönemde/çocuklukta öğrenilmiş bir davranış biçimi olması itibariyle başlangıcı aile terbiyesindeki aksaklık/yetersizlik ile laik eğitim kurumlarının ifsat edici özelliğinden kaynaklanmaktadır.

Kişi ileriki yaşlarda dinlediği sohbetler veya okuduğu kitaplarla yalanın büyük günahlardan olduğunu öğrendikten sonra veyahut salih bir ortama girmekle beraber bu çirkin davranıştan tevbe ederek uzaklaşır.

İtikaden şirk, ahlaken de fesat temeli üzere bina edilmiş olan laik eğitim sisteminin tahribatlarının onarılması, Allah'ın merhamet edip diledikleri hariç öyle bir çırpıda gerçekleşmez. Bununla beraber kişide başkaca karakter zaafiyetleri bulunuyorsa münafıklara özgü bu hastalığın tedavisi daha da zorlaşır. Bunların başında da sorumluluk bilinci gelir.

Kur'an-ı Kerim'de sorumluluk ve sorumluluk bilinci hakkında onlarca ayet-i kerime bulunur. Bu bilincin Müslümanlar arasında yerleşmesi ile ilgili olarak Rasûlullah'ın (sav) sünnetinde birçok pratik örnekler vardır.

Kişi, bir sözü söylemeden veya bir ameli işlemeden önce bunları tefekkür ederek Allah'ın (cc) rızasına uygun olup olmadığını veyahut şer'i ve İslam'a muvafık, örfi ölçülere uyup uymadığını belirledikten sonra konuşup davranışta bulunmasıdır. Sorumluluk bilinci, genel çerçevesi itibariyle budur.

Rasûlullah (sav) şöyle buyurmuştur:

"Kim Allah'a ve ahiret gününe iman ediyorsa ya hayır konuşsun ya da sussun."[34]

İmam Şafii (r.h) şöyle der: 'Konuşmak istediğin zaman iyice düşün. Şayet konuşacağında kendine (ve dinine) zarar gelmeyeceği ortaya çıkarsa konuş. Eğer söyleyeceğin sözde bir zarar ortaya çıkar yahut bundan dolayı bir şüpheye düşersen, sus!'

Bir söz söylemeden evvel bunun etkisini ve sonuçlarını iyice düşünmek aynı zamanda doğruluğun da bir ölçüsüdür.

Kur'an-ı Kerim'de zikredilen isim ve sıfatların bir çoğu kulun bu bilinci edinmesine vesile olur. Mesela; El-Adil, El-Kahhar, Es-Semi, El-Alim, El-Basîr, Er-Rakib... Mutlak Adalet Sahibi, Kahredici, İşiten, Bilen, Gören ve Gözeten. Bunların hepsi kulluk şuuru çerçevesinde kişide sorumluluk bilincinin oluşup kuvvetlenmesine vesile olur.

Kişinin sorumlulukla hareket etmesi gereken nokta başka insanların hukukunun başladığı yerdir. Mesela, kişi tek başına yaşadığı bir evde düzen ve işleyiş itibariyle huku-

---

34. *Buhari, Müslim*

kunu gözetmesi gereken başka insanlar olmadığı için sırf kendi prensipleriyle hayatını sürdürebilir.

Ancak, kendisinden başka insanların bulunduğu bir ortamda ortak yaşam kurallarına uyma noktasında üzerine düşen sorumluluğu yerine getirmekle mükelleftir. Çünkü böyle bir ortamda, olumlu ya da olumsuz olarak geneli ilgilendiren bir söz veya davranış ortaya çıkmadan ciddi bir otokontrol mekanizmasından geçirilmelidir. Eğer ortaya konacak söz ve davranışlardan olumsuz olanlar hakkında herhangi bir müeyyide ihtimali varsa söz konusu sorumluluk bilinci çok daha güçlü bir şekilde belirir. Bir tür korunma refleksine dönüşür. Sorumluluk bilinci artık, 'tedbir' formunda ortaya çıkar.

Kul ile Allah (cc) arasındaki münasebet bu çerçevede değerlendirildiğinde sorumluluk bilincinin halkaları zincirleme olarak artar. Kulluk bilinci, takva bilinci, ahiret bilinci... Böylelikle kulun Allah'a (cc) yaklaşması ve beraberliği yolundaki sunî engeller de kalkmaya başlar.

Allah (cc), genel manada bu sorumluluk bilincini, hiçbir alanı boş kalmayacak bir şekilde en güzel isim ve sıfatları ile insana bağışlamaktadır. Bir kul, söylediği bir sözün ve yaptığı bir amelin ceza ya da ödülünü alacağını kesin olarak bildiğinde başta yalan olmak üzere aleyhine olabilecek her türlü çirkinlik ve kötülüklerden uzak kalacaktır.

Bazı ayetlerde belirli amellerin özelinde bir bilinç oluşturma hedefi vardır.

"İnsan hiçbir söz söylemez ki, yanında gözetleyen yazmaya hazır bir melek bulunmasın."[35]

Bu ayet-i kerime insan için dilin nasıl kullanılması gerektiği hususunda kuvvetli bir sorumluluk bilinci çerçevesi belirler.

Bu konuyla ilgili bir hadis-i şerif'te Rasûlullah (sav) şöyle buyurur:

"Her kim bana iki dudağı arasındaki ile iki bacağı arasındakinin teminatını verirse ben de ona cennetin garantisini veririm."[36]

Muaz b. Cebel (r.a) Peygamberimizle (sav) arasındaki konuşmayı şöyle anlatır bize:

"— Ey Allah'ın Rasûlü! Bana, beni Cennet'e girdirecek ve beni Cehennem'den uzaklaştıracak bir ameli bildir, dedim.

Peygamber şöyle buyurdu:

— Büyük bir şey hakkında soru sordun. Bununla birlikte yüce Allah'ın kolaylaştırdığı kimse için de şüphesiz ki o çok kolaydır. Allah'a, O'na hiçbir şeyi ortak koşmaksızın ibadet edersin, namazı dosdoğru kılarsın, zekatı verirsin, Ramazan orucunu tutarsın ve Beyt'i haccedersin.

Daha sonra şöyle buyurdu:

— Sana hayrın kapılarını da göstereyim mi? Oruç bir kalkandır, sadaka su ateşi nasıl söndürüyorsa günahı öylece söndürür. Bir de kişinin gece ortasında namaz kılması.

---

35. 50/Kaf, 18
36. Buhari

Daha sonra şu buyruğu okudu: 'Yanları yataklarından uzak kalır.... Hiçbir kimse bilmez.'

Sonra da şöyle buyurdu:

— Sana işin başı, temel direği ve tepesinin zirvesini haber vereyim mi?

— Evet ey Allah'ın Rasûlü, dedim.

Şöyle buyurdu:

— İşin başı İslam, temel direği namaz, tepesinin zirve noktası da cihaddır.

Sonra şöyle buyurdu:

— Sana bütün bunların esasını da haber vereyim mi?

Ben de:

— Evet, ey Allah'ın Rasûlü, deyince dilini tutup şöyle buyurdu:

— Buna gereği gibi hakim ol!

— Ey Allah'ın Rasûlü biz konuştuğumuz şeylerden dolayı da sorgulanacak mıyız? diye sordum.

Rasûlullah şöyle buyurdu:

— Hay anan seni kaybedesice! İnsanları yüzüstü -yahut da burunları üzerine- Cehennem'e yıkan, dillerinin biçtiklerinden başka bir şey midir ki?"[37]

---

37. *Tirmizi, İbni Mace, İmam Ahmed*

Yalan, her ne kadar kişinin kendisi üzerinde carî olan büyük bir günah ise de olumsuz etkileri ve kötü sonuçları itibariyle toplumsal bir boyutu da vardır. Bu husus, 'İmanın temeli sıdk, münafıklığın temeli yalandır' sözünde veciz bir şekilde ifade edilmiştir.

Fertlerde bunlardan biri diğerine galebe çaldığında bu durum toplumsal bir boyut kazanır. Demek ki yalan sadece söyleyeni üzerinde günah ve azabı celbettiren bir amel olmaktan öte toplumların bozulmasında da ciddi etkisi olan büyük günahlardandır.

Yalanın yaygınlaşmasının sebeplerinden birisi de çocuk sahibi ebeveynlerin, çocuklarını Nebevî terbiye metodundan uzak bir şekilde yetiştirmeleri ve fesat yuvası laik eğitim kurumlarına vermeleridir.[38]

Birçok ebeveyn, zararı olmaz diye yanlış bir kanaatle çocuklarını yalana alıştırmaktan kaçınmamaktadırlar.

'Babam evde yok!' yalanıyla başlayan ve basit görünüp bazen de eğlence konusu olan bu yalanlar, ileride o çocuğun karakterini şekillendirecek zehirli tohumlar gibidir.

Çocuğunun yaptığı bir yaramazlıktan rahatsız olup vazgeçirmek için bir şey vereceğini vadettiği halde vermeyerek onu aldatan anne bu davranışıyla çocuğu için, 'yalan ve aldatmada' rol model olmuş olur. Bu davranış çocuk için ileriki yaşlarında bir davranış kalıbı olur. Hayatta en faz-

---

38. *Tağutlara kulluğun modern mabedleri olan modern cahiliyyenin neşv-u nema bulduğu rahim görevi gören laik eğitim kurumları bir Müslümanın asla çocuğunu teslim etmeyeceği şirk ve ahlaksızlık yuvasıdır. Aklını ve fıtratını şirkin pisliğiyle örtmeyen bir insan putperestliğin çocuklara aşılandığı bir kurumda muvahhidin bulunmayacağını bilir. Bulunduğu takdirde de tevhidini bozacağını ve ebedi hüsranla karşı karşıya kalacağını da...*

la güvendiği annesi ya da babası hakkında hep müspet duygular taşıyan çocuk, ebeveyninin bu tür sorumsuz davranışları sonucu yalanı meşru ve hatta yeri geldiğinde gerekli görebilecektir.

Abdullah b. Amir (r.a) anlatıyor:

"Bir gün Rasûlullah evimizde oturuyorken annem beni çağırdı ve 'Gel sana bir şey vereceğim' dedi. Allah Rasûlü ona dedi ki:

— Ne vermek istedin?

— Hurma.

— Eğer ona bir şey vermezsen bu söz, aleyhinde yalan olarak kayda geçerdi."[39]

Çocuk, içerisinde bulunduğu ve yetiştiği ilk mektep olan aile ocağında yalanın ne denli kötü ve çirkin bir amel olduğunu öğrenmelidir. Yukarıdaki hadiste görüldüğü üzere bir çocuk iki temel sıdk ocağı üzere yalandan korunmaktadır.

1. Annesinin doğru olması

2. Rasûlullah'ın (sav) bunu gündemleştirerek çocuğun müşahedesini sağlamış olması.

Nitekim yalanın niteliği ve zemmi hususundaki bu hadis-i şerifi de o hadiseye bizzat tanıklık eden Abdullah b. Amir (r.a) nakletmiştir.

Günah, küçük ve basit görülmeye başlandığında onu

---

39. *Ebu Davud*

işlemek de kolaylaşır ve önemsizleşir. Bu husus kişinin günah işlemede cüretkâr davranmasına neden olur. Yalan söylemek konusunda da aynı şeyler geçerlidir.

Yalanı gayet doğalmış gibi görüp kendi aralarında yalanın yaygın olduğu bir ailede büyüyen çocuk, kişilik olarak tabiri caizse 'defolu'dur.

Çocuk, doğruluk üzere sağlam bir karakter sahibi olduğunda bu durum hem istikbali için hem de ümmet için hayırlı ve güzel neticelere vesile olacaktır.

Bu noktada çocukların medyanın kirli saldırılarından muhafazası çok önemlidir. Asrımız firavunların sihri ve insanları kendisiyle ifsat ettikleri medya korunması gereken cahiliye batağının başlangıcıdır.

Yalanın komiklik olarak resmedildiği pembe ve kara diye ikiye ayrıldığı insanların eğlendiği bir araçmış gibi çocuklara takdim edildiği yapıtlar bu nifak ahlakını ilmik ilmik çocukların pak kalbine nakşetmektedirler.

Şaka ve Yalan

İnsanların içerisinde en şerir, yüce Allah (cc) katında en sevimsiz ve azap yönünden de en şiddetli azaba çarptırılacak olan münafıklara has bir alamet-i farika olan yalanın bir Müslümanda bulunması olacak şey değildir.

İnsanlara süslü gösterilen, fakat hakikatte şeytanın telbisatı olan şaka yoluyla yalan, Müslümanın önündeki ciddi tuzaklardandır. Böyle bir duruma şahit olunduğunda, bulunulan ortamdaki kardeşlere münasip bir üslupla ihtarda bulunulması elzemdir.

Ebu Hureyre'den (r.a) rivayet edilen bir hadis-i şerifte Rasûlullah (sav) şöyle buyurur:

"Kul şaka ile de olsa yalanı, doğru bile olsa mücadele ve münakaşayı terk etmedikçe kâmil mümin olmaz." [40]

Başka bir rivayette de "İnsanları güldürmek için yalan söyleyene veyl olsun." buyurulmaktadır. Rasûlullah'ın (sav) bir başka hadisinde veyl'in (ويل) tarifi yapılır:

"Veyl, kafirin düşüşü, dibine ulaşmadan önce kırk yıl süren, cehennemde bir vadidir."[41]

Bu lafız (veyl), bir musibet esnasında da söylenir. Dilimizde vay, yazık ve hayf demektir ki bir adamın haline acınıldığında da söylenir.

Sosyal bir varlık olan insanın, doğru olmak kaydıyla mizah ve şaka yapmasında şer'an bir beis yoktur. Bu husus zaman zaman bir ihtiyaç bile olabilir. Mizah ve şaka yaparken, yapılanın doğru ve ölçülü olması esastır. Özellikle de davetçilerin, mücahidlerin ve ilim talebelerinin zamanı öldüren boş söz ve davranışlardan, meclislerde kıt akıllı insanlar gibi davranarak çokça gülüp kahkaha atmaktan, sık sık espriler yaparak mizahı alışkanlık haline getirmekten, çokça şakalaşarak edebe riayetsizlikten uzak durmaları gerekir.

Bazen yapılacak mizah ve latifeler, anlamlı ve düşündüren türden olup edep ve ilim sınırları dışına çıkmadığı sürece caiz görülüp hoş karşılanabilir. Yalan olmasa dahi

---

40. *Ahmed, Müsned; Taberani.*
41. *Ahmed, 3/75; Tirmizi, 12/21; Tirmizi garib bir hadis olduğunu ifade etmiştir.*

çokça şaka yapıp insanları güldürmek, kişinin değerini düşürür, mürüvvetini yok eder. Denilmiştir ki: 'Kim bir şeyi çok yaparsa onunla meşhur olur.' Herhalde aklı başında hiçbir Müslüman, Müslümanların olduğu camia içerisinde komedyen olarak meşhur olmayı arzu etmez.

Rasûlullah (sav) zaman zaman ashabına şaka yapardı. Enes (r.a) şöyle rivayet eder:

"Bir kadın Rasulullah'a (sav) gelerek şöyle dedi:

— Bize bineceğimiz bir deve ver!

— Sizi devenin yavrusuna bindireyim, buyurdu.

Kadın:

— Biz deve yavrusunu ne yapalım? (Ona binilmez ki!)

— Her deve yavrudur, onu da başka bir deve doğurmuştur, buyurdu."[42]

Ebu Hureyre (r.a) anlatıyor:

"(Bazı insanlar) Dediler ki:

— Ey Allah'ın Rasûlü! Sen bize şaka yapıyorsun.

Şöyle buyurdu:

— Ben ancak doğruyu söylerim."[43]

Rasûlullah'ın (sav) seyrek olarak yaptığı şakaların da esa-

---

42. *Ebu Davud, Tirmizi*
43. *Tirmizi*

sen doğru olduğunu vurgulaması, bu uğraşın (şaka-mizah) çokça yalan barındırabileceği hususunda bir ihtardır.

Bugün bir arkadaş ortamına girilirken, kendini herkese kolaylıkla sevdirebilmek için doğru-yanlış espriler üretip anlatan, jest ve mimikleriyle de bunu pekiştirerek o ortamı adeta ortaoyununa çeviren karakterler ne de çok artmıştır. Öyle ki bu insanlar artık yaptıkları hokkabazlıklarla anılır olmuşlardır. Oysa kişiye Allah'ı (cc) hatırlatacak, doğrulukta yardımcı ve destekçi olacak, misk satıcısı gibi kendisinden istifade edilecek salih bir arkadaş çok daha hayırlıdır.

Ebu Musa (r.a) anlatıyor:

"Rasûlullah buyurdular ki: 'İyi arkadaşla kötü arkadaşın misali, misk taşıyanla körük çeken insanlar gibidir. Misk sahibi ya sana kokusundan verir veya sen ondan satın alırsın. Körük çekene gelince ya elbiseni yakar yahut da sen onun pis kokusunu alırsın."[44]

Cevamiu'l Kelîm olan Efendimiz'in (sav) verdiği bu örnek üzerinde ne kadar önemle durulsa yeridir. Körükçüyle arkadaşlık etmenin yakıcı etkileri olur. Körük, içindeki havayı üfledikçe ateş kıvılcımları yanındakinin de üzerine sıçrar. Elbisesini yakar. Buradaki mecaz, takvadır. Çünkü takvada elbise gibi mümini setredendir. Günahlardan koruyandır. Elbiseni yakmasa, yani takvanı zayıflatıp yok etmese dahi is ve dumanı seni zehirleyebilir. Yalanlarını, gıybet ve dedikodusunu dinlemekle kalbine günahın isi ve dumanı hücum eder. Kalp, duman ve isle kirlenmeye başladıktan sonra başka günahlar işlemeye de meyyal olur. İşte yalan veya doğru ayrımı yapmadan Müslümanların

---

44. *Buhari, Müslim*

bulunduğu ortamlarda madrabazlık ve şaklabanlık yapanların çevrelerindeki dostlarına verebilecekleri şey ancak budur. Durum öyle bir noktaya gelir ki artık yalan ve gıybetin adı mizah ve espri olur.

Rasûlullah (sav) büyük bir günah olan yalandan her halükârda şiddetle sakındırmakta ve görülmeyen bir rüyanın görülmüş gibi anlatılmasından dahi men etmektedir. Abdullah b. Abbas (r.a) Rasûlullah'ın şöyle buyurduğunu nakletmiştir:

"Kim görmediği bir rüyayı (gördüm diye) uydurursa, kıyamet günü iki arpa kılçığını birbirine bağlamakla yükümlü kılınır, bunu da tabii ki yapamaz..."[45]

Abdullah b. Ömer'den (r.a):

"Allah Rasûlü şöyle buyurdu: 'Görmediği bir rüyayı gördüm demek yalanların en büyüğüdür.'"[46]

Bu hadislerden de anlaşıldığı üzere görünmeyen bir rüyanın anlatılması dahi olsa yalanın her türünden şiddetli bir sakındırma, korkutma ve tehdit vardır. İki arpa kılçığını birbirine düğümlemek tabiri, bir şeyin gerçekleşmesinin çok zor yahut imkansız olduğunu ifade etmek için kullanılır. Bu da esas itibariyle şiddetli bir tertip ve tehdittir.

Kulun, imkansız olan bir şeyle mükellef kılınacağının bildirilmesi, söz konusu haramdan kuvvetli bir şekilde sakındırma amaçlıdır.

---

45. *Buhari, Ta'bîr, 45/1; Ebu Davud, 5024; Tirmizi, 2283.*
46. *Buhari*

Huzeyfe (r.a), Nebi'nin (sav) kendisine on iki münafığın isimlerini bildirdiğini, bunlardan sekizinin deve iğne deliğinden geçmedikçe cennete giremeyeceklerini söylediğini nakleder.[47]

Buradaki ifadeden adı zikredilmiş olan münafıklardan sekizinin cennete girmelerinin mümkün olmadığı anlaşılmaktadır. Deve iğne deliğinden geçemeyeceğine göre münafığın da cennete girmesi mümkün değildir.

Bir başka husus da Yahudilere özgü bir özelliğin Müslümanlar arasında ortaya çıkıp yaygınlaşmaya başlamasıdır.

Nedir o?

Kur'an-ı Kerim'den öğrenelim:

"Sanma ki ettiklerine sevinen, yapmadıklarıyla da övülmek isteyenler, evet, sanma ki onlar azaptan kurtulacaklardır. Onlar için elem verici bir azap vardır."[48]

Yahudiler'in başta gelen ahlaki özelliklerinden bir tanesi, kendilerinde bulunmayan vasıflarla övünerek nefislerini temize çıkarmaya çalışmalarıydı.

"Yahudiler ve Hristiyanlar: 'Biz Allah'ın oğulları ve sevgilileriyiz' dediler..."[49]

"İsrailoğulları: 'Sayılı bir kaç gün dışında bize ateş dokunmayacaktır' dediler..."[50]

---

47. *Müslim*
48. 3/Âl-i İmran, 188
49. 5/Maide, 18
50. 2/Bakara, 80

Allah (cc) onların bu iddialarını yalanlamakta ve kendisiyle övündükleri durum ve konumlarının onların ahiretteki azaplandırılma akıbetlerini etkilemeyeceğini[51] beyan buyurmaktadır. Çünkü gerçekte nefislerinde mevcut olmayan bir şeyi iddia etmektedirler. Hem olmayan amel veya durumun var olduğunu iddia ederler hem de bununla sevinip övünürler!

Aişe (r.anha) validemiz anlatıyor:

"Bir kadın:

— Ey Allah'ın Rasûlü! Kocamın bana vermediği bir şeyi, verdi diyebilir miyim? dedi.

Rasûlullah da:

— Kendisine verilmeyen bir şeyle doymuş görünen, iki sahte elbise giyen gibidir, buyurdu."[52]

Yani kendisinde olmayan bir vasfın var olduğunu iddia etmek iki kez yalan söylemiş gibidir. Kendisinde olmayan bir ahlak ile ahlaklanmış olarak görünmek veya böyle bir iddiada bulunmak ancak İsrailoğulları'na has bir özelliktir.

İmam Ahmed'in 'Kitabu'z Zuhd'ünde kaydedilen bir nakle göre Ebu'd Derda (r.a) şöyle der:

" 'Nifaktan kaynaklanan huşûdan Allah'a sığının.' Bunun ne demek olduğunu soranlara şöyle cevap verir: 'Kalp, haşyet içerisinde olmadığı halde, kalıbın haşyete bürünmüş görünmesidir.' "

---

51. Bkz.: 3/Âl-i İmran, 188
52. Müslim, Libas, 126; Nesai, 8920.

İbnu'd Dakiku'l İyd (r.h) -devrinin büyük alimlerinden ve İbni Teymiye'nin (r.h) çağdaşlarındandır- şöyle der: 'Vallahi söylediğim hiçbir söz ve yaptığım hiçbir amel yoktur ki öncesinde yüce Allah'a vereceğim cevabını hazırlamış olmayayım.'

İlim ve takva sahibi salih selefin hayranlık uyandıran bu yüksek hassasiyetine günümüz Müslümanlarının ne de çok ihtiyacı vardır.

Özellikle ve öncelikle de davetçilerin bu hassasiyete sahip olmaları gerekmektedir. Davetçinin yaşadığı ve savunduğu ilkeler ile insanları çağırdığı dava arasında çelişki ve aykırılık varsa, onun misali 'Kendisine verilmeyen şeyle doymuş gibi görünüp iki sahte elbise giyen' kimsenin misali gibidir. Şüphesiz ki bu çok daha çirkin bir durumdur.

Bugün binlerce, on binlerce davetçi İslami davet faaliyetlerinde bulunmaktadırlar. Bunların arasında demokrasi şirkine bulanmışlardan, Yahudi ve Hristiyanları dost olarak ilan edenlerine kadar her türden kişi ve cemaatler bulunmaktadır. Şirk sisteminin başındaki insanlar dahi yeri geldiğinde İslam'ın ahlaki öğretilerine davet etmektedirler. Hakimiyette, isim ve sıfatlar ile vela ve berada hiçbir hilaf olmadan şirk işleyenler aynı zamanda İslami davet çalışmalarını yürütüp Allah'a ve Rasûlü'ne çağırdıklarını iddia ederler. Hepsi de, kendileri için temel referans kaynağının hiç şüphesiz 'Kur'an ve Sünnet' olduğunu savunur.

Gerçek manzara ise tıpkı şu ayeti kerimede buyrulduğu gibidir:

"Onlar ki, dinlerini parçalayıp bölük bölük olmuşlar; her gurup kendilerinde olan ile böbürlenmektedir."[53]

İslam, mutlak hakimiyetin yüce Allah'a ait olduğunu bildirirken Yahudi ve Hristiyanları dost, demokrasiyi de din edinenler: 'Şimdilik 'Hakimiyet Milletindir' deyiverelim de ileride güç, imkan ve fırsat bulursak 'Hakimiyet Allah'ındır!' hakikatini olanca gücümüzle haykırır ve uygularız' diyebilmektedirler.

Bu hezeyanları dillendirenler, tüm bunları İslam adına ve davetçi(!) kimlikleriyle yapmaktadırlar. Davet alanında boy gösteren bu tür insanların yaptığı bir çeşit saptırıcı önderliktir. İslami davet çalışması bir anlamda toplum içerisinde riskleri ve hoşa gitmeyecek sonuçları da göze alarak ön almak kapsamında değerlendirilir. İnsanlara 'Sizi Allah'ın razı olduğu ve akıbeti ebedi cennetler olan bir büyük davaya çağırıyorum' diyen kimse bunları söylerken sonu uçurum olan bir yola sapıyor ve çağrısına icabet edenleri de oraya yöneltiyorsa işte bu saptırıcı bir kanaat önderi ve büyük bir yalancıdır.

Halku-l Kur'an fitnesinin baş gösterdiği yıllarda o dönemdeki insanların sıdk ve sünnet ehli olup olmadıkları bu fitne karşısındaki tutumlarıyla ortaya çıkardı. Bugün de benzer bir manzarayla karşı karşıyayız. Aziz İslam'a alternatif olarak öne sürülen demokrasiyi kabul veya ret, kişinin iman ve sıdkının ayırt edici ölçülerinden birisi olmuştur. Aynı şekilde diktatör ya da demokrat tağutların reddedilmesi veyahut tabi olunması da öyle.

---

53. 30/Rum, 32

"...Artık her kim tağutu inkar edip Allah'a iman ederse, işte o, kopmayan en sağlam kulpa yapışmıştır."[54]

Burada karşımıza yine ilk olarak 'La!' çıkmaktadır.

İslam'a girmek maksadıyla tevhidin kapısına gelen kimseye 'Kim o?' diye seslenilmez. Evvelemirde 'La!'nın her türlü şirk kiri ve bulaşığından arındırarak tebcil eden net ve ayırt edici karşılayışıyla karşılanır.

'La!' diyerek, arınmanın ve yüce Allah'a kul olmakla yücelmenin önündeki en büyük engel olan tağutu reddedip ondan uzaklaşmakla sorumlu tutulur.

Tağutu reddedip tekfir etmenin uygulamada bazı merhaleleri vardır. Bu merhalelerden hangisinin uygulanacağı güç ve imkâna göre değerlendirilip tespit edilir. Bugün insanları Allah'a ve Rasûlü'ne davet ettiğini iddia eden bir davetçiye günümüz vakıası üzerinden 'Furkan meseleleri' sorulmalıdır.

Tağut hakkındaki inancı, görüşü nedir? Tağularla mücadele etmenin hükmü hakkında ne der?

Bu sorulara vereceği cevaplar onun davet ettiği dava hakkındaki gerçek yüzünü ortaya çıkaracaktır. Böylelikle tağutu ret ve tekfir edip etmediği netleşecektir. Tağutu ret ve tekfir edip beraetini ilan etmiyorsa bu durum onun, davadaki samimiyetsizliğini gösterir. Doğal olarak insanlara yalan söylediği de açığa çıkmış olur.

Bu hususu bildiği halde gizleyenler veya tahrif edenler

---

54. *2/Bakara, 256*

bir taraftan nefislerine zulmederlerken öte yanda çok fena bir akıbetle karşılaşmak tehlikesiyle yüz yüze kalmaktadırlar.

"İndirdiğimiz açık delilleri ve kitapta insanlara apaçık gösterdiğimiz hidayet yolunu gizleyenlere hem Allah hem de bütün lânet ediciler lânet eder."[55]

Ülkemizde uzun yıllar boyunca medreselerde okumuş, hatta yurt dışındaki ilim merkezlerinde ilim tahsil etmiş birçok hoca efendi, yıllardır va'z-u nasihatlerde bulunurlar da şu ana dek onlardan 'Tağut' lafzının sadır olduğuna kimse şahitlik edememiştir.

Oysa hemen hemen hepsi, medreselerden icazetli ve şeriat fakültelerinden yüksek dereceli diploma sahipleridir. Bir de fasit tevilleri vardır. Güya tağut, sizin bizim anladığımız anlamda bugünküler hakkında kullanılamazmış! Bunlardan kimi icazetli hocalar var ki Kur'an-ı Kerim'de 'Tağut' kelimesinin varlığından habersizler. Kur'an ile ünsiyeti, anlamak ve hakkıyla yaşayarak davet etmek üzere olmadığı için bu kavramın İslam'daki yerini ve önemini dahi bilmiyor. Medreselerde okumuş, ilim tahsil etmiş olan bu sınıf insanlar, kendilerine sorulan ilmihal sorularına cevap verirken bununla çok ciddi manada davet yaptıklarını zannederler. Bunun da azımsanamayacak etkisinden dolayı olsa gerek toplumda da bu kavram ile ilgili farkındalık oranı yok denecek kadar azdır.

'Allah'ın dini' diyerek, atalardan kalma bidat ve hurafelerle, örf ve gelenekleri aktarıp öğretmek suretiyle El-Aziz ve El-Celil olan Allah hakkında pek büyük bir bühtanda

---

55. *2/Bakara, 159*

bulunurlar. İşte bu minvalde yapıldığı zannedilen davet, halkın da hoşuna gitmektedir. Din diye, menkibe ve keramet hikayeleri dinleyip tanımış olan insanların, tevhid davetçilerine muhatap olduklarında ilk anda büyük bir şok yaşamalarının bir nedeni de budur. Çünkü tevhid davetini gerçek anlamda ilk kez duymuşlardır. Dininin hurafe ve hikayelerden ibaret olmadığını yeni öğrenmişlerdir.

Yukarıda da kısmen değindiğimiz gibi her devrin furkan meseleleri vardır. Bu, sünnete ittiba konusunda olabileceği gibi itikadî meselelerde de olur.

En başta gelen furkan meselesi Rasûlullah (sav) devrinde insanların şirkten tevbe ve teberri edip İslam'a girmeleriydi.

Ebu Bekir (r.a) döneminde sırf fasit bir tevil ile zekatı inkar edenlere, Museylemetu'l Kezzab'a ve ona tabi olanlara karşı cihad etmek idi.

Ali (r.a) döneminde onu tekfir edenleri reddederek yanında bulunmaktı.

Mutezililerin veya Gulat-ı Mürcie'nin bidat görüşleri ortaya çıktığında, bunlardan sadır olan sapkın görüşleri reddetmek ve Ehli Sünnet itikadını müdafaa etmek de furkan meselelerindendi.

İnsanların Ehli Sünnet mi yoksa ehli bidat mı olduklarını net bir biçimde ortaya koyan, her devre özgü, bunlar gibi furkan meselleri vardır.

Günümüzde toplum içerisine gittikçe yaygınlaşan şirk, bidat ve ahlaki yozlaşmanın en büyük müsebbibi, hâmisi ve öncüsü de tağutlardır. Din diye hurafe ve bidatlere sarılan ailenin içinde büyüyen bir çocuk da aynı yanlış inanç üzere büyür. Şirk ve fesadın eğitim ve öğretimin yapıldığı laik okullarda da bu yanlış inanç pekiştirilir.

Televizyon ve basın yolu ile şirk ve yoz ahlak olağanlaştırılır. Bu ahlakın yerleşik ve yaygın olduğu sokaklarda da öğrenme ve pratik uygulama imkanı bulur. Dört yandan çirkin akidesi ve yoz kültürle kuşatılması gibi büyük bir cürüme neden olanlar günümüz tağutlarının ta kendileridir. Bunun için gerektiğinde yasalar çıkarır, yönetmelikler yenilerler. Eğer yasalar yetmiyorsa anayasa değişikliği yaparlar.

Tüm bunları yapanların kimliklerinin net bir şekilde ifşa edilmesi gerekir. Böylece diğer insanlar da bu tağutların nasılda beyefendi kılıklı yol kesici eşkıyalar olduğunu bilsin.

İslami davet adına çalışanların da bu konularda itikadlarının ve kimliklerinin netleştirilmesi gerekir. Çünkü tevhid davetçilerinin bu insanlarla hukukunu belirleyip netleştirmesi zaruridir. İtikadî ve menheci beraberlik var ise güç ve birikimlerin davet istikametinde birleştirilmesi elzemdir. Eğer şirke bulaşmış ise ilişkilerde ona göre belirlenir ve sürdürülür. Bidatçi ise de yine böyle bir ilişki çerçevesi tespit edilir. Gerekirse bunları bidate sürükleyen sebepler üzerinde konuşulur ve bidatlerden arındırılmaya çalışılır. Kendilerine hüccet ikamesi yapılır. Eğer başka arızî nedenler varsa bunların ortadan kaldırılması için samimi ve ciddi çabalar gösterilir.

Bugün dünya üzerinde hakim olan küresel küfür güçleri ve İslam coğrafyasındaki işbirlikçileri olan yerel tağutî sistemler, yeryüzündeki şirk ve fesadın en büyük kaynağıdır. İslam coğrafyasındaki tağutî yönetimler, siyasal ve ekonomik olarak küresel sistemle büyük ölçüde entegre/bütünleşmiş olduklarından dolayı kişilere bağlı ıslah projelerinin hiçbir etkisi olmamaktadır. Esas itibariyle yerli tağutlar eğer küresel tağutları gazaplandıracak bir icraatta bulunacak olsalar o ülkenin siyasal sistemini bir kaç gün içerisinde içinden çıkılmaz bir kaosa sokarlar. Ya da ekonomik sistemini bir iki hafta içerisinde tamamen çökertip felç edebilirler. Bunu yapmaları hiç de zor değil, zira belirttiğimiz gibi yerli tağutlar, global tağutlarla bütünleşmişlerdir. Güçsüz olan güçlüye tabi olmak zorunda olduğundan bu entegrasyon daima güçlülerin lehine sonuçlar doğurur. Batı değerleri ve kültür adına İslam'ın haram kıldığı ve lanetlediği küfür ideolojileri ile fısk-u fücur ahlakının İslam coğrafyasında girmediği ev ve sokak kalmasın diye yerel ve global tüm tağutların çalışmaları da entegre projeler şeklinde devam etmektedir.

Mesela, kişileri şirke kadar götürebilen, bidat olan kabir ziyaretlerinin yapıldığı türbelerin çoğu devlet eliyle restore edilip korunmaktadır. Hatta bunların çoğu, Başbakanlığa bağlı Vakıflar Genel Müdürlüğü ve Diyanetin kontrolündedir.

İslam'ın hakim olduğu bir devletin böyle şeylere asla müsaade etmeyeceği gayet açıktır. Netice itibariyle bu ve daha sayamayacağımız sayısız şirk ve bidatlerin kaynağı, üreticisi, yaygınlaştırıcısı ve koruyucusu bizzat tağutlar ve tağutî düzenlerdir.

İslam adına davet yapan insanlar bu şirk ve bidatlerin mahiyetini anlatıp mani olmaya çalışsa bu da onlar için, davetlerinde doğru olduklarına dair bir işaret olur. Tağutları ret ve tekfir ile de davette doğru ve samimi oldukları ortaya çıkar ve günümüz furkan meselesinde durmaları gereken yerde durmuş olurlar.

Böylelikle insanların davet adına iddia ettikleri şey ile içinde bulundukları vakıanın birbiriyle çelişip çelişmediği açıkça ortaya çıkacaktır.

"(İnsanları) Allah'a çağıran, iyi iş yapan ve 'Ben Müslümanlardanım' diyenden daha güzel sözlü kim vardır."[56]

---

56. 41/Fussilet, 33

Tevekkül

Kulun Allah'a *(cc)* karşı sorumluluklarından biri hiç şüphesiz tevekküldür. Tevekkül yani Allah'a dayanma ve itimat etme iman ve İslam olmanın gereğidir de aynı zamanda.

İslam için mücadele edenlerin en çok ihtiyaç duydukları şeylerden biri Allah'a *(cc)* güvenme ve O'na dayanmadır. Özellik bela ve imtihan duraklarıyla donatılmış İslam davası yolunda tevekkül azığını yeterince edinmeyenler tökezlemeye, ümitsizlik ve ye'se kapılmaya, şevklerinin kırılıp, bıkkınlık ve usanma yaşamaya mahkumdurlar.

Bizden önce yaşamış ve tevhidi mücadeleleri Kur'an'a konu olmuş öncülerin tevekkül azlığıyla yolun zor ve meşakkatli merhalelerini kayıpsız atlattıklarını görüyoruz. Hud *(a.s)* ve kavmi arasında geçen şu diyaloğu inceleyelim:

"Dediler ki: 'Ey Hud! Sen bize açık bir mucize getirmedin, biz de senin sözünle ilahlarımızı bırakacak değiliz ve biz sana iman edecek de değiliz. Biz 'İlahlarımızdan biri seni fena çarpmış!' demekten başka bir söz söylemeyiz!' "[1]

Burada Hud'u (a.s) tehdit ediyorlar. İlk olarak ona tabi olmayacaklarını, onu ötekileştireceklerini söylüyorlar. İkinci olarak çarpılacağını söylüyorlar. Aslında bu biraz da 'Seni çarparız' anlamına geliyor. Öyle ya! Üstüne konan bir sineği defetmekten aciz putlar Hud'a (a.s) ne yapabilir? Olsa olsa ilahları adına onlar Hud'u çarpmak zorunda kalacaklar. Hud (a.s) onlara şu cevabı veriyor

"(Hud) dedi ki: 'Ben Allah'ı şahit tutuyorum; siz de şahit olun ki ben sizin ortak koştuklarınızdan uzağım.' "[2]

Tek başına bir Peygamber ve kavmin ileri gelenlerinin yapmaktan geri durmayacakları tehditleri. Peki Hud (a.s) hangi azıkla bu zorlu merhaleyi kayıpsız ve izzetle atlattı? Cevabını aynı pasajdan ayetlerde buluyoruz.

"Ben, benim de Rabbim, sizin de Rabbiniz olan Allah'a dayandım. Çünkü yürüyen hiçbir varlık yoktur ki, O, onun perçeminden tutmuş olmasın. Şüphesiz Rabbim dosdoğru yoldadır."[3]

Aslında tevhid mücadelesi aynı şekil devam ediyor. Bir yanda Müslümanları yalnızlığa mahkum eden, ötekileştirip marjinalize eden basın, yayın...

Öte yandan gözaltı, yargılama ve zindanlarla ilahları olan hukuk ve anayasasının Müslümanları çarpacağına, onlara kötülük dokunduracağına dair tehditler.

---

1. 11/Hud, 53-54
2. 11/Hud, 55
3. 11/Hud, 56

İnsanlar ikiye ayrılıyor... Bu süreçleri zilletle kaybedip, iddialarını ve davalarını terk edenler.

Bu tehditler karşısında iyice bilenip elinizden geleni ardınıza koymayın diyenler...

Kazanan Allah'a olan tevekkül ve itimadiyle kaybedenler tevekkülsüzlük ve neticeye dair Allah'a olmayan güvenleriyle kaybediyorlar.

Benzer bir tehditle Şuayb (a.s) karşılaşıyor. 'Ya sev ya terk et' diyor değişmeyen cahiliye ve tuğyanın ortak karakteri.

"Kavminden ileri gelen kibirliler dediler ki: 'Ey Şuayb! Seni ve seninle beraber inananları memleketimizden kesinlikle çıkaracağız veya dinimize döneceksiniz' (Şuayb): 'İstemesek de mi?' dedi."[4]

Şuayb (a.s) hiç tereddüt etmeden kavminin azgınlarına meydan okuyor. Bu süreci kayıpsız atlatıyor. Peki hangi güçle?

"Sadece Allah'a tevekkül ettik."[5]

Yani şunu diyor: 'Bu işe başlamayı, sizleri uyarmayı, tevhide davet edip, şirkten sakındırmayı Allah (cc) bize emretti. Bizde O'nun emrine icabet ettik. Göreve başladık. Netice ise Allah'ın elindedir. Ve O kullarını yarı yolda bırakmaz. Vaadinden dönmez. Biz görevimizi ifa ettik. Neticeyi ise O'na olan tevekkül ve itimadımızla O'na bıraktık. Elinizden gelen neyse onu yapın. Sonuç O'nun dilemesinden başka bir şey olmayacaktır.'

---

4. 7/Araf, 88
5. 7/Araf, 89

Daha ileri boyutta bir tehditse İbrahim'e (a.s) yöneldi:

"(Bir kısmı:) 'Eğer iş yapacaksanız, yakın onu da tanrılarınıza yardım edin!' dediler."[6]

Fiilen ateşi tutuşturdular. İbrahim'i mancınıklara koyup ateşe attılar. O ise: "Allah bana yeter, O ne güzel vekildir."[7] demekle meşguldü. Ve Allah (cc) ona yetti. Ona ateşi serin ve selamet kıldı. Onun tevekkül ve Allah'a itimadının mükafatı olarak Allah sünnetini onun için değiştirdi. Ateş yakmadı, yakmamakla beraber serin ve selamet oldu.

Bu örnekleri çoğaltmak mümkün. İslam tarihi bu aydınlık sayfalardan müteşekkil. Bilmemiz gereken bela ve imtihan duraklarında imani ve ameli kayıpların olmaması, yolun uzunluğunun ve meşakkatinin ayakları kaydırmaması için, zaruri azıklardan biri tevekküldür.

Tevekkülün Tanımı

Arap lugatında ve-ke-le kökünden gelen tevekkül, dayanmak, güvenmek, birini kendi yerine vekil kılmak, işleri tevdi ve emanet anlamına gelir.

Istılahta, kişinin işlerinde elinden geleni ortaya koyduktan sonra netice hususunda Allah'a (cc) dayanması, ortaya çıkan sonucu hatır bilip rıza göstermesidir.

Bununla beraber seleften birçok tevekkül tanımı nakledilmiştir.

İmam Ahmed (r.h), tevekkülün tamamen kalbin ameli

---

6. 21/Enbiya, 68
7. Buhari

olduğunu vücudun diğer azaları ile bir münasebetinin bulunmadığını söyler.

Tevekkülün; kalbin, yüce Allah'ın kuluna kâfi gelmesini bilmesidir, denilmiştir.

"...Kim Allah'a tevekkül ederse, Allah ona yeter..."[8]

Bazı tasavvuf ehli, müridin mürşidine karşı hangi hal üzere olması gerektiğini(!) açıklamaya çalışırlarken esasen kulun yüce Allah'a tevekkül ederken bulunması gereken itimad ve itminan halini anlatmaktadırlar:

'Tevekkül; kişinin tıpkı gassalın elindeki ölü gibi Allah'a tam bir teslimiyetle teslim olmasıdır.'

Bişr El-Hafi şöyle der: 'Bazıları, Allah'a güvenip dayandığını söyler. Halbuki bu iddiaları ile Allah'a bühtanda bulunurlar. Çünkü gerçek manada Allah'a güvenip dayasaydılar, Allah'ın takdirine rıza gösterirlerdi.'

Alimlerden birisi tevekkülü: 'Kişinin şek ve şüpheleri bertaraf ederek işinin idaresini Maliku'l Mülk olan yüce Allah'a vermesidir' diye açıklar.

Malumdur ki kul insanlardan birine (veya bazılarına) güvenir. On(lar)a güvenmekle beraber bu güveni limitsiz değildir. Tevekkül, kulun her halükarda mutlak manada yüce Allah'a güvenmesidir, diyenler de olmuştur.

Tevekkül, 'Allah hakkında hüsn-ü zanda bulunmak' ve 'En güzel isim ve sıfatlarıyla Allah'ı tanımak' olarak da açıklanmıştır.

---

8. 65/Talak, 3

Kalbin dingin olması ve tevekkülü bozacak vesvese ve telbisatın etki edemeyeceği şekilde hareketsiz kalmasıdır.

İbni Kayyım (r.h) bu tanımların birçoğunu aktardıktan sonra şu tespiti yapar: 'Aslen tevekkül mürekkep bir ameldir, yani birden fazla unsurun bir araya toplanmasıyla tevekkül meydana gelir. Yapılan tariflerin hepsi doğrudur. Fakat eksiktir. Kimi tevekküle götüren sebeplerle tevekkülü açıklar, kimisi şartlarıyla kimi de tevekkülün semeresiyle. Hakikat, tevekkül bunların bir araya toplanmasıyla oluşacak bir şeydir.'

İbni Kayyım (r.h) bu tespitinde haklıdır. Tevekkül gibi önemli bir mertebe dar tanımlarla izah edilemez.

Müslümanın Allah'a olan kulluğu ve İslam davası mücadelesinde ihtiyaç duyduğu tevekkül için gerekli olan unsurları incelemeye çalışalım.

Allah'ı Hakkıyla Tanıma İsim ve Sıfatlarıyla O'na Kulluk Etme

Allah (cc) zatını kullarına tanıtırken bunu en güzel isimler ve en yüce sıfatları aracılığıyla yapmıştır. Müslümanın Allah'a kulluğu ve Rabbini tanıdığı orandadır. Kulluğun hangi mertebesi ve merhalesi olursa Allah'a dair marifet eksikse sıkıntılar baş gösterecektir.

Bu konuda her Müslümanın özel çalışma yapması şarttır.

Vacibin kendisiyle tamamlandığı şey de vaciptir. Şayet Allah'a kulluk farz ise ve bu, ancak O'nu hakkıyla tanımaktan geçiyorsa öyleyse O'nu güzel isimleri ve yüce sıfatlarıyla tanımakta vaciptir...

Umumi anlamda Allah'ı tanımanın kulluk üzerinde etkisi olduğu gibi, hususi olarak tevekkül amelinde belirleyicidir. Kişi Allah'a (cc) bilgisi oranında O'na (cc) tevekkül eder. Yukarıda var olan Peygamber örneklerine bir daha bakalım.

Hud (a.s) Allah'a tevekkülüyle dönemin tağutlarına meydan okudu.

"Biz 'İlahlarımızdan biri seni fena çarpmış!' demekten başka bir söz söylemeyiz! (Hud) dedi ki: 'Ben Allah'ı şahit tutuyorum; siz de şahit olun ki ben sizin ortak koştuklarınızdan uzağım. O'ndan başka (taptıklarınızın hepsinden uzağım). Haydi hepiniz bana tuzak kurun; sonra da bana mühlet vermeyin! Ben, benim de Rabbim, sizin de Rabbiniz olan Allah'a dayandım. Çünkü yürüyen hiçbir varlık yoktur ki, O, onun perçeminden tutmuş olmasın. Şüphesiz Rabbim dosdoğru yoldadır. Eğer yüz çevirirseniz şüphesiz ki benimle size gönderileni size bildirdim. Rabbim (dilerse) sizden başka bir kavmi yerinize getirir de O'na hiçbir zarar veremezsiniz. Çünkü benim Rabbim her şeyi gözetendir.' "[9]

Burada asıl dikkat edilmesi gereken ise şu noktadır. Allah'ın sıfatlarına dair zikrettikleridir:

a. Her canlının perçeminden tutan yani kontrolü elinde bulunduran Allah'tır.

b. Allah her şeyi doğru yola ileten olarak evvela kendisi doğru yol üzeredir.

c. Allah kavimleri götürüp, yerine yenisini getirendir.

d. İnsanlar Allah'a zarar veremez.

---

9. *11/Hud, 54-57*

e. Allah her şeyi koruyan, hıfz edendir.

Burada dikkat edilirse meydan okumanın tebellür ettiği, "Ben Allah'a tevekkül ettim" hükmünün bir de arka planı vardır. Yani, Hud *(a.s)* Allah'a dair bu bilgilere sahip olduğu için ona tevekkül etmiş ve bu zorluğun üstesinden gelmiştir.

Verdiğimiz ikinci örnek olan Şuayb *(a.s)* böyledir. Araf suresi 89. ayette tevekkülün arka planında Allah'ın ilmiyle her şeyi kuşatması, dilemesi olmadan hiçbir şeyin olmayacağı, nihai hükmün ona ait olduğu vardır.

İbrahim *(a.s)* örneği de böyledir. Ateş yolunda Allah'ın El-Vekil ve El-Kafi, El-Hasib isimlerini hatırlamıştır. O tevekkülün geri planında Rabbe dair bu bilgiler vardır.

Aynı durum bizler için de geçerlidir. Allah'ı *(cc)* hakkıyla tanımış olsak, yüreklerin ve gözlerin buna binaen de ayakların kaydığı birçok olayda, Allah'a tevekkül edecek, razı olunan bir şekilde sıkıntıyı atlatacağız.

Bugün rızkını temin etmek isteyen bir kardeşimiz meşru yollara sarılmakla elinden geleni ortaya koymuştur. Ancak rızkı daraltılmışsa Allah'a güvenip, dayanıp sabır ve tevekkülle çıkış beklemelidir. Çoğunluk bu sıkıntılı süreçte meşru olmayan yollara saparak daralanı genişletmek ister. Faize bulaşır, dini kimliğinden taviz verir, daha ileri gidip tağutlara kulluk etmeyi göze alıp dinden sıyrılır?

Neden? Rabbine karşı cehaleti onu ezer. Oysa Allah'ın El-Alim ve El-Habir olduğunu bilse, O'nun o sıkıntısından haberdar olduğunu bilecektir. Onun El-Kabia ve El-Basit olduğunu bilse rızkı, dilediğine genişletip, daraltanın O olduğunu bilecektir. O'nun El-Hakim olduğunu bilse. O'nun daraltmasının bir hikmete mebni olduğunu bilecektir.

Bu faydalı bilginin neticesi olarak Allah'a (cc) dayanacak, O'na tevekkül edecek, gönül huzuru içinde sonucu bekleyecektir.

Sonuçlar istediği gibi olmadığı için davet sahasını terk eden, cihad meydanlarını eften püften sebeplerle bırakan, ilmi, cemaati, görevlerini terk eden nice insana şahit oluyoruz.

Hepsinin temelinde Allah'a (cc) cehalet ve buna bağlı olarak tevekkülsüzlük, yani sonuçlara razı olmama vardır.

Allah'a Karşı Hüsn-ü Zan Sahibi Olmak

Aslında bu madde birinci maddenin semeresidir. Allah'ı (cc) hakkıyla tanıyan ona karşı hüsn-ü zan içerisinde olur.

Günlük yaşamda bir işimizi bir kardeşimize emanet edip, ona güvenmemiz için o işte bize kötülük yapmayacağına, emaneti zayi etmeyeceğine dair hüsn-ü zanna ihtiyacımız vardır. En güzel misaller Allah'ındır (cc). Kulun Allah'a güvenip, itimat etmesi, işlerinin neticesini gönül rahatlığıyla Allah'a bırakması, O'na hüsn-ü zan beslemesiyle mümkündür.

Allah'ta (cc) mümin kullarından bunu istemektedir.

"Sizden biri Allah'a hüsn-ü zan beslemeden can vermesin."[10]

---

10. *Müslim*

"Ben kulumun zannı üzereyim."[11]

İnsanın Allah'a hüsn-ü zan beslemesinde hiçbir engel yoktur hakikatte. İnsanı yoktan var eden, ona her türlü nimeti bahşeden, sayısız nimetleriyle hayatını idame etmesini sağlayan ve bunları karşılıksız yapan bir varlık hakkında hüsn-ü zan beslemeyip ne yapacaktır.

Allah hakkında hüsn-ü zan, O'nun kulunu yardımsız bırakmayacağı onun işlerinde onu muvaffak kılacağı, en hayırlı neticeyi kul için takdir edeceğini bilmek ve bu beklentiyle umutla beklemektir.

Bu zan ancak selim kalplerde olur. Hastalıklı kalp sahipleri isteseler de; zamanında işledikleri ve kendisiyle kalplerini karattıkları günahlar zor zamanlarda hüsn-ü zan etmelerine engeldir.

"Aslında siz Peygamberin ve müminlerin ailelerine bir daha dönmeyeceklerini sanmıştınız. Bu sizin gönüllerinize güzel göründü de kötü zanda bulundunuz ve helaki hak etmiş bir topluluk oldunuz." [12]

"Sonra o kederin arkasından Allah size bir güven indirdi ki, (bu güvenin yol açtığı) uyuklama hali bir kısmınızı kaplıyordu. Kendi canlarının kaygısına düşmüş bir grup da, Allah'a karşı haksız yere cahiliye devrindekine benzer düşüncelere kapılıyorlar, 'Bu işten bize ne!' diyorlardı. De ki: 'İş (zafer, yardım, her şeyin karar ve buyruğu) tamamen Allah'a aittir.' Onlar, sana açıklayamadıklarını içlerinde gizliyorlar. 'Bu işten bize bir şey olsaydı, burada öldürülmezdik' diyorlar. Şöyle de: 'Evlerinizde kalmış olsaydınız bile, öldürülmesi takdir edilmiş olanlar, öldü-

---

11. *Müslim*
12. 48/Fetih, 12

rülüp düşecekleri yerlere kendiliklerinden çıkıp giderlerdi. Allah, içinizdekileri yoklamak ve kalplerinizdekileri temizlemek için (böyle yaptı). Allah içinizde ne varsa hepsini bilir.' "[13]

Bu kötü zanları neticesinde Allah *(cc)* onlara zanları gereği muamelede bulunmuş. İslam'ın devlet olduğu bir dönemde kalpleri zilletin en ağırını tatmıştır. Vehm boyutunda korkularla ne hayattan tat almışlardır ne de bu zanları dolayısıyla ahirette bir mükafat.

Allah'a *(cc)* hüsn-ü zannın en güzel örneklerinden biri Hacer annemizn kıssasıdır.

"İbrahim, yüce Allah'ın emri ile eşi Hacer ve oğlu İsmail'i Filistin'den alıp Hicaz'a götürdü. Şimdiki Beytullah'ın yakınında bir yere konakladılar. Yanlarında bir kırba su ve bir miktar da yiyecek vardı. O dönemde Mekke şehri yoktu, çünkü Nuh tufanında Âdem'den beri gelen Kâbe-i Muazzama'nın izleri de kaybolmuştu. Her taraf ıssız ve susuz idi.

İbrahim, Hacer'i ve kucağındaki küçük İsmail'i orada bırakıp, Filistin'e dönmek üzere hazırlanırken, Hacer:

— Ey İbrahim! Bizi bu ıssız ve kimsesiz vadide bırakıp da nereye gidiyorsun? dedi.

İbrahim'in sustuğunu görünce, bu ferasetli ve ihlaslı kadın yeniden sordu:

— Bizi burada bırakmanı sana Allah mı emretti!?

İbrahim:

— Evet Allah emretti, deyince,

---

13. 3/Âl-i İmran, 154

Hacer:

— Öyleyse Allah bizi zayi etmez, diyerek Allah'a tevekkül etti."[14]

Kocasına o ıssız yerde onları terk etme emrini Allah'ın (cc) verdiğini öğrenince "Öyleyse Allah bizi zayi etmez" dedi. Evet, Rabbine olan hüsn-ü zannı onu tevekküle götürdü. Allah'ta ona güzel zannıyla muamelede bulundu. O ıssız yerler Hacer'in hüsn-ü zannına mukabil bereketli topraklara dönüşüverdi.

Buradan bizlere ne güzel dersler vardır. İslam davası için sorumluluk alan, sahada koşturan kardeşler, şu dert, tasa, keder geleceğe dair endişeyi bırakmanın zamanı gelmedi mi?

"Allah bizi zayi etmez." demek için neyi bekliyoruz? O'nun emriyle sahaya inmedik mi? O'nun dilemesi için sıkıntılara göğüs germedik mi?

Öyleyse neden bizi zayi etsin? Artık Hacer annemizin gönül rahatlığıyla amellerden lezzet almanın zamanı gelmedi mi?

Meşru Sebeplere Yapışmak

Tevekkülün yalan olmaması için sebeplere yapışmak şarttır. Hiçbir şey yapmadan Allah'a tevekkül ediyorum demek, şeriatın da, aklın da kabul etmediği şeylerdendir. Şeriat sebepleri terk etmeyi kabul etmez. Çünkü Allah'ın Rasûllere tevekkülü emrettiği her yerde mutlaka o Nebi

---

14. *İbnu'l-Esir, El-Kâmil fi't-Tarih, 1/101.*

elinden geleni ortaya koymuş, netice için tevekkül emredilmiştir. Allah (cc) Rasûlü'ne (sav) şöyle der:

"Allah'a tevekkül et."[15]

...Bu emirden önce ayetin tamamını okuyunca, şunu görürüz:

"O vakit Allah'tan bir rahmet ile onlara yumuşak davrandın! Şayet sen kaba, katı yürekli olsaydın, hiç şüphesiz, etrafından dağılıp giderlerdi. Şu halde onları affet; bağışlanmaları için dua et; iş hakkında onlara danış. Kararını verdiğin zaman da artık Allah'a dayanıp güven. Çünkü Allah, kendisine dayanıp güvenenleri sever."[16]

Yumuşak kalpli olması istenmiş, onların hatalarını affetmesi, onlarla istişare yapması neticede bir karar vermesi, tüm bu sonuçlardan sonray ise netice için Allah'a (cc) tevekkül etmesi istenmiştir.

Yine Allah (cc) Rasûlü'ne "Allah'a tevekkül et"[17] diyor. Ancak öncesinde şu emirleri yerine getirmesini istiyor:

"(Fakat evrensel uyarıcılık görevini sana verdik..) O halde, kafirlere boyun eğme ve bununla (Kur'an ile) onlara karşı olanca gücünle büyük bir savaş ver!"[18]

"(Rasûlüm!) Biz seni ancak müjdeleyici ve uyarıcı olarak gönderdik."[19]

---

15. *3/Âl-i İmran, 159*
16. *3/Âl-i İmran, 159*
17. *25/Furkan, 58*
18. *25/Furkan, 52*
19. *25/Furkan, 56*

"De ki: 'Buna karşılık, sizden, Rabbine doğru bir yol tutmayı dileyen kimseler (olmanız) dışında herhangi bir ücret istemiyorum.' "[20]

Peygamberler Allah'a (cc) tevekkülde en üst mertebeye eriştiler. Buna rağmen davet yaptılar, rızıklarını temin için çalıştılar, kafirlerden korunmak için hicret ettiler, savaşlarda zırh giydiler, kapılarında ashabları onları korudu...

Bunların hepsi tevekkülün şeriat nazarında tevekkül olması için meşru sebeplere yapışılması gerektiğini gösterir.

Akıl da bunu gerektirir. Tevekkülü her şeyden el çekmek olarak gören sapkın tasavvufi, felsefi cereyanlar; çocuk için evleniyor, yemek için sofraya oturuyor, uyuyor, bir barınak edinip korunuyorlar. Bu iddialarında gerçekçi olmuş olsalar Allah'a tevekkül edip öylece beklemeleri gerekirdi. Bu iki manayı cem ederek seleften bir zat: 'Kim tevekkülü eleştirirse imanı eleştirir. Kim de sebeplere yapışmayı eleştirirse sünnete ittibayı eleştirmiş olur.' der.

Tevhid

İmam Ahmed'in (r.h) tevekkül tanımını zikretmiştik. Tevekkül; kalbin amelidir. Yani tevekkülün merkezi kalptir. Şayet kalpte tevhid oturmuş ve şirk necasetine kapılar kapatılmışsa o kalp, Allah'a tevekkülde sorun yaşamaz.

Kalpte olan sevgi, korku ve ümit/reca alemlerin Rabbi olan Allah'a aitse ve bu konuda ortak edinmemişse o kalp Allah'a rahatlıkla tevekkül eder.

Bu duygulardan Allah'ın dışında varlıklara pay verenler Allah'a hakkıyla tevekkül edemezler.

---

20. 25/Furkan, 57

Allah'a Dayanma ve İşleri O'na Tefvid Etme

Kişinin tevekkül etmesi için Allah'ı tanıması hüsn-ü zannı neticesinde ona dayanmayı ve işlerin neticesini ona bırakmayı nefsine telkin etmesi, nefsinden lehine nasihat çıkarması gerekir. Firavun ailesinden iman eden adam ne güzel demişti:

"Size söylediklerimi yakında hatırlayacaksınız. Ben işimi Allah'a havale ediyorum. Şüphesiz Allah, kullarını çok iyi görendir."[21]

O işini Allah'a (cc) tefvid edince Allah'ta (cc) onu korumuştu.

"Nihayet Allah, onların kurdukları tuzakların kötülüklerinden bu zatı korudu, Firavun'un kavmini ise kötü azap kuşatıverdi.."[22]

Bu mertebe için sürekli nefse hatırlatmada bulunulmalı, Allah'a güven, itimat ve işlerin ona tefviz edilmesi hatırlatılmalıdır.

Allah'a İ'tisam

Kalbin sebeplere bağlanmaması, sebepler noktasında aşırılıktan korunmadır. Tevekkülün şeri olması için sebepler mühimdir. Lakin tehlike sebeplerin kalpte yer etmesi, kişinin Allah'a tevekkül ettiğini zan ederken sebeplere tevekkül etmesidir.

Tevekkülde kalp Allah'a (cc) i'tisam etmeli, O'na yapışmalı, O'nu (cc) göz önünde bulundurmalıdır.

---

21. *40/Mümin, 44*
22. *40/Mümin, 45*

"...Namazı kılın, zekatı verin Allah'la i'tisam edin/Allah'a bağlanın. O sizin mevlanızdır. Ne güzel dost ne güzel yardımcıdır."[23]

Rıza

Bu ise tevekkülün semeresidir. Elinden gelenin en iyisini ortaya koyan, neticeyi Rabbine tevdi etmekle tevekkül eden kul, ortaya çıkan neticeye razı olması... Keşkeler batağında ömür tüketmemesidir.

Rıza aslında sahih bir tevekkülün semeresidir. Aynı zamanda kişinin tevekkülünü muhasebe etmesinde ölçüdür.

Kişi bazen hakikaten Allah'a tevekkül eder, bazen de tevekkül ettiğini zanneder. Bu ikisini ayırt etmenin yolu işlerin neticesinde belli olur.

Netice insanın umduğu gibi olduğunda huzur duyuyor, umduğu gibi olmadığında hırçınlaşıyor, öfkeleniyor, bir şeyleri suçluyorsa yani razı değilse bu Allah'a dayanmamış hevasına dayanmıştır. Onun muvafakatına tevekkül etmiştir.

---

23. 22/Hac, 78

Dua

Duanın Fazileti, Önemi, Kapsamı, Etkisi ve Değeri

Duanın, yüce Allah'ın izniyle gücü, etkisi, kapsamı, önemi ve değeri hususunda birçok Müslümanın gaflet içinde olması oldukça üzücüdür. Allah (cc) şöyle buyurur:

"Rabbiniz şöyle buyurdu: 'Bana dua edin, kabul edeyim. Çünkü bana ibadeti bırakıp büyüklük taslayanlar aşağılanarak cehenneme gireceklerdir.' "[1]

Başka bir ayet-i kerimede şöyle buyrulur:

"Kullarım sana, beni sorduğunda (söyle onlara), ben çok yakınım. Bana dua ettiği vakit dua edenin dileğine karşılık veririm. O halde (kullarım da) benim davetime uysunlar ve bana inansınlar ki doğru yolu bulabilsinler."[2]

---

1. *40/Mümin, 60*
2. *2/Bakara, 186*

Duanın, ibadetin genel anlamı içerisinde özel bir yeri olduğunu belirten ve Numan bin Beşir'in (r.a) naklettiği hadis-i şerifte Efendimiz (sav):

"Dua, ibadetin ta kendisidir."[3] diye buyurduktan sonra Mümin suresinin 60. ayetini okur.

Enes'in (r.a) rivayet ettiği bir başka hadis-i şerifte şöyle buyrulur:

"Dua, ibadetin özüdür."[4]

Duanın, ibadetin ta kendisi ve ibadetin özü olarak tanımlanması şüphesiz ki çok önemlidir. Bu ifadeleri bazı alimler duanın 'gerçek ibadet ve ibadet denmeye layık olan' anlamında açıklamışlardır. İbadetin manası esas itibariyle kulun yaptığı bütün taat, yalvarma ve Allah'a (cc) boyun eğmeyi de içine alacak şekilde gayet geniştir. Durum böyle olmakla beraber bunun manası duanın diğer farz ibadetlerin yerine geçtiği anlamına gelmez. Bundan anlaşılması gereken şudur: Dua ibadetin kapsamına girer. Kul, dua ile yüce Allah'a kulluğunu izhar ve ilan etmiş olur. Bu, tıpkı şu hadis-i şerife benzer:

"Hac arafattır, hac arafattır..."[5]

Oysa hac rükunları sadece Arafat'ta vakfe yapmaktan müteşekkil değildir. Arafat'ta vakfe yapmak haccın rükunlarındandır. Rasûlullah (sav) ehemmiyetini vurgulamak ve dikkatleri bunun üzerine yoğunlaştırmak için bu hadis-i

---

3. *Ebu Davud, Tirmizi*
4. *Tirmizi*
5. *Buhari, Müslim, Ebu Davud, Tirmizi, Nesai, İbni Mace*

şerifinde haccı bu rükunla beraber izah etmiştir. Aynı usülü başka bir hadis-i şerifte de görmekteyiz:

"Din nasihattir..."[6]

Bu hadis-i şerifte de dinin nasihatten başka bir şey olmadığı anlaşılmamaktadır ki, bu gayet açıktır. Din, esasen hayatın bütününü kapsar. Bununla beraber dinin ayakta kalması, toplum içerisinde yaşanması ve her türlü hayırlardan istifade edilebilmesinin sürdürebilmesi için içtenlikle, samimiyetle yapılacak nasihatler de şarttır.

Nasihatin ve genel manada iyiliği emretmek ve kötülükten sakındırmanın olmadığı bir toplumda dinin ve Müslümanların safiyetlerini muhafaza etmeleri çok zordur. Rasûlullah (sav) bu konuya verdiği önemi göstermek ve ümmeti bu hususu hakkıyla bilmeye yönlendirmek için bu ifadeyi beyan buyurmuştur. Esasen din, zahiriyle ve bâtınıyla tamamen nasihatten, yani bir anlamıyla samimiyetten oluşur.

'Duanın ibadetin ta kendisi ve özü' olduğu yönündeki ifadeler de bu çerçevede anlaşılmalıdır. Zira dua eden bir kul aynı zamanda kulluğun birçok gereklerini de ifa etmiş olmaktadır. Aslında diğer tüm ibadetlerin de dua odaklı olduğunu söylemek mümkündür. Mesela, dinin direği olan namaz baştan sona dua ve zikirdir. İçinde dua bulunmayan ibadet olmadığı için bu ifadeler çok veciz anlamlar ihtiva etmektedir.

Hakikat şudur ki, dua olmadan kulluğun tanımı da eksik kalır. Çünkü kulluğun odağında dua vardır. Mesela,

---

6. *Müslim*

'Kulluk nedir?' diye bir soru sorulursa verilecek cevap şu çerçevede olacaktır:

'Kulluk, Allah ile beraberliği sürekli olarak hissedebilmek ve bu şuurla yaşayıp kulluğun gereklerini eksiksiz olarak yerine getirmeye çalışmaktır.' Kök manası itibariyle 'köle' olarak da isimlendirilebilecek kul, aynı zamanda fakir, muhtaç ve aciz bir köle gibi kendini efendisine teslim eder, ona boyun eğer, nefsindeki türlü çekişmeleri bırakır ve efendisiyle birlikte olmayı arzular. Burada kullanılan 'köle' tabiriyle kastedilen, yüce Allah'a kulluk makamıdır. Evet, kulluk makamı. Zira dünya hayatında insan için yüce Allah'a kul olmak ve bu kulluğun gereklerini yerine getirmeye çalışmaktan daha büyük bir makam yoktur. Öyleyse izzet ve hürriyetlerin en büyüğü Allah'a (cc) kul olmaktır. Yüce Allah'a layıkıyla kul olanlar dünyevi makamlara veya başka kullara kul olmak zilletinden ebediyen kurtulmuş olurlar.

Dua makamı da ancak Allah'a (cc) kul olanların ulaşabilecekleri bir mertebedir. Çünkü kibir ve enaniyet sahibi olup Allah'tan başka şeylere kulluk edenler Allah'a dua etmek izzetinden mahrum kalırlar. Kendilerini müstağni gören ehli kibir böyle bir ihtiyaç dahi hissetmezler. Çünkü dua eden kimsenin durumu, tıpkı bir çocuğun ebeveynine olan ihtiyacı, güvenmesi, onlardan başka kimseyi tanımaması ve onlardan başkasına yönelmemesi durumuna benzer. Bir tezellül halinde olup korunma ihtiyacını çok güçlü bir şekilde hisseder. Kulluğun hakikatini idrak eden bir kimsenin hayatında duaya çok daha fazla yer olur. Kalpte iman, takva, ihlas ve tevazu arttıkça bunlara paralel olarak dualar daha da nitelikli bir şekilde çoğalacaktır.

Burada mühim bir hususa değinmek faydalı olacaktır. Kişinin hayatında dua olmaması onun nefsini ilah edindiğini, kendini Rabbine karşı müstağni gördüğünü, Rabbine karşı mütekebbir olduğunu gösterir. Bu ameller dahi insanı alabora etmeye yetiyor. Ne demek Allah'a karşı tekebbür? Ben Müslümanım diyen birinin asla kendine yakıştıramayacağı bir durum?

Ancak din, iddialardan ibaret değildir... Din iddiaların pratikle desteklenmesidir. Allah (cc) duadan yüz çevirenlere, "Allah'a karşı ibadeti terkedip büyüklük taslayanlar" buyuruyor. Duayı terk eden kabul etse de etmese de Rabbine karşı tekebbür etmiş, nefsini Allah'ın (cc) yardımından müstağni görmüştür.

Hususen İslam davası için çalışan Müslümanların en ciddi azığı dua olmalıdır. Rabblerinin yardımı olmadan hangi başarıyı elde edecek, hangi hususta ilerleme kaydedeceklerdir.

İslam davasının gönüllü hizmetkarları her işlerinden önce duaya sarılmalı, nefislerini ve amellerini Allah'tan müstağni görme kibrinden kendilerini korumalıdırlar.

Hiç unutmadığım ve beni etkileyen bir olayı paylaşmak istiyorum. Çocuklara öğretmenlik yapan, hayatlarında birçok fedakarlığa imza attıklarına bizzat şahit olduğum öğretmen kardeşlerimizle bir toplantı yapıyorduk. Ellerinden gelen her şeyi yapmalarına rağmen çocukların bazısında kendilerinden istenileni tam yapamadıklarını, sorun yaşadıklarını ve bu durumun şevklerini kırdığını anlattılar.

Teknik olarak ellerinden gelenin en iyisini yapmaya çalıştıklarına şahit olan ben sordum: 'Sorunlu çocuklar için dua ediyor musunuz?'

Cevap 'hayır'dı elbet. Bu konuyu konuşmanın gereksiz olduğunu, İslami hizmetin ana direği olan duanın olmadığı takdirde ilerleme beklemenin beyhude olacağını anlattım. Sadece bir kaç gün beş vakit namazın akabinde bu hususta özel dua etmelerini nasihat ettim.

Bir sonraki gün öğretmenlerden biri; şu itirafta bulundu. Serviste, eğitim alanında sanki o çocuklar gitmiş yerine yepyeni, sakin yaramazlık denen şeyi bilmeyen çocuklar gelmişti. Bu halin devam edip etmediğini bilmiyorum. Ancak bir günlük duanın ertesinde gözle görülür bir fark olduğunu biliyorum.

Bunun gibi biriyle çok uğraştığını ama bir türlü tevhid ve sünnet davetine icabet etmediğini söyleyen kardeşe 'Onun için yalvara yakara dua ettin mi?' diyorum. Şaşırıyor. Oysa kalpler Allah'ın elindeyse ve hidayet eden de Allah (cc) ise ve biz buna gerçekten inanıyorsak nasıl dua etmeyelim?

Duanın Adabı

Rasûlullah (sav) şöyle buyurmuştur:

"Muhakkak ki Rabbiniz El-Hayy'dır ve El-Kerim'dir. O'na karşı ellerini açarak kaldırdığında (bu elleri) boş çevirmekten hayâ eder."[7]

Bu hadis-i şerif esasen mümin kullar için dua adabı hakkında birçok faydaları barındırır. Kul, dua ederken bunu birkaç şekilde yapması mümkündür. Duayı ya sadece çok dara düştüğü ve türlü musibetlere maruz kaldığı sırada eder; ya bazı özel zamanlarda ve mekanlarda söylenmesi, tekrarlanması gereken kutsal metinler olarak görür ve âde-

---

7. *Ebu Davud, Tirmizi, İbni Mace*

ten okur; veyahut duanın adabı ve kabulünün şartlarına riayet ederek bir ibadet ciddiyeti ile dua eder.

Duanın adabına riayet etmek dua edenin duasının kabulü için kemâl şartındandır, denilebilir. Bu durumda yapılan duanın yüce Allah (cc) katında makbul ve müstecâb olması ümidi de çok daha kuvvetli olur. Tıpkı namazın şartları ve rükunleri yerine getirilmekle beraber sünnette yer alan adab ve kemâl şartları da gözetildiğinde Allah katındaki değerinin artması gibi dua da böyledir.

1. Duaya Allah'a hamd ve senâ, Rasûlullah'a salât ile başlamak ve bitirmek

Fedâle bin Ubeyd (r.a) anlatıyor:

"Rasûlullah, Peygamber'e salâtu selam getirmeden dua eden bir adamın duasını duydu ve şöyle buyurdu: 'Bu adam acele etti' sonra onu çağırıp ona (veya başka birine) şöyle buyurdu: 'Sizden biri dua ettiğinde (duasına) Allah'a hamdu senâ ile başlasın, sonra elçisine salâtu selam getirsin, ondan sonra istediği duayı yapsın.' "[8]

Dua edenin dua ederken uyması gereken adabın ilki, dua ve dilek makamı, El-Muğnî ve El-Vehhab olan yüce Allah'a çokça hamd etmesi, O'nu (cc) noksan sıfatlardan tenzih etmesi, mecid, kadri yüce, şanlı, izzet sahibi ve diğer güzel isim ve sıfatlarla O'nu yüceltmesidir. Hemen akabinde Rasûlullah'a (sav) salât ve selam getirmelidir.

Bu usül ve adabın benzeri insanlar arasında da adab-ı muaşeret (görgü kuralları) olarak yerleşiktir. Herhangi bir şeye ihtiyacı olan bir kimse bu ihtiyacı için komşusuna

---
8. *Ebu Davud, Tirmizi, Nesai*

başvurduğunda direkt olarak 'Hey komşu bana şunu versene!' demez. Dese de bu ondaki muaşeret eksikliğini gösterir. Usulen komşunun kapısını, zilini çalar. Önce bir merhabalaşır, selamlaşır, hal-hatır sorar sonra da ihtiyacı olan şeyin ne olduğunu söyler ve tatlı bir dille ister.

Kulların kendi aralarındaki münasebetlerde dahi böyle bir adaba ve üsluba riayet ediyorken, tüm kainatı yaratan, hesapsız rızık veren ve mülkün yegane sahibi yüce Allah'a dua edilirken Rasûlullah'ın *(sav)* bizlere öğretmiş olduğu adabı en güzel bir şekilde yerine getirmek Müslümanın güzelliklerindendir.

2. Duada meşru tevessül

Kulun Allah'a *(cc)* yönelip dua ederken, cevazı ve meşruiyeti naslarla sabit olan bazı şeyleri vesile kılarak tevessülde bulunabilir. Vesile; bir arzuyla ya da dilekle bir şeye ulaşmaya, yaklaşmaya veya kendini O'na yakın etmeye çalışmaktır. Kişinin Allah'a yaklaşma, yakınlaşma veya kendini Allah'a yaklaştırma vesilesi edindiği namaz gibi farz ibadetler ve salih ameller bu türdendir. Dua ederken kendisiyle tevessülde bulunması meşru olan şeylerden biri de yüce Allah'ın isim ve sıfatlarıdır.

a. Allah'ın İsim ve Sıfatlarıyla Tevessülde Bulunmak

Allah *(cc)* kendisini bazı isim ve sıfatlarla isimlendirmiş ve kullarına bu isimlerle tanıtmıştır. Allah'ın sevdiği ve hoşnut olduğu bu isimlerle tevessülde bulunarak dua etmek, yapılan duanın Allah *(cc)* katındaki değerini arttırır. Bu isim ve sıfatlar her yönüyle mükemmeliyet ve mutlak manalar ihtiva eder. Nitekim Allah da *(cc)* kullarını Esma-i Hüsna ile dua etmeye çağırır.

"En güzel isimler Allah'ındır. O halde O'na o güzel isimlerle dua edin..."⁹

Bu ayet-i kerime esasen kulun yüce Allah'a nasıl dua etmesi gerektiği hususunda bir adap öğretmektedir. Esma-i Hüsna arasında 'İsm-i Azam' ya da 'İsm-i Ekber' olarak tanımlanan bazı isimler vardır ki, hadis-i şeriflerde beyan buyrulduğu üzere bu isimlerle yapılacak duaların Allah (cc) katında değeri çok daha yüksektir. Aynı zamanda kabulü ve icabeti daha kısa zamanda gerçekleşecektir.

Büreyde (r.a) anlatıyor:

"Rasûlullah bir adamın 'Allah'ım şahadet ederim ki, şüphesiz sen, senden başka hiçbir ilah olmayan Allah'sın. Doğurmayan ve doğrulmayan, hiç kimsede dengi olmayan Bir'sin, Samed'sin (işte böyle diyerek) senden istiyorum' dediğini duydu ve şöyle buyurdu: 'Nefsim elinde olan Allah'a yemin ederim ki o Allah'ın ism-i azam ile dua etmiştir ki, onunla dua edildiği zaman Allah kabul eder. Onunla istendiği zaman (Allah) verir."¹⁰

Esmâ binti Yezid'in (r.anha) naklettiği bir başka hadis-i şerifte Rasûlullah (sav) şöyle buyurur:

"Allah'ın en büyük ismi (ism-i azam) şu iki ayettedir:

'İlahınız bir tek Allah'tır. O'ndan başka ilah yoktur. O, rahmandır, rahimdir.'¹¹

Ve Âl-i İmran suresinin başı olan:

---

9. 7/Araf, 180
10. Ebu Davud, Tirmizi
11. 2/Bakara, 163

'Elif. Lam. Mim. Hayy ve Kayyum olan Allah'tan başka ilah yoktur.'[12] "[13]

Bu ayetlerin bütününde yüce Allah'ın şu isimleri geçmektedir: Allah, El-Hayy, El-Kayyum, Er-Rahman ve Er-Rahim.

Kul, dua ederken başlangıçta bu isimleri zikretmek ve bununla tevessülde bulunmakla hadis-i şerifte de belirtildiği üzere ism-i azam ile tevessülde bulunmuş ve bunlarla Allah'tan (cc) dilekte bulunmuş olur.

Kur'an-ı Kerim'de dua lafızları içeren ayetlere dikkat edilirse Peygamberlerin (as.) dilinden yapılan dualar رَبِّ veya رَبَّنَا (Rabbim veya Rabbimiz) diye başlar.

"(Adem ile eşi) dediler ki: 'Ey Rabbimiz! Biz kendimize zulmettik. Eğer bizi bağışlamaz ve bize acımazsan mutlaka ziyan edenlerden oluruz.' "[14]

"Nuh: 'Rabbim! Yeryüzünde kâfirlerden hiç kimseyi bırakma!' dedi."[15]

"...(O ve müminler şöyle dediler:) 'Rabbimiz! Ancak sana dayandık, sana yöneldik. Dönüş de ancak sanadır. Rabbimiz! Bizi, inkâr edenler için deneme konusu kılma, bizi bağışla! Ey Rabbimiz! Yegâne galip ve hikmet sahibi, ancak sensin.' "[16]

---

12. 3/Âl-i İmran, 1-2
13. Ebu Davud, Tirmizi
14. 7/Araf, 23
15. 71/Nuh, 26
16. 23/Mümtehine, 4-5

"O (İbrahim): 'Rabbim! Bana sâlihlerden olacak bir evlat ver' dedi."[17]

"Ey Rabbim! Beni ve soyumdan gelecekleri namazı devamlı kılanlardan eyle; ey Rabbimiz! Duamı kabul et!..."[18]

"(Yusuf:) 'Rabbim! Bana zindan, bunların benden istediklerinden daha iyidir! Eğer onların hilelerini benden çevirmezsen, onlara meyleder ve cahillerden olurum!' dedi."[19]

"Musa: 'Rabbim! Doğrusu kendime zulmettim (başıma iş açtım). Beni bağışla,' dedi. Allah da onu bağışladı. Çünkü, çok bağışlayıcı, çok esirgeyici olan ancak O'dur."[20]

"Orada Zekeriyya, Rabbine dua etti: 'Rabbim! Bana tarafından hayırlı bir nesil bağışla. Şüphesiz sen duayı hakkıyla işitensin,' dedi."[21]

Yüce Allah'ı (cc) en iyi bilen ve Allah'a en iyi kullukta bulunan Peygamberlerin, dualarına bu hitapla başlamaları şunu gösterir. Duaya bu hitapla başlamak başka türlü başlamaktan daha efdaldir. Rasûlullah (sav):

"Dua ederken 'Ya ze'l Celali ve'l İkram' deyin." buyurur.

Bu konuyla ilgili Nebevi öğüt ve dua adabı örnekleri çoktur. Başka bir hadiste Yunus'un (as.) duasıyla dua eden mümin kulun duasının makbul ve müstecab olacağı müjdelenmektedir. Konuyla ilgili ayeti kerimede yüce Allah, Yunus'un (as.) şöyle dua ettiğini bildirmektedir:

---

17. *37/Saffat, 100*
18. *14/İbrahim, 40*
19. *12/Yusuf, 33*
20. *28/Kasas, 16*
21. *3/Âl-i İmran, 38*

"...Nihayet karanlıklar içerisinde: 'Senden başka hiçbir ilah yoktur. Seni tenzih ederim. Gerçekten ben zalimlerden oldum.' diye niyaz etti. Bunun üzerine onun duasını kabul ettik ve onu kederden kurtardık. İşte biz, müminleri böyle kurtarırız."[22]

O halde dua etmeye başlarken Kur'an ve sünnette varid olan Esma-i Hüsna'dan isimlerle başlamalı ve bunlarla tevessülde bulunmalıdır. Şüphesiz ki bu, yüce Allah'ın razı ve hoşnut olduğu bir dua şeklidir.

b. İman ve Salih Ameller ile Tevessülde Bulunmak

Kulun, yüce Allah'a dua ederken sahip olduğu imanla veyahut geçmişte ihlas üzere Allah (cc) yolunda yapmış olduğu salih amelleriyle tevessülde bulunması meşrudur. Bunları vesile kılarak yapacağı dua yüce Allah'ın bu duaya kabul ve icabetini celbedecektir. Bununla ilgili olarak Kur'an-ı Kerim'den bir kaç örnek vermek yerinde olacaktır:

"Rabbimiz! Şüphesiz biz iman ettik, artık günahlarımızı bağışla bizi ateş azabından koru."[23]

"Rabbimiz! Şüphesiz ki biz 'Rabbinize inanın!' diyerek imana çağıran bir davetçiyi (Peygamberi, Kur'an-ı) işittik, hemen iman ettik. Artık bizim günahlarımızı bağışla, kötülüklerimizi ört, ruhumuzu iyilerle beraber al."[24]

"...Rabbimiz! İman ettik, bizi (hakka) şahid olanlarla beraber yaz."[25]

---

22. 21/Enbiya, 87-88
23. 3/Âl-i İmran, 16
24. 3/Âl-i İmran, 193
25. 5/Maide, 83

Kul, bazen hiç kimsenin bulunmadığı bir durumda salih amel işleme imkanı bulabilir. Bu durumdayken yaptığı salih amelin ihlas üzere yapılmış olması kuvvetli bir ihtimaldir. Çünkü övgü ve gösteriş için etrafında hiç kimse bulunmamaktadır. Ama Allah'ın (cc) ilminin kendisini de kuşattığını bilir.

Böyle halisane bir bilinç ve sıhhatli bir duyarlılık sahibi olduktan sonra insan seli kalabalıklar içerisinde de olsa, bu mümin kul yaptığı ameli Allah yolunda yapar. İşte iman ile arınmış ve salih ameller ile ziynetlenen bir kalbe sahip olan bir Müslüman bu imanını, salih amellerini yüce Allah'a yaptığı dualarında vesile olarak arz edebilir. Şüphesiz ki, yüce Allah, dua sahibinin kendisiyle tevessülde bulunduğu amelin hakikatte ne olduğunu en iyi bilendir. Yapılan amel ihlas üzere ve sırf Allah (cc) rızası için yapılmışsa bu amel sahibinin yaptığı duayı da kabul eder ve icabette bulunur.

Duada salih ameller ile tevessülde bulunmak hususunda Rasûlullah'ın (sav) anlattığı şu kıssa tüm Müslümanlar için örnektir.

Abdullah bin Ömer (r.a):

"Rasûlullah'ı şöyle buyururken işittim:

— Sizden öncekilerden üç kişilik bir topluluk yola çıkmıştı. Nihayet gecelemek için bir mağaraya sığınıp içerisine girdiler. Arkasından dağdan bir kaya yuvarlanarak mağarayı üzerlerine kapattı. Bunun üzerine: 'Şu biline ki amellerinizin salih olanıyla Allah'a dua etmenizden başka bir şey sizi bu kayadan kurtaramaz' dediler.

Onlardan biri:

— Ey Allah'ım! Benim yaşları ilerlemiş ihtiyar anne ve babam vardı ve kendilerinden önce akşam içecekleri sütü ne aileme ne de hizmetçilerime içirirdim. Bir gün bir şey aramak için gitmem beni onlardan uzaklaştırdı. Bu yüzden onlar uyuduktan sonra dönüp gelebildim. Hemen onların akşam sütünü sağıp geldim ama anne ve babamı uyur buldum. Bu arada kendilerinden önce de aileme veya hizmetçilerime akşam sütü içirmeyi istemedim. Bu yüzden iki elimde süt kabı şafak sökene kadar onların uyanmasını bekleyerek durdum. Allah'ım! Eğer bunu senin rızanı elde etmek için yaptıysam şu kaya yüzünden içinde bulunduğumuz sıkıntıyı bizden gider, dedi.

Bunun üzerine kaya hiç kimsenin dışarıya çıkmasına imkan vermeyecek şekilde biraz açıldı.

Bir diğeri de:

— Ey Allah'ım! Benim amcamın kızı vardı, onu çok seviyordum. Bu yüzden kendisini bana teslim etmesini istedim. Fakat kabul etmedi. Sonunda kıtlık yılları geldi. Bu yüzden bana geldi. Ben de ona benimle kendisi arasındaki engeli kaldırması şartıyla yüz yirmi dinar verdim. O da söyleneni yaptı. Nihayet onu elde ettiğimde (nikahı kastederek) bana: 'Allah'tan kork! Hukukun dışında (bekaret) mührünü silmeni sana helal etmem' dedi. Bu yüzden ona sahip olmam nedeniyle işleyeceğim günahtan çekindim ve çok arzu ettiğim kadını bırakıp ayrıldım, verdiğim altınları da kendisine bıraktım. Allah'ım! Eğer bunu senin rızanı elde etmek için yapmış isem şu kaya yüzünden içinde bulunduğumuz sıkıntıyı bizden gider, dedi.

Bunun üzerine kaya biraz daha açıldı fakat hala mağaradan dışarı çıkamıyorlardı.

Üçüncüsü de:

— Ey Allah'ım! Ben birçok işçi çalıştırdım. Ücretini almadan giden bir adam dışında ücretlerini de kendilerine vermiştim. Ücretini bırakan adamın parasını sermaye olarak çalıştırdım. Neticede bu paradan bir hayli mal çoğaldı. Bir süre sonra bu adam çıkıp geldi ve bana 'Ey Allah'ın kulu! Ücretimi bana öde' dedi. Ben de kendisine 'Şu gördüğün deve, sığır, koyun ve hizmetçi köle nevinden hepsi senindir' dedim. O da 'Ey Allah'ın kulu! Benimle alay etme' dedi. Ben de 'Ben seninle alay etmiyorum' dedim. O da mallarını aldı, sürüp götürdü, hiçbir şey bırakmadı. Allah'ım! Eğer bunu senin rızanı elde etmek için yapmış isem şu kayanın yüzünden içinde bulunduğumuz sıkıntıyı bizden gider, dedi.

Bunun üzerine kaya açıldı hemen oradan yürüyüp gittiler."[26]

c. Me'sur Dualarla Dua Etmek

Buradaki kasıt Kur'an-ı Kerim'de zikredilen dua ayetleri ve Rasûlullah'tan (sav) rivayet edilen dualardır. Bu dualar herhangi bir yere ve zamana tahsis edilmeksizin her zaman ve mekanda okunabilecek genel kapsamlı dualardır. Rasûlullah (sav) şöyle buyurur:

"— Muhtevasında günahkarlık yahut akrabalık bağlarını kopartmak söz konusu olmayan bir dua ile Allah'a dua eden bir Müslümana mutlaka Allah bu duası karşılığında şu üç hususdan birisini verir: Ya duasındaki isteği dünyada verilir, yahut Allah duasının karşılığını ahirette mükafat olarak ona saklar yahut da o duasına mukabil bir kötülüğü Allah ondan uzaklaştırır.

---

26. *Buhari, Müslim*

Ashab:

— O halde, biz de çok dua ederiz, deyince Rasûlullah:

— Allah'ın bağışları daha çoktur, diye buyurdu."[27]

Şüphesiz ki Peygamberler, Allah'ı ve O'nun azamet ve celaline yakışan kulluğu en iyi bilen ve gereklerini en iyi şekilde getirmekle beraber yüce Allah'a nasıl dua edileceğini de en iyi bilenlerdir. Özellikle de Peygamber Efendimiz (sav) ümmetine dua adabıyla beraber çok sayıda dualar öğretmiştir. Önceki Peygamberlerin dualarını da Kur'an-ı Kerim'den öğrenmekteyiz. Mesela, Adem (as.) eşiyle beraber şöyle dua etmişlerdir:

"(Adem ile eşi) dediler ki: 'Ey Rabbimiz! Biz kendimize zulmettik. Eğer bizi bağışlamaz ve bize acımazsan mutlaka ziyan edenlerden oluruz.' "[28]

Kul günah işledikten sonra Allah'a (cc) tevbe eder ve bağışlanma dilerken kullanacağı cümleler ne olursa olsun Allah katında makbul olmakla beraber yukarıda zikrettiğimiz dua metni hem ayet-i kerime olması hem de kabul olunmuş bir dua olması açısından daha değerlidir. Yapılan tevbenin nasıl olması hususunda da kalpte manevi bir kuvvetin hasıl olmasına vesile olur.

İstiğfar etmek kul için emrolunan bir şeydir. Rasûlullah'da (sav) nasıl ve hangi lafızlarla istiğfar etmemiz gerektiğini 'seyyidu'l istiğfar' diye isimlendirdiği dua ile öğ-

---

27. İmam Ahmed, Tirmizi
28. 7/Araf, 23

retmektedir. Bu duayı ümmetine tavsiye etmiş ve şöyle buyurmuştur:

"Kim bunu akşamladığı vakit içtenlikle inanarak söyler de o gece ölürse cennete girer. Sabahladığı vakit yaparsa da böyledir..."[29]

"Allah'ım! Sen benim Rabbimsin. Senden başka hak ilah yok. Beni sen yarattın ve ben senin kulunum. Gücüm yettiğince sana verdiğim aht ve vaad üzereyim. Yaptıklarımın şerrinden sana sığınırım. Üzerime olan nimetini ve günahlarımı kabul ve itiraf ediyorum. Beni bağışla. Şüphesiz günahları ancak sen bağışlarsın."[30]

Bu müjdeyi elde edecek bir dua varken kulun kendi kendine ürettiği lafızlarla meşgul olması kazançtan çok kayıplara neden olacaktır.

Yunus (as.) kavmine tebliğde bulunurken onların duyarsızlığına kızdığı için emrolunmadığı halde onları terk etmiş, yaptığından ötürü de yüce Allah'a tevbe etmiş ve istiğfarda bulunmuştur. Allah da (cc) Yunus'un (as.) duasını kabul ederek bu duanın kabulünün tüm müminler için geçerli olduğunun müjdesini de vermektedir.

"Zünnun'u (Yunus'u) da zikret. O öfkeli bir halde geçip gitmişti; bizim kendisini asla sıkıştırmayacağımızı zannetmişti. Nihayet karanlıklar içinde: 'Senden başka hiçbir ilah yoktur. Seni tenzih ederim. Gerçekten ben zalimlerden oldum!' diye niyazetti. Bunun üzerine onun duasını kabul ettik ve onu kederden kurtardık. İşte biz müminleri böyle kurtarırız."[31]

---

29. *Buhari*
30. *Buhari*
31. *21/Enbiya, 87-88*

Yunus'un (as.) dili ile yapılacak dua kulun alelâde lafızlarla yapılacağı duadan hem daha kapsamlı hem de yüce Allah katında daha değerlidir.

Bu sebeplerden dolayı Kur'an-ı Kerim'de geçen dualar ile Efendimiz'den (sav) nakledilen duaları bir araya toplayarak bunlarla dua etmek suretiyle dillerin ziynetlendirilmesi ve kalplerin tenviri için azami gayret gösterilmelidir. Bunlardan daha kolay olanı ise bahsettiğimiz me'sur duaların toplu olarak bulunduğu dua kitaplarından istifade edilerek ezberlenmesi ve bunlara günlük yaşamda hatırı sayılır bir yer verilmesidir.

d. Allah'a, Yakin Üzere Dua Etmek

Dua ederken kalbin yapılan duanın kabul edileceğine dair yakin üzere bulunması da duanın adabındandır. Nitekim Rasûlullah (sav) şöyle buyurmuştur:

"Allah'a kabul edileceğini bilerek dua edin! Çünkü Allah gafletle yapılan duaları kabul etmez."[32]

Rasûlullah (sav) duada istisna yapmaktan da men etmiştir. Bu konuyla ilgili hadis-i şerif'te şöyle buyurmuştur:

"Sizden biri dua ettiği zaman 'Allah'ım! Eğer dilersen beni bağışla!' demesin! İsteğinde samimi ve azimli olsun. Çünkü hiç kimse Allah'ı zorlayamaz."[33]

Duada istisna yapmak, kulun müstağni olduğu manasına da gelebilir ki, böyle bir durumda yapılacak dua Allah (cc) katında değerli olmaz. İstisnanın terk edilmesi, dua

---

32. *Tirmizi*
33. *Buhari, Müslim*

eden kulun yapacağı duanın yüce Allah katında makbul ve müstecab olmasına vesile olacaktır. Zira dua eden kul fakrını, muhtaçlığını ve tezellülünü Allah'ın huzurunda izhar etmekle bir taraftan kulluk izzetinin basamaklarından yükselirken öte yandan Allah'ın hoşnutluğunu kazanır. Duada samimi ve ısrarcı olmak da duanın adabındandır. Rasûlullah (sav) duada ısrarcı olunmasını haber vermiş ve İbni Mesud'un (r.a) naklettiğine göre dua ederken lafızları üçer kez tekrar etmiştir. Kalp farklı bir şeyle meşgulken yapılan duanın kula hiçbir faydası olmaz. Bunun için samimi olarak azimle ve yakin üzere dua etmelidir. Duada sebat edip kabul edileceğine tam iman etmelidir.

e. Duanın Kabulünde Acele Etmemek

Dua eden kulun bir tarafta dua ederken, öte tarafta duasının kabul edilip edilmediği hakkında bir fikir edinmek amacı güderek gözleriyle gökyüzünü yoklaması duanın adabına aykırıdır. Duanın kabulünde aceleci olunmamalıdır. Rasûlullah (sav) şöyle buyurmuştur:

"Sizden birinin duası, acele edip 'Rabbime dua ettim de kabul etmedi' demediği müddetçe, mutlaka kabul edilir."[34]

Diğer meselelerde olduğu gibi duada da aceleci olmak insanın fıtratındandır. Ancak bu aceleciliğin terbiye edilmesi, törpülenmesi ve duanın adabına uygun hareket etme kıvamına getirilmesi zaruridir. Aceleci olmamakla beraber duada ısrar, istenilenin elde edilmesine vesile olacaktır.

Kul dua ederken ubudiyetin yani kulluğunun birçok yönünü açığa çıkarmış olur. Allah'ın (cc) tüm isim ve sı-

---

34. *Buhari, Müslim*

fatlarını bilen ve içtenlikle inanan bir kulun dualarının karşılığını hemen görmek istemesi düşünülemez. Zira bilir ki, isteği hemen verilmese de bu duasının kabul olunmadığı anlamına gelmez. Bu duası Yevm-i Teğabun'da yani kıyamet günü, kâr-zarar gününde en çok ihtiyaç duyduğu bir anda büyük bir mükafat olarak karşısına çıkabilir. Yahut dünya hayatında karşılaşması mukadder olan büyük bir musibete yüce Allah kulun samimi olarak azimle ve ısrarla yaptığı bu duayı engel kılmıştır. Bunun böyle olduğuna Yunus'un (as.) kavminin yaptığı dua vesilesiyle, yüce Allah'ın onlar için takdir ettiği azabı kaldırmasını konu edinen Yunus suresinin şu ayeti delildir:

"Yunus'un kavmi müstesna, (halkını yok ettiğimiz ülkelerden) herhangi bir ülke halkı, keşke (kendilerine azap gelmeden) iman etse de bu imanları kendilerine fayda verseydi! Yunus'un kavmi iman edince, kendilerinden dünya hayatındaki rüsvaylık azabını kaldırdık ve onları bir süre (dünya nimetlerinden) faydalandırdık."[35]

Ayrıca önceki sayfalarda kaydettiğimiz ve İmam Ahmed ve Tirmizi'nin (r.h) rivayet ettikleri hadis-i şerif de bu hususa açıklık getirmektedir.

Allah (cc) sevdiği ve hoşnut olduğu kulun kendisinden talepte bulunarak dua etmesinin devamlı olmasını ister. İsteğini tehir ederek ya da başka türlü icabet ederek kulun ısrarla duasına devam etmekle derecelerinin artmasını murad buyurur. İbni Mace'nin Müsned'inde kayıtlı bir hadis-i şerifte Rasûlullah (sav) şöyle buyurmuştur:

---

35. 10/Yunus, 98

"Allah'a dua edip de (O'ndan) dilekte bulunmayana Allah gazap eder."

Kulun aceleciliği kendisi için hiç ummadığı ve belki altından da kalkamayacağı bir takım şeylere muttali olmasına sebebiyet verebilir. Çünkü zahiren kendisi için çok faydalı ve hayırlı olarak gördüğü duasının konusu olan isteğinin hakikatte dünya ve ahiret hayatı için felaketlere neden olabileceğini bilemez. Kur'an-ı Kerim, insanın bu psikolojik yönüne şöyle temas eder:

"İnsan, hayra dua eder gibi şerre de dua etmektedir. İnsan pek acelecidir..."[36]

İnsanlar, öfkelendiklerinde, bir güçlükle karşılaştıklarında veyahut bir musibete maruz kaldıklarında öfkelendiklerine beddua eder, güçlüklerden metanetle kurtulmak için çaba harcayacaklarına acelecilik ederek tez elden kurtulmak isterler. Bunlar olmayınca da kötümser ve ümitsiz bir ruh haline sürüklenerek ruhsal ve sinirsel hastalıkların pençesine düşerler.

Müminleri bu türden hastalık potansiyeline sahip geniş kitlelerden ayıran en önemli hususlardan bir tanesi de duadır ve duada sabırlı ve ısrarlı olup acele etmemesidir.

Kimisi yüce Allah'tan (cc) ilim talep eder. Fakat bu duasına icabet edilmez. Bu sebeple şevki kırılıp ümitsizliğe düşer. Dualarına icabet edilmediğini ve yaptığı bunca duanın boşa gittiği vehmine kapılır. Oysa yüce Allah'ın, bu duasına üç hususu biriyle icabet etmiş olduğunu düşünmez. O, acele olanı ister. Allah (cc) onun ilim elde

---

36. 17/İsra, 11

etmesinin dünya ve ahireti için kötü sonuçlar doğuracak bir azgınlığa veya sapkınlığa neden olacağını bilmiş ve duasına, ilim vermek yerine diğer hususlardan biri ile icabette bulunmuştur.

O kul ise duasına icabet olunmadı diye kendi kendini dağlamaya devam eder. Bundan dolayı kul kendi dünya ve ahireti için hayırlı ve güzel olanı istemeli ve bu isteğinde aceleci olmamalıdır. Dua ettikten sonra tam bir tevekkülle Allah'a tevekkül etmelidir.

f. Sıkıntı veya Ferahlık Anında Duaya Devam Etmek

Malumdur ki dua herhangi bir hal, zaman ya da mekan ile sınırlı değildir. Genişlikte Allah'ı anmayan, O'na yönelmeyen ve dua etmeyen kimsenin sıkıntı anlarında dua edebilmesi de hayli zordur. Zira kalpte dua ve tazarru için önceden yapılmış bir arınma olmadığından musibet anında dil ağırlaşır. Ancak insanın beşer olması hasebiyle tüm eksik ve kusurlarına rağmen, hatta küfür ve isyan edenler de dahil olmak üzere güç durumda kaldıklarında Allah'tan (cc) başka yönelecek bir melce bulamadıkları için olabildiğince tüm içtenlikleriyle Allah'a yalvarıp yakarırlar.

"İnsana bir zarar dokundu mu, yan yatarak, oturarak veya ayakta durarak bize dua eder; fakat biz onun sıkıntısını giderdiğimiz zaman, sanki kendisine dokunan bir sıkıntıdan ötürü bize dua etmemiş gibi geçip gider."[37]

Allah (cc) bu ayette insanın bela ve musibetler karşısındaki ve bunların kaldırılmasından sonraki tavır ve tutumunu bildirmektedir. Mümin kula yakışan sıkıntılı veya

---

37. 10/Yunus, 12

refah anlarında daima Allah'ı anmak ve O'na yönelerek dua etmektir. Sadece musibet anında Allah'ı anıp refah anında O'nu (cc) unutmak, imanı ve iradesi zayıf, nefsani ve şehevi arzuların karşısında ezilen ve mağlup olan aciz insanların tutumudur.

Rasûlullah (sav) şöyle buyurmuştur:

"Sıkıntılı anlarında Allah'ın duasını kabul etmesini isteyen kimse, genişlik anında çokça dua etsin."[38]

Kul darda kaldığı sırada kendisini bu güç durumdan kurtaracak olana yönelmeye meyyaldir. Bu tutumu genellikle kullukten kaynaklanmamaktadır. Zorluk ve sıkıntılarda en güçlüye yaklaşma ve sığınma ihtiyacı fıtrî olmakla beraber bu durum müşriklerde karakteristik bir özellik olarak ortaya çıkmaktadır.

"Denizde başınıza bir musibet geldiğinde O'ndan başka bütün yalvardıklarınız kaybolup gider. O sizi kurtarıp karaya çıkardığında (yine eski halinize) dönersiniz. İnsanoğlu çok nankördür..."[39]

İnsanın, musibetten kurtarıldıktan sonra eski haline dönmesinin ne manaya geldiğini anlamak isteyen, deprem gibi bir afetin yaşandığı sıralarda duaların çoğalmasına ve ibadethanelerin nasıl dolduğuna, bu afetlerden kısa bir süre sonra ise her şeyin nasıl da eskisi gibi, hatta daha da yozlaşmış bir hale döndüğüne baksın.

g. Dua için Münasip Vakitleri Tercih Etmek

Allah (cc) El-Alim'dir, Es-Semi'dir. Nerede, ne zaman

---

38. *Tirmizi, Hakim*
39. *17/İsra, 67*

ve ne kadar dua edilirse edilsin tüm bunları bilir ve işitir. Bununla beraber duanın kabulü için bazı zaman dilimleri tespit ve tayin edilerek mümin kullara bildirilmiştir. Bu haberlerden bazıları kuds-i hadis olarak ulaşmış, birçoğu da Rasûlullah'ın (sav) hadislerinde sabit olan vakitlerdir. Bu vakitlerin bir özelliği insanların çoğunun bunlardan yana gafil olmalarıdır. Bazı vakitler ise çok sınırlı veya Kadir Gecesi gibi yılda bir gelen ve araştırılması gereken vakitlerdir. Bu istikamette çaba gösteren, samimi müminler bu özel vakitleri gözler, araştırır, hakkını vermek için çaba göstererek ihya etmeye çalışırlar.

Mesela, gecenin son üçte biri vaktinde insanların çoğunluğu uyku ve gaflet halindedir. Eğer kul, bu vakitte uyku ve istirahatinden feragat edip Allah'ın (cc) davetine icabet ediyorsa yüce Allah da (cc) onun dualarına icabet edeceğini buyurmaktadır:

Ebu Hureyre'den (r.a) rivayetle:

"Allah Rasûlü şöyle buyurdu: 'Rabbimiz her gece gecenin üçte biri kaldığı zaman dünya semasına iner ve 'Yok mu dua eden'? (Dua etsin de duasını kabul edeyim), 'Yok mu benden isteyen?'(İstesin, vereyim), 'Yok mu bağışlanmasını dileyen?' (Bağışlanma dilesin de ben de onu bağışlayayım) diye buyurur."[40]

Kadir Gecesi yapılacak dua ve ibadetlerin fazileti hakkında ayet ve hadisler bulunmaktadır. Kadir gecesinin bin aydan daha hayırlı olduğu hakikati düşünüldüğünde bu gecede yapılacak duaların değeri daha iyi anlaşılacaktır. Rasûlullah (sav):

---

40. Buhari, Müslim

"Kim inanarak ve sevabını Allah'tan umarak Kadir gecesini ihya ederse, geçmiş günahları bağışlanır."[41] buyurmuştur.

Kul, içerisinde Kadir gecesini barındırdığı için duaların kabul edildiği bir zaman dilimi olan Ramazan ayının son on gününde bizzat dua, ibadet ve hayır işlerini arttırmalı; eşi, çocuğu ve diğer aile fertlerini de bugünlerde çokça dua etmeye teşvik etmelidir.

Secde anında yapılan duanın da makbul ve müstecab olması ümit edilir. Bilindiği üzere namaz dinin direğidir. Nasıl ki, yüce Allah'ın dünya semasına en yakın olduğu vakit gecenin son üçte birlik kısmı ise, kulun da yüce Allah'a en yakın olduğu hal namazdaki secde halidir. Bütün mülkün ve içindekiler hakkında tasarruf yetkisinin yegane sahibi olan yüce Allah'a en yakın olunan bir anda yapılabilecek en makul ve makbul şey O'ndan istemek hem de çokça istemektir. Rasûlullah (sav):

"Kulun Rabbine en yakın olduğu hal secde halidir. Onun için (secdede) duayı çoğaltın!"[42] buyurmuştur.

Duanın kabul edildiği zamanlardan biri de birçok Müslümanın mahrum olduğu bir haldir. Bu ayrıcalıklı hal yüce Allah'ın kendilerine lütufta bulunup kendi yolunda eritilmiş kurşun gibi saf bağlanmış bir halde küfür ve şirk ordularının üzerine hücum eden mücahidlerin düşman ordusuyla karşılaşma anında yaptıkları duadır. Bu öyle olağanüstü bir andır ki, yapılacak dualara melekler de şahitlik ederek 'Amin' diye mukabelede bulunurlar. Bu anın fevkalade manevi hazzı ve yüce Allah'a olağanüstü

---

41. *Buhari, Müslim*
42. *Müslim, Ebu Davud, Nesai*

derecede yakınlık hissini ancak mücahidler bilir. Şüphesiz ki mücahidlerin bu hali birçok insana nasip olmadığı için çok özel ve ayrıcalıklıdır. Rasûlullah *(sav)* şöyle buyurur:

"İki (dua) vardır ki (onlar asla) reddedilmez; Ezan vakti yapılan (dua) ile düşmanla kıyasıya savaşılıp sıkıntılara düşüldüğü zaman yapılan dua."[43]

Duanın kabul edileceği diğer zamanlar ve durumları, bunların açıklandığı hadis-i şeriflerle birlikte zikredeceğiz.

• Müslüman'ın Müslüman kardeşine gıyabında yaptığı dua:

"Kişi Müslüman kardeşine gıyabında dua ederse melekler 'Amin! Aynısı sana da olsun' derler."[44]

• Oruçlu kimsenin, mazlumun ve adil imamın yaptığı dua:

• "Üç kişi vardır ki, duaları geri çevrilmez: İftar edinceye kadar oruçlu kimsenin, adil hükümdar ve mazlumun duası..."[45] Babanın çocuğu için yaptığı dua ve yolcunun duası:

"Kabul edilmesinde en ufak şüphe bulunmayan üç kişinin duası şunlardır: Mazlumun duası, yolcunun duası ve babanın çocuğu için yaptığı dua."[46]

• Farz namazların akabinde yapılan dualar:

Ebu Umame *(r.a)* anlatıyor:

---

43. *Ebu Davud, İmam Malik*
44. *Müslim, Ebu Davud*
45. *Ebu Davud, Tirmizi*
46. *Ebu Davud, Tirmizi*

" 'Rasûlullah! Duaların en çok hangisi kabul olunur?' diye soruldu. Rasûlullah şöyle buyurdu: 'Gecenin ikinci yarısında ve farz namazlardan sonra yapılan dualar...' "[47]

e. Uyumadan evvel abdest alan ve Allah'ı çokça zikredenlerin duası:

Rasûlullah (sav) şöyle buyurur:

"Kim yatağına abdestli olarak yatıp uyku basıncaya kadar Allah'ı zikrederse, gecenin herhangi bir saatinde kalkıp Allah'tan gerek dünya ve gerekse ahirete dair ne isterse Allah mutlaka ona istediğini verir."[48]

f. Ezan vakti, özellikle de ezan ile kamet arasında yapılan dua:

Rasûlullah (sav) şöyle buyurur:

"İki dua vardır ki asla reddedilmez; Ezan vakti ve iki ordunun (mücahidler ile düşman ordularının) karşılaştığı zaman yapılan dua."[49]

g. Kalbin Allah'a (cc) yöneldiği ve ihlasın kuvvetlendiği durumda yapılan dualar...

h. Müslümanlar zikir meclislerinde toplandığı zaman yapılan dua:

Rasûlullah (sav) şöyle buyurdu:

"— Cennet bahçelerinden geçtiğiniz zaman faydalanın!

---

47. *Tirmizi*
48. *Tirmizi*
49. *İmam Malik, Ebu Davud*

— Nedir cennet bahçeleri? diye sorulunca; şöyle buyurdu:

— Zikir halkaları..."[50]

i. Hayırlı evladın anne babası için yaptığı dua...

j. Yağmur yağdığı sırada ve ezan okunurken yapılan dua.

Mümin kul, hangi durumda ve her nerede olursa olsun daima Rabbine dua etmelidir. Çünkü ayet-i kerime ile sabittir ki, yüce Allah kullarına çok yakındır. O'na (cc) yalvardığı zaman dua edenin duasını kabul eder. Şu ana dek zikrettiğimiz hal ve durumlar Allah'ın yardımının artacağı özel vakitler kılınmıştır.

Duanın Kabulüne Engel Olan Durumlar

1. Allah'tan başkasına dua etmekten kaynaklanan şirk

Kulun; rızık genişliği, musibetten kurtulma, sıkıntıların giderilmesi ve hastalıktan şifa gibi sadece yüce Allah'ın kadir olduğu hususlarda salih zatlar veya âlimler, hatta Peygamberler dahi olsa yaratılmışlardan medet umması duada şirk kapsamına girer. Bu şekilde dua eden kimseler istediklerine ulaşsalar dahi çok daha büyük kayıplara uğrarlar. O da şirklerinden ötürü Allah'ın (cc) yardımından, rahmetinden ve mağfiretinden ebediyen mahrum kalmalarıdır. Konunun başında belirttiğimiz gibi dua ibadettir. Tüm ibadetler ancak ve yalnız yüce Allah'a mahsus kılınmalıdır. Allah'a ibadette hiçbir şey O'na ortak edilemez.

---

50. Tirmizi

2. Tevbe edilmeden işlenen günahlarla beraber yapılan dua

Rasûlullah (sav), Allah'a dua eden bir adamı tasvir ederken şöyle buyurmuştur:

"...Adam uzun bir yolculuktan gelmiş, üstü başı dağınık ve pejmürde bir halde ellerini semaya açarak: 'Ya Rab!... Ya Rab!...' diye dua edip yalvarır. Halbuki bu adamın yediği haram, içtiği haram ve üzerindeki kıyafeti haramdandır. Bu durumda onun duası nasıl kabul olunur? (olunmaz)..."[51]

Hadiste vasıfları zikredilen adamın durumu, zahiren dualarının kabulü için birçok hususları üzerinde barındırır. Mesela, adam ilk olarak yolcudur. Fakrının, muhtaçlığının ve tezellülünün işareti olarak üzerinde pejmürde bir kıyafet vardır, saçı başı dağınıktır. Ellerini semaya doğru kaldırıp Peygamberlerin yaptığı gibi duasına "Ya Rabb!" diye başlamıştır. Fakat tüm bunlara rağmen duasının kabul olmadığını Rasûlullah (sav) bildirmektedir. Bunun sebebini de söz konusu adamın helal ve harama dikkat etmeyen bir kimse olması olarak açıklamaktadır. Vücudu haramla beslenen ve haramdan giyinen bir kimse bu haramları elde ettiği günahlardan tevbe edip bu günahları terk etmediği sürece duaları da makbul ve müstecap değildir. Çünkü günah işlemek kulun duasının kabul edilmesi önünde engeldir. Bu durum sadece yiyecek, içecek ve giyeceklerin haram olmasıyla sınırlı değildir. Günah olan her söz ve amel kulun aleyhinde olmak üzere dualarının kabulüne bir engeldir. Haram olan sözler (yalan, gıybet, dedikodu gibi) konuşmak, bunların konuşulduğu bir ortamda bulunup dinlemek, harama bakmak da bu kapsamda görülmeli ve

---

51. *Müslim*

bunlardan kuvvetle sakınılmalıdır. Özellikle dua anında yiyeceğin, içeceğin ve kıyafetin helal yollardan kazanılmış olmasına azami derecede dikkat edilmelidir.

3. Duada şer'an yasaklanmış bir şeyin talep edilmesi

Cabir'in (r.a) rivayet ettiği bir hadis-i şerifte Efendimiz (sav) şöyle buyurur:

> "Günah ya da akrabadan alakayı kesmek (gibi masiyet) olmadıkça kulun Allah'a yapmış olduğu duanın karşılığında Allah ona ya istediğini verir ya da benzeri bir belayı ondan savar."[52]

Kul; hiçbir surette nefsi, ailesi, evladı, anne-babası, malı, akrabaları, İslam ümmeti veya adil imamı aleyhine dua etmemelidir. Sıla-i rahmi kesmek veya başkaca günah ihtiva eden sözlerle de dua edilmemelidir.

Bir kimse 'Allah'ım! Beni lütfunla zenginleştir, rızkımı genişlet... Bana imkan ve kuvvet ver ki Atina'daki Akrapol'ü ziyaret edeyim!' diye dua ederse duasına konu olan istek haramlık ihtiva ettiğinden bu duası Allah katında makbul değildir. Kendisine istidrac olarak verilmiş olması istisnadır. Zira örnek olarak verdiğimiz yere gidip ziyaret etmesi şer'an haramdır. Söz konusu yer eski Yunan putlarının bulunduğu tapınakların olduğu bir mekandır. Turizm adı altında bu tür haramlar sıradanlaşmıştır.

Haram işlerde mahir ve meşhur bir kimseye özenip imrenerek 'Allah'ım! Bana da imkan ver ki ben de şöyle şöyle yapmayım...' diye haram işlemek için yapılacak dua da

---

52. *Tirmizi*

böyledir. Bu dualar Allah (cc) katında makbul ve müstecap değildir.

Şüphesiz ki bu da yüce Allah'ın; zayıf yaratılışlı, ikircikli, edilgen, çevresinden etkilenmeye müsait ve haramlara meyyal olup şer'an yasaklanmış şeyler için dua edebilen bazı Müslümanlar hakkında büyük bir rahmetidir.

Allah (cc) şöyle buyurur:

"Eğer Allah insanlara, hayrı çarçabuk istedikleri gibi şerri de acele verseydi, elbette onların ecelleri bitirilmiş olurdu..."[53]

---

53. *10/Yunus, 11*

Notlar